W0302766

hänssler

Dobson

Wenn Du Gott nicht mehr verstehst ...

Dr. James Dobson ist approbierter Psychologe und seit über 24 Jahren in der Ehe-, Familien- und Kinderberatung tätig. Er arbeitete 14 Jahre in einem Ausbildungskrankenhaus in Süd Kalifornien und war 17 Jahre als Arzt in einem Kinderkrankenhaus in Los Angeles tätig.

Als Berater der Regierung in Familienangelegenheiten wurde seine Hilfe von drei amerikanischen Präsidenten in Anspruch genommen. James Dobson und seine Frau Shirley haben zwei erwachsene Kinder und leben in Colorado Springs, Colorado.

Er ist Autor zahlreicher Bücher, die in viele Sprachen übersetzt worden sind.

Die Deutsche Bibliothek – CIP-Einheitsaufnahme

Dobson, James:
Wenn du Gott nicht mehr verstehst … / Dobson.
[Übers. von Laura Zimmermann]. – Neuhausen-Stuttgart : Hänssler, 1994
(Edition C : C ; 425 : Allgemeine Themen)
Einheitssacht.: When God doesn't make sense <dt.>
ISBN 3-7751-2115-3
NE: Edition C / C

EDITION C – Allgemeine Themen, C 425
Bestell-Nr. 58.125
© Copyright 1993 by James Dobson. Published in the United States of America by Tyndale House Publishers, Inc., Wheaton, I11
Originaltitel: When God doesn't make sense
Übersetzt von Laura Zimmermann

© Copyright der deutschen Ausgabe 1995 by Hänssler-Verlag, Neuhausen/Stuttgart
Umschlaggestaltung: Stefanie Stegbauer
Titelbild: Else Inzenhofer, Burghaslach
Satz: AbSatz Ewert-Mohr, Klein-Nordende
Printed in Germany

Bibeltext nach Luther '84, © Deutsche Bibelgesellschaft, Stuttgart

Inhalt

Dieses Buch widme ich mit großer Wertschätzung Dr. R. T. Kendall, Pastor an der Westminster Chapel in London. Seine Weisheit und seine Anregungen waren mir für die Fertigstellung des Manuskriptes von unschätzbarem Wert. Es ist eine Ehre für mich, daß ich diesen wertvollen Mann meinen Freund nennen darf.

Wenn Du Gott nicht mehr verstehst …

Chuck Frye war ein hochintelligenter junger Mann von 17 Jahren, akademisch gebildet und fest entschlossen, etwas aus seinem Leben zu machen. Nachdem er als einer der Besten in seiner Klasse die höhere Schule abgeschlossen hatte, ging er auf die Universität, wo er sich auch weiterhin in allen Fächern hervortat. Nachdem er seinen Magistertitel erworben hatte, bewarb er sich um Aufnahme an verschiedenen medizinischen Fakultäten. Der Wettbewerb dort war und ist überaus hart. Ich war damals Professor an der medizinischen Fakultät der Southern California University, wo jedes Jahr von rund 6.000 Bewerbern nur 106 zum Studium zugelassen wurden. Das war typisch für alle medizinischen Studienlehrgänge auf diesem Gebiet. Obwohl die Chancen so schlecht standen, wurde Chuck an der medizinischen Fakultät der Universität Arizona aufgenommen und begann sein ordentliches Studium im September.

Während dieses ersten Semesters dachte Chuck häufig über den Anspruch nach, den Gott auf sein Leben erhob. Er hatte allmählich das Gefühl, daß er auf das bislang angestrebte Berufsziel, Medizintechniker in irgendeiner gutgehenden Praxis zu werden, verzichten und statt dessen Gott in der Fremde dienen sollte. Daraus wurde schließlich ein fester Plan für die Zukunft. Am Ende seines ersten Studienjahres begann Chuck jedoch, sich nicht wohlzufühlen. Er litt unter einer merkwürdigen, hartnäckigen Müdigkeit. Er besorgte sich einen Termin für eine ärztliche Untersuchung im Mai und erfuhr bald darauf die Diagnose: akute Leukämie. Im November war Chuck Frye tot.

Wie konnten Chucks vom Schmerz gebeugte Eltern damals verstehen – und wie können wir heute verstehen, was dieses unbegreifliche Handeln Gottes zu bedeuten hatte? Dieser junge Mann liebte Jesus Christus von ganzem Herzen und wünschte sich nichts mehr, als Seinen Willen zu tun. Warum mußte er in der Blüte seiner Jahre sterben, obwohl so viele gottesfürchtige Mitglieder seiner Familie und treue Freunde unter Tränen für seine Genesung gebetet hatten? Der Herr sagte offenkundig nein zu ihnen allen. Aber warum?

Tausende junge Mediziner schließen jedes Jahr ihre Ausbildung ab und ergreifen den Beruf eines Arztes, manche aus weitaus weniger bewundernswerten Motiven. Eine winzige Minderheit hat die Absicht, ihr Berufsleben im Dienste der Armen und Ausgestoßenen dieser Welt zu verbringen. Aber hier war eine wunderbare Ausnahme – wäre es ihm nur vergönnt gewesen, zu leben. Chuck hätte Tausenden armen und bedürftigen Menschen helfen können, die sonst leiden und in völliger Hoffnungslosigkeit sterben würden. Er hätte nicht nur ihre körperlichen Leiden lindern können; sein innigstes Anliegen war es, denjenigen das Evangelium zu bringen, die noch niemals diese wunderbarste aller Geschichten gehört hatten. Sein Tod ergab also einfach keinen Sinn. Stellt euch mit mir zusammen all die vielen todkranken Menschen vor, denen Dr. Chuck Frye in seinem Leben hätte begegnen können; manche krebskrank, andere tuberkulös, wieder andere mit angeborenen Leiden, und einige davon zu jung, um ihren Schmerz überhaupt zu verstehen. Warum sollte die göttliche Vorsehung ihnen seinen hingebungsvollen Dienst vorenthalten?

Die Geschichte der Familie Frye hat noch eine weitere Dimension, die das Bild erst vollständig macht. Chuck war verlobt und wollte in diesem ersten Studienjahr an der medizinischen Fakultät heiraten. Seine Verlobte hieß Karen Ernst, und sie glaubte ebenfalls von ganzem Herzen an Jesus Christus. Sie erfuhr sechs Wochen nach ihrer Verlobung von Chucks unheilbarer Erkrankung, aber sie beschloß, ihre Hochzeitspläne trotzdem zu verwirklichen. Sie wurden im Juli Mann und Frau, weniger als vier Monate vor seinem tragischen Tod. Danach ließ Karen sich in die medizinische Fakultät der Universität Arizona einschreiben, und nachdem sie ihren Doktortitel erlangt hatte, wurde sie Missionsärztin in Swaziland in Südafrika. Dr. Frye arbeitete dort bis 1992 in einem von der Kirche finanzierten Krankenhaus. Ich bin überzeugt, daß auch sie – wie so viele andere –

sich fragt, warum ihr hochbegabter junger Gatte seine Berufung als ihr medizinischer Mitarbeiter nicht erfüllen durfte. Und ja, auch ich selbst frage mich das.

Die größten Theologen der Welt könnten sich die nächsten fünfzig Jahre hindurch über das Dilemma, vor das Chuck Fryes Tod sie stellt, den Kopf zerbrechen, aber sie werden wohl kaum eine zufriedenstellende Antwort zustande bringen. Die Absicht, die Gott mit dem Tod dieses jungen Mannes verfolgte, ist ein Geheimnis und soll es auch bleiben. Warum hatte Chuck nach vielen Gebeten die Möglichkeit erhalten, die medizinische Fakultät zu besuchen, wenn er seine Ausbildung niemals abschließen sollte? Von wo kam der Ruf zur Mission, auf den er reagierte? Warum gab Gott einem jungen Menschen so viel Talent, wenn dieser niemals eine Gelegenheit haben sollte, davon Gebrauch zu machen? Und warum wurde das Leben eines so reifen und vielversprechenden Mannes so abrupt beendet, während so viele Drogenabhängige, Alkoholiker und Taugenichtse bis ins hohe Alter als eine Belastung für die Gesellschaft dahinvegetieren? Diese beunruhigenden Fragen sind leichter gestellt als beantwortet. Und es gibt noch viel mehr davon.

Der Herr hat noch nicht enthüllt, aus welchem Grund Er den Flugzeugabsturz zuließ, der 1987 das Leben meiner vier Freunde forderte. Sie gehörten zu den großartigsten Christen, die ich je kennengelernt habe. Hugo Schoellkopf war Unternehmer und ein außergewöhnlich fähiges Mitglied des Direktoriums von »Brennpunkt Familie« *(Focus on the Family)*. George Clark war Bankdirektor und ein Riese von einem Mann. Dr. Trevor Mabrey war ein begabter Chirurg, der fast die Hälfte seiner Operationen kostenlos für die Patienten durchführte. Er hatte ein mitfühlendes Herz für jeden, der finanziell in der Klemme steckte. Und Creath Davis war Pastor und Schriftsteller und wurde von Tausenden geliebt. Sie waren enge Freunde, die sich regelmäßig trafen, um das Wort Gottes zu studieren und sich zu vergewissern, daß sie in dem, was sie dabei lernten, einträchtig übereinstimmten. Ich habe diese vier Männer geliebt. Ich war am Abend vor ihrem letzten Flug mit ihnen zusammen, an dem Abend, bevor ihr zweimotoriges Flugzeug in den Absaroka-Bergen in Wyoming abstürzte. Es gab keine Überlebenden. Nun müssen ihre Frauen und

Kinder, die sie so sehr schätzten, sich allein durchs Leben schlagen. Warum? Welchem Zweck diente dieser tragische Verlust? Warum müssen Hugo und Gails beiden Söhne, die jüngsten Kinder der vier Familien, in der entscheidenden Phase ihrer Entwicklung ohne den Einfluß ihres weisen und mitfühlenden Vaters aufwachsen? Ich weiß es nicht, obwohl der Herr Gail hinreichend Weisheit und Kraft gegeben hat, um auch allein zurechtzukommen.

Wenn die Rede auf dieses »ehrfurchtgebietende Warum« kommt, dann denke ich auch an unsere hochgeschätzten Freunde, Jerry und Mary White. Dr. White ist der Vorsitzende der *Navigators*, einer weltweiten Organisation, die es sich zum Ziel gesetzt hat, Christus zu erkennen und bekannt zu machen. Die Whites sind wundervolle Menschen, die den Herrn lieben und nach den Richtlinien der Heiligen Schrift leben. Auch sie haben ihren Teil an Leiden erdulden müssen. Ihr Sohn Steve jobbte einige Monate lang als Taxifahrer, während er an einer Karriere beim Rundfunk bastelte. Aber er sollte seinen Traum niemals verwirklichen. Eines Nachts wurde Steve in der üblicherweise friedlichen Stadt Colorado Springs von einem geistesgestörten Fahrgast ermordet. Der Mörder war ein stadtbekannter Krimineller und Rauschgiftsüchtiger, der bereits zahllose Vorstrafen wegen der verschiedensten Delikte hatte. Als er verhaftet wurde, stellte die Polizei fest, daß er das Taxi bereits in der Absicht gerufen hatte, den Fahrer zu ermorden, wer immer er auch sein mochte. Jeder beliebige Fahrer hätte sich auf den Anruf hin melden können. Aber es war Steve White, der den Anruf entgegennahm. Es war eine Tat impulsiver Brutalität, sinn- und zwecklos. Und das Opfer wurde eine Familie, die Gott viele Jahre lang gedient und Ihm die Ehre gegeben hatte.

Dabei fällt mir eine Kirche in Dallas, Texas, ein, die vor einigen Jahren bei einem Tornado zerstört wurde. Der Wirbelsturm senkte sich ohne Vorwarnung aus dem brodelnden Himmel herab und »wählte« genau dieses eine Gebäude aus, um es zu zerstören. Dann zog er sich zurück und ließ das Gelände rundum fast völlig unversehrt. Wie würden Sie dieses »göttliche Eingreifen« deuten, wenn Sie ein Mitglied der Gemeinde wären? Vielleicht hatte tatsächlich irgend etwas, das in dieser Kirche vorgefallen war, den Zorn Gottes erregt, aber ich bezweifle, daß Er ihn auf diese Art kundgetan hätte. Würde Gott so mit den Ungehorsamen umspringen, dann wäre früher oder später jede Kirche in Gefahr. Wie erklären wir also die Art und Weise, wie der Wirbelsturm seine Wahl traf? Ich würde es erst gar nicht versuchen. Es gibt Zeiten, da geht einfach das eine oder andere schief, aus Gründen, die vielleicht niemals ans Licht kommen werden!

Man könnte die Regale der größten Bibliothek der Welt mit weiteren Beispielen unerklärlicher Kümmernisse und Schwierigkeiten füllen, und jeder Mensch auf der Welt könnte weitere Beispiele aus seiner eigenen Lebenserfahrung beisteuern. Kriege, Hungersnöte, Krankheiten, Naturkatastrophen und früher Tod sind niemals leicht zu begreifen. Aber gewaltige Katastrophen dieser Art sind zuweilen weniger beunruhigend für den einzelnen als Umstände, die uns persönlich betreffen: Krebs, Nierenversagen, Herzkrankheiten, plötzlicher Kindstod, Parkinson'sche Krankheit, Down-Syndrom, Scheidung, Vergewaltigung, Einsamkeit, Zurückweisung, Versagen, Unfruchtbarkeit, Verlust des Partners! Diese und eine Million weiterer Ursachen menschlichen Leidens bringen die unvermeidbaren Fragen hervor, die die menschliche Seele quälen: »Warum läßt Gott zu, daß das mir zustößt?« Es ist eine Frage, mit deren Beantwortung sich alle Gläubigen – und viele Heiden – abgemüht haben. Und im Gegensatz zu den Lehren, die in manchen christlichen Kreisen im Umlauf sind, eilt der Herr nicht sofort herbei, um zu erklären, was Er sich bei dem oder jenem gedacht hat.

Wenn Sie der Meinung sind, Gott müßte sich uns gegenüber rechtfertigen, dann sollten Sie die folgenden Bibelstellen durchlesen. Salomo schrieb in Sprüche 25, 2: »Es ist Gottes Ehre, eine Sache zu verbergen.« Jesaja 45, 15 stellt fest: »Fürwahr, du bist ein verborgener Gott.« In 5. Mose 29, 28 lesen wir: »Was verborgen ist, ist des Herrn, unseres Gottes.« Prediger 11, 5 bemerkt: »Gleichwie du nicht weißt, welchen Weg der Wind nimmt und wie die Gebeine im Mutterleibe bereitet werden, so kannst du auch Gottes Tun nicht wissen, der alles wirkt.« Jesaja 55, 8-9 lehrt uns: »Denn meine Gedanken sind nicht eure Gedanken, und eure Wege sind nicht meine Wege, spricht der Herr, sondern so viel der Himmel höher ist als die Erde, so sind auch meine Wege höher als eure Wege und meine Gedanken als eure Gedanken.«

Die Bibel sagt uns ganz klar, daß wir unfähig sind, Gottes unendliche Gedanken zu erfassen oder die Art und Weise zu verstehen, wie Er in unser Leben eingreift. Welcher Hochmut wäre es, anders zu denken! Wenn wir versuchen, Seine Allmacht zu analysieren, gleichen wir einer Amöbe, die das Verhalten des Menschen zu begreifen versucht. Im Römerbrief 11, 33 heißt es, Gottes Richtersprüche seien »unerforschlich« und seine Wege »unmöglich zu erkennen«. Eine ähnliche Sprache finden wir im 1. Korintherbrief 2, 16: »Denn wer hat des Herrn Sinn erkannt, oder wer will ihn unterweisen?« Es sei denn, das ist klar, der Herr selbst sei willens, sich uns gegenüber zu erklären, was Er aber oft nicht tut. Seine Beweggründe und Absichten sind dem Zugriff des sterblichen Menschen entzogen. In der Praxis bedeutet das, daß viele unserer Fragen – vor allem jene, die mit dem Wörtchen *Warum* beginnen – fürs erste unbeantwortet bleiben müssen.

Der Apostel Paulus bezog sich auf dieses Problem der unbeantworteten Fragen, als er schrieb: »Wir sehen jetzt durch einen Spiegel ein dunkles Bild, dann aber von Angesicht zu Angesicht. Jetzt erkenne ich stückweise; dann aber werde ich erkennen, wie ich erkannt bin.« (1. Kor 13, 12) Paulus erklärt uns, daß wir das vollständige Bild erst erkennen werden, wenn wir uns in der Ewigkeit wiedersehen. Mit diesem bruchstückhaften Verständnis müssen wir uns abfinden.

Unglücklicherweise wissen viele junge Gläubige – und auch einige ältere – nicht, daß es im Leben jedes Menschen Zeiten gibt, wo die Umstände ein verwirrendes Bild ergeben, wo Gott selbst sinnlos geworden scheint. Von diesem Aspekt des christlichen Glaubens wird nicht gerne gesprochen. Wir neigen dazu, neubekehrten Christen jene Teilbereiche der Theologie vorzusetzen, die auf eine weltliche Gesinnung anziehend wirken. Beispielsweise hat »Campus Crusade for Christ« (ein Missionswerk, für das ich großen Respekt hege) Millionen von Heftchen verteilt, die den Titel »Die vier geistlichen Gesetze« tragen. Das erste dieser biblischen Gesetze lautet: »Gott liebt Dich und bietet Dir einen wunderbaren Plan für Dein Leben an.« Diese Feststellung ist sicherlich richtig. Unausgesprochen schwingt jedoch die Verheißung mit, ein Gläubiger würde jederzeit den »wundervollen Plan« verstehen und davon begeistert sein. Das könnte sich als Irrtum erweisen.

Für manche Leute, wie beispielsweise für Joni Eareckson Tada, bedeutet dieser »wundervolle Plan« ein Leben im Rollstuhl, an Armen und Beinen gelähmt. Für andere bedeutet er einen frühen Tod, Armut oder gesellschaftliche Verachtung. Für den Propheten Jeremia bedeutete er, daß er in einen finsteren Kerker geworfen wurde. Für andere biblische Gestalten bedeutete er die Hinrichtung. Selbst unter den grauenhaftesten Umständen ist Gottes Plan jedoch wunderbar, denn alles, was sich im Einklang mit Seinem Willen befindet, wird letzten Endes »denen, die Gott lieben, zum Besten dienen, denen, die nach Seinem Ratschluß berufen sind.« (Röm 8,28)

Dennoch ist leicht zu verstehen, wie sich an diesem Punkt Verwirrung ausbreiten kann, vor allem bei Jugendlichen. Im Frühling ihres Lebens, wenn sie bei guter Gesundheit sind und die Mühen und Plagen, Sorgen und Mißerfolge des Lebens ihre friedliche kleine Welt noch nicht mit ihrer eisigen Kälte berührt haben, ist es relativ leicht, sich inmitten einer heilen Welt zu fühlen. Man kann ehrlichen Herzens – und scheinbar mit gutem Grund – daran glauben, daß es immer so bleiben wird. Ein solcher Mensch ist äußerst anfällig für geistliche Verwirrung, wenn in dieser Lebensphase ein Unheil über ihn hereinbricht.

Dr. Richard Selzer ist Chirurg und einer meiner Lieblingsautoren. Er verfaßt ausnehmend schöne und liebevolle Schilderungen seiner Patienten und der menschlichen Tragödien, denen sie sich ausgesetzt sehen. In seinem Buch *Briefe an einen jungen Arzt* sagt er, die meisten von uns scheinen unter einer unsichtbaren Membran zu leben, die uns vor dem Entsetzen bewahrt. Wir bewegen uns tagtäglich inmitten des Grauens, wir schreiten mitten hindurch, sind uns aber seiner Gegenwart kaum bewußt. Wie das Immunsystem den menschlichen Körper vor der unsichtbaren Bedrohung durch schädliche Bakterien bewahrt, so bewahrt uns diese mythische Membran vor lebensbedrohlichen Situationen. Nicht jeder junge Mensch steht unter diesem Schutz, denn auch Kinder sterben an Krebs, angeborenen Herzkrankheiten und anderen Leiden. Aber die meisten von ihnen führen ein behütetes Leben – und bemerken es gar nicht. Dann, im Lauf der Jahre, bricht das Unheil plötzlich herein. Ohne Warnung zerreißt die Schutzhülle und das Grauen sickert ins Leben eines Menschen oder seiner Nächsten und Liebsten. In diesem Augenblick kommt es zu einer unerwarteten geistlichen Krise.

Was will ich damit sagen? Etwa, daß unser himmlischer Vater gleichgültig oder lieblos mit seinen verletzlichen Söhnen und Töchtern umginge? Daß er uns Sterblichen eine Art bösen kosmischen Streich spielt? Es ist beinahe gotteslästerlich, solchen Unsinn niederzuschreiben. Jede einzelne Schilderung in der Bibel malt uns Gott als unendlich liebend und gütig vor Augen, wie Er zärtlich über Seine Kinder auf Erden wacht und die Schritte Seiner Getreuen lenkt. Er spricht von uns als »dem Volk seiner Weide und den Schafen seiner Hand« (Ps 95,7) Seine große Liebe bewog Ihn, Seinen eingeborenen Sohn als Sühnopfer für unsere Sünden in die Welt zu senden, damit wir der verdienten Strafe entgehen mögen. Er tat das, weil Er die Welt »so sehr geliebt hat« (Joh 3,16).

Der Apostel Paulus erklärt es mit den folgenden Worten: »Denn ich bin gewiß, daß weder Tod noch Leben, weder Engel noch Mächte noch Gewalten, weder Gegenwärtiges noch Zukünftiges, weder Hohes noch Tiefes noch eine andere Kreatur uns scheiden kann von der Liebe Gottes, die in Christus Jesus ist, unserem Herrn« (Röm 8,38-39).

Jesaja brachte uns diese Botschaft unmittelbar aus dem Herzen des Vaters: »Fürchte dich nicht, ich bin mit dir; weiche nicht, denn ich bin dein Gott. Ich stärke dich, ich helfe dir auch, ich halte dich durch die rechte Hand meiner Gerechtigkeit« (Jes 41,10). Nein, die Liebe und das Erbarmen Gottes sind hier nicht das Problem. Dennoch bleiben die Fragen bestehen.

Was mir an dieser Stelle besonders am Herzen liegt – und das ist auch der Grund, warum ich dieses Buch geschrieben habe – sind meine gläubigen Brüder und Schwestern, die mit unerklärlichen Lebensumständen ringen. In meiner Arbeit mit Familien, die schwere Zeiten durchmachen, von Krankheit und Tod bis zu Eheproblemen und Generationskonflikten, habe ich immer wieder festgestellt, daß diese Menschen in der Krise sich von Gott zutiefst enttäuscht fühlen.

Das ist vor allem dann der Fall, wenn ihnen Dinge widerfahren, die ihnen als unlogisch und in keinem Zusammenhang mit allem Gelernten und Erfahrenen stehend erscheinen. Wenn der Herr sie dann nicht aus ihren Schwierigkeiten errettet, wandelt sich ihre Frustration rasch in Ärger und ein Gefühl des Verlassenseins. Schließlich fühlen sie sich desillusioniert, und ihr geistliches Leben beginnt zu verdorren.

Das kann sogar schon Kindern in sehr zartem Alter widerfahren, die in ihren Gefühlen sehr verletztlich sind und sich von Gott verlassen fühlen. Ich denke da an einen Jungen namens Chris, der bei einem Brand schwere Gesichtsverletzungen erlitten hatte. Er schrieb den folgenden Brief an seinen Psychotherapeuten:

> *Lieber Dr. Gardner. Einer von den Großen, ein Junge von ungefähr 13 Jahren, hat mich eine Schildkröte genannt. Und ich weiß, daß er das wegen meiner Hautverpflanzungen im Gesicht gesagt hat. Und ich glaube, Gott haßt mich wegen meines Gesichts. Und wenn ich sterbe, wird er mich wahrscheinlich in die Hölle schikken. Alles Liebe, Chris.*

Chris kam naturgemäß zu dem Schluß, daß seine Entstellung ein Beweis sei, daß Gott ihn verworfen habe. In den Augen eines Kindes ist das eine durchaus logische Schlußfolgerung: »Wenn Gott allmächtig ist und alles weiß, warum könnte Er dann zulassen, daß mir etwas so Schreckliches widerfahren ist? Es kann nur daran liegen, daß Er mich haßt.«

Unglücklicherweise ist Chris nicht der einzige, der so denkt. Viele andere lassen sich ebenfalls verführen, dieselbe satanische Lüge zu glauben. Tatsächlich werden die meisten von uns sich Gott eines Tages auf ähnliche Weise entfremdet fühlen. Warum? Weil diejenigen, die lang genug leben, sich unweigerlich früher oder später inmitten von Ereignissen wiederfinden werden, die sie nicht verstehen. Das ist nun einmal das Schicksal der Menschen. Ich will es noch einmal sagen: Es ist ein Mißverständnis der Heiligen Schrift, wenn wir behaupten, daß wir jederzeit verstehen können, was Gott tut und wie unser Leiden und unsere Enttäuschung in Seinen Plan paßt. Früher oder später werden die meisten von uns an einen Punkt gelangen, wo es so aussieht, als hätte Gott die Kontrolle über – oder das Interesse an – den Angelegenheiten der Menschen verloren. Das ist eine bloße Illusion, aber sie hat gefährliche Auswirkungen auf die geistliche und geistige Gesundheit. Interessanterweise sind es nicht Schmerz und Leid, die den größten Schaden anrichten. Die *Verwirrung* ist es, die die größten Löcher in den Glauben reißt.

Der menschliche Geist kann enorme Mühsal ertragen, ja sogar furchtlos dem Tod ins Auge blicken, *wenn er in seiner Situation einen Sinn erkennen kann.* Zahlreiche Märtyrer, politische Gefangene und Kriegshelden sind willig und vertrauensvoll in den Tod gegangen. Sie verstanden das Opfer, das sie brachten, und akzeptierten seine Bedeutung für ihr Leben. Man denke an Nathan Hales Hinrichtung. Er sagte zu seinen englischen Henkern: »Ich bedaure nur, daß ich nur ein einziges Leben habe, das ich für mein Vaterland hingeben kann.« Soldaten sterben oft tapfer in der Schlacht, ja sie sind sogar imstande, sich über explodierende Handgranaten zu werfen, um ihre Kameraden zu schützen. Andere stürmen auf tödliche, mit Maschinengewehren bestückte Bastionen zu, um militärische Ziele zu erreichen. Sie nehmen offenbar die innere Haltung ein: »Die gute Sache, für die ich mein Leben riskiere, ist mehr als gerechtfertigt.«

Jim Elliot, einer der fünf Missionare, die von den Auca (jetzt Waorani) in Ecuador mit Speeren getötet wurden, beschrieb diesen letzten und höchsten Einsatz am besten. Elisabeth Elliot zitiert ihn in ihrem Buch *Durch die Tore der Herrlichkeit* wie folgt: »Man ist kein Narr, wenn man hergibt, was man ohnehin nicht behalten kann, um zu gewinnen, was unverlierbar ist.« Dieses auf die Bibel gebaute Verständnis verwandelt den Märtyrertod in einen strahlenden Sieg.

Im Gegensatz dazu haben Christen, die verwirrt und von Gott enttäuscht sind, keinen solchen Trost. Es ist *das Fehlen von Sinn,* das ihre Lage so unerträglich macht. Das kann zur Folge haben, daß die Niedergeschlagenheit über eine plötzliche Erkrankung oder den tragischen Tod eines lieben Menschen für sie weitaus schwerer zu ertragen ist als für den Ungläubigen, der nichts erwartet und nichts erhalten hat. Es kommt nicht selten vor, daß man von einem solcherart verwirrten Christen heftige Erregung, zornige Worte, ja sogar Gotteslästerung zu hören bekommt. Ein solcher verwirrter Mensch ähnelt einem kleinen Mädchen, dem sein geschiedener Vater das Versprechen gibt, er würde sie besuchen kommen. Wenn er sich dann nicht blicken läßt, leidet sie weitaus mehr, als wenn von einem Besuch nie die Rede gewesen wäre.

Das Schlüsselwort hier heißt *Erwartungshaltung*. Sie konditioniert uns für Enttäuschungen. Kein Kummer im menschlichen Leben ist so bitter wie die Enttäuschung, wenn man seinen ganzen Lebensstil auf ein bestimmtes theologisches Verständnis gegründet hat, das dann in einer Zeit ungewöhnlicher Mühen und Schmerzen zusammenbricht. Ein Mensch in dieser Situation findet sich in einer Krise, die an seinen Fundamenten rüttelt. Wie der kleine Chris muß er obendrein mit den Schrecken der Zurückweisung fertigwerden. Der Gott, den er geliebt hat, dem er gedient hat, den er angebetet hat, scheint nun zu schweigen. Gibt es solche Zeiten auch im Leben der Gläubigen? Jawohl, auch wenn wir es innerhalb der christlichen Gemeinschaft nur ungern zugeben.

War das nicht genau das, was Hiob zugestoßen ist? Dieser gottesfürchtige Mann aus alter Zeit hatte kein Unrecht begangen, dennoch erlitt er innerhalb weniger Stunden eine Serie von erschütternden Schicksalsschlägen. Ich habe schon viele Predigten gehört, die sich mit dem Leben dieser bemerkenswerten Gestalt aus dem Alten Testament befaßten, aber die Ursache der bittersten Enttäuschung, die Hiob durchmachen mußte (seine Unfähigkeit, Gott zu finden), ist oft übersehen worden. Das ist jedoch ein ganz entscheidender Punkt in der Geschichte. Hiob hatte alles verloren – seine Kinder, seinen Wohlstand, seine Diener, seinen guten Ruf und seine Freunde. Aber diese Tragödien, so schrecklich sie auch sein mochten, waren nicht die Quelle seiner heftigen Erregung. Statt dessen fiel Hiob zu Boden und sagte: »Ich bin nackt von meiner Mutter Leibe gekommen, nackt werde ich wieder dahinfahren. Der Herr hat's gegeben, der Herr hat's genommen, der Name des Herrn sei gelobt« (Hiob 1, 20-21).

Dann gestattete Gott dem Satan, Hiob auch körperlich mit Plagen zu überziehen. Er war »geschlagen mit bösen Geschwüren von der Fußsohle an bis auf seinen Scheitel« (Hiob 2, 7). Seine Frau geriet außer sich und stachelte ihren Gatten an, Gott zu verfluchen und zu sterben. Hiob antwortete: »Du redest, wie die törichten Weiber reden. Haben wir Gutes empfangen von Gott und sollen das Böse nicht auch annehmen?« Dann sagt uns die Bibel: »In diesem allen versündigte sich Hiob nicht mit seinen Lippen« (2, 10). Was für ein bewundernswerter Mann des Glaubens! Nicht einmal der Tod konnte sein Vertrauen erschüttern, wie er verkündete: »Siehe, er wird mich doch umbringen, und ich habe nichts zu hoffen; doch will ich meine Wege vor ihm verantworten« (13, 15).

Schließlich jedoch erreichte auch Hiob einen Punkt, an dem er verzweifelte. Dieser Turm an Stärke, der mit Krankheit, Tod und katastrophalen Verlusten fertig geworden war, sah sich einem Umstand gegenüber, der ihn zu überwältigen drohte. Und dieser Umstand entsprang seltsamerweise seiner Unfähigkeit, Gott zu finden. Er durchlitt eine Zeit, in der die Gegenwart des Allmächtigen seinen Blicken verhüllt war. Und wichtiger noch, Gott sprach nicht mit ihm. Hiob faßte seine grenzenlose Verzweiflung in die Worte:

> *»Auch heute lehnt sich meine Klage auf; seine Hand drückt schwer, daß ich seufzen muß. Ach daß ich wüßte, wie ich ihn finden und zu seinem Thron kommen könnte! So würde ich ihm das Recht darlegen und meinen Mund mit Beweisen füllen, und erfahren die Reden, die er mir antworten, und vernehmen, was er mir sagen würde. Würde er mit großer Macht mit mir rechten? Nein, er selbst würde achthaben auf mich. Dann würde ein Redlicher mit ihm rechten, und für immer würde ich entrinnen meinem Richter! Aber gehe ich nun vorwärts, so ist er nicht da; gehe ich zurück, spüre ich ihn nicht. Ist er zur Linken, schaue ich ihn nicht; verbirgt er sich zur Rechten, so sehe ich ihn nicht« (Hiob 23,2-9).*

Sollen wir annehmen, daß diese Unfähigkeit, Gott zu finden und in gewissen Zeiten einer persönlichen Krise mit ihm ins Gespräch zu kommen, allein Hiob vorbehalten war? Nein. Ich glaube, sie tritt auch in vielen anderen Fällen auf. Die Bibel sagt uns: »Bisher hat euch nur menschliche Versuchung getroffen« (1. Kor 10, 13). Wir alle machen ähnliche Erfahrungen durch. König David muß sich sehr ähnlich wie Hiob gefühlt haben, als er dem Herrn mit großer Leidenschaft die Frage stellte: »Herr, wie lange willst du mich so ganz vergessen? Wie lange verbirgst du dein Antlitz vor mir?« (Ps 13, 1) Im 77. Psalm verleiht David den Ängsten seiner Seele von neuem Ausdruck: »Wird denn der Herr auf ewig verstoßen und keine Gnade mehr erweisen? Ist's denn ganz und gar aus mit seiner Güte, und hat die Verheißung für immer ein Ende?« (V. 7-8) Wir erfahren in 2. Chronik 32, 31, daß Gott den Hiskia »verließ, um ihn zu versuchen, damit kundwürde alles, was in seinem Herzen war«. Selbst Jesus fragte in seiner Todesstunde am Kreuz, warum Gott ihn verlassen hätte. Gibt es ein eindringlicheres Beispiel für die Erfahrung, die ich hier beschreibe?

Ich bin davon überzeugt, daß diese und andere biblische Beispiele uns als Hilfe gegeben wurden, um ein geistliches Phänomen von entscheidender Bedeutung zu verstehen. Anscheinend läßt Gott es zu, daß die meisten Gläubigen geistliche und emotionale Durststrecken überwinden müssen, damit ihr Glaube wie in einem Schmelzofen geprüft würde. Warum? Weil Glaube im Wertsystem Gottes an erster Stelle steht. Ohne Glauben, sagt Er, sei es unmöglich, Ihm zu gefallen (vgl. Hebr 11, 6). Und was ist Glaube? »Es ist aber der Glaube eine feste Zuversicht auf das, was man hofft, und ein Nichtzweifeln an dem, was man nicht sieht« (Hebr 11). Diese Entschlossenheit, zu glauben, wo einem kein Beweis gewährt wird und Fragen keine Antwort erhalten, ist von zentraler Bedeutung für unsere Beziehung zum Herrn. Er wird niemals irgend etwas tun, um den Glauben überflüssig zu machen. Er führt uns mit Absicht durch Zeiten der Prüfung, um diesen Glauben und die Abhängigkeit von Ihm zu kultivieren (Hebr 11, 6-7).

Dennoch befreit eine solche theologische Antwort uns nicht von dem Schmerz und der Enttäuschung, die wir empfinden, wenn wir durch geistliches Niemandsland pilgern. Und die meisten von uns können mit den Schwierigkeiten nicht so gut umgehen wie Hiob oder David. Wenn wir in der Klemme stecken und die Verwirrung zunimmt, dann machen manche Gläubige eine erschreckende geistliche Krise durch. Sie »verlieren Gott«. Der Zweifel erhebt sich und verhüllt Seine Gegenwart, und die Enttäuschung erstarrt zu Verzweiflung. Die schlimmste Frustration entspringt dem Wissen, daß Er das gesamte Universum durch Sein bloßes Wort geschaffen hat, und daß Er allmächtig und allwissend ist. Er könnte retten. Er könnte heilen. Er könnte erlösen. Aber warum tut Er es dann nicht? Dieses Gefühl des Verlassenseins ist eine schreckliche Erfahrung für jemand, dessen ganzes Wesen in der christlichen Ethik verwurzelt ist. Dann stattet uns der Teufel einen kurzen Besuch ab und flüstert: »Er ist gar nicht da! Du bist allein!«

Was tut ein Mensch, wenn er Gottes Handeln nicht mehr versteht? Wem bekennt er seine beunruhigenden – ja sogar ketzerischen – Gedanken? Bei wem sucht er Rat? Was sagt er seiner Familie, wenn sein Glaube ernstlich erschüttert ist? Wohin wendet er sich, um neue Werte und Glaubensinhalte zu finden? Während er nach etwas Zuverlässigerem sucht, woran er glauben könnte, entdeckt er, daß es tatsächlich keinen anderen Namen – keinen anderen Gott – gibt, an den er sich wenden könnte. Jakobus sagt von einem solchen Menschen: »Ein Zweifler ist unbeständig auf allen seinen Wegen« (Jak 1, 8). Er ist der elendeste und verwirrteste unter den Menschen!

Ein solcher Mensch erinnert mich an eine Efeupflanze hinter dem Haus, die Shirley und ich in Südkalifornien besaßen. Es war eine ehrgeizige Pflanze mit dem heimlichen Plan, sich die ganze Welt zu unterwerfen! Auf ihrem Weg stand eine großartige, 150 Jahre alte Eiche, die ich unter allen Umständen schützen wollte. Alle paar Monate warf ich einen Blick aus dem Fenster zum Hintergarten und stellte fest, daß die Kletterranken die Eiche von neuem attackiert hatten. Da waren sie, wanden sich um den Stamm und umschlangen die oberen Äste. Hätte ich sie so weitermachen lassen, so wäre die Eiche der Invasion des mörderischen Efeus schließlich zum Opfer gefallen!

Die Lösung war ziemlich einfach. Statt die Ranken von der Eiche abzureißen – was die Rinde beschädigt hätte –, machte ich einen raschen Schnitt nahe am Stamm des Efeus. Dann ging ich fort. Dem äußeren Anschein nach hatte sich nichts geändert, aber das grüne Monster hatte einen tödlichen Schlag erlitten. Am nächsten Tag sahen seine Blätter ein wenig glanzlos aus. Zwei oder drei Tage später waren sie an den Rändern verfärbt. Bald darauf fingen sie an, braun zu werden, und krebsartig aussehende schwarze Flecken zeigten sich in der Mitte. Dann begannen sie abzufallen, und zuletzt blieb nichts übrig als ein trockener Stecken, der sich am Stamm entlang in die Höhe reckte. Schließlich fiel auch der Stecken ab und der Baum stand wieder allein da. Das hatte das Ding nun von seinem blinden Ehrgeiz.

Ist das Gleichnis hinreichend deutlich? Christen, die im Verlauf einer Phase geistlicher Verwirrung die Beziehung zu Gott verlieren, gleichen dem Efeu, der von seinem Ursprung abgeschnitten worden ist. Es fehlt ihnen an Nahrung und Kraft. Zuerst scheinen sie ganz gut zurechtzukommen, aber die verborgene Wunde ist tödlich. Sie beginnen in der Sonnenhitze zu welken. Für gewöhnlich lassen sie sich nicht mehr in der Kirche sehen und hören auf, die Bibel zu lesen und zu beten. Manche wenden Gott völlig den Rücken zu und fangen an, Dinge zu tun, die ihnen vorher nicht im Traum eingefallen wären. Aber sie haben keinen Frieden im Herzen. Zu den bittersten, unglücklichsten Menschen auf Erden zählen jene, die sich von Gott entfremdet haben und Ihn weder verstehen noch Ihm trauen können.

Jesus sprach von dieser Beziehung in Johannes 15,5-6, als Er sagte: »Ich bin der Weinstock, ihr seid die Reben. Wer in mir bleibt und ich in ihm, der bringt viel Frucht, denn ohne mich könnt ihr nichts tun. Wer nicht in mir bleibt, der wird weggeworfen wie eine Rebe und verdorrt, und man sammelt sie und wirft sie ins Feuer, und sie müssen brennen.«

Wenn Sie einer jener Menschen sind, die durch Enttäuschung oder Verwirrung vom Weinstock getrennt wurden, dann gehören Sie zu den Menschen, an die ich beim Schreiben dieser Worte gedacht habe. Ich weiß, daß Sie leiden. Ich habe Verständnis für den Schmerz, der Sie überwältigt hat, als Ihr Kind starb oder Ihr Ehemann Sie mit einer anderen Frau betrog oder Ihre geliebte Frau zu Jesus ging. Sie konnten keine Erklärung finden für das alles verwüstende Erdbeben oder den Brand oder den schrecklichen Sturm oder das Unwetter, das Ihre Ernte vernichtete. Die Versicherungsgesellschaft sprach von »höherer Gewalt«. Ja. Das tat mehr weh als alles andere. Man könnte endlos Beispiele anführen. Ich denke da an einen jungen Mann, der überzeugt war, der Herr würde ihm das Mädchen zur Frau geben, das er leidenschaftlich liebte. Er dachte, er könnte nicht ohne sie leben. An dem Tag, an dem sie einem anderen ihr Ja-Wort gab, wurde sein Glaube bis auf die Grundfesten erschüttert.

Ich muß auch an die Frau denken, die mich 1991 anrief, um mir mitzuteilen, daß ihr 28jähriger Sohn im Golfkrieg gefallen war. Er hatte einen Helikopter geflogen, der irgendwo über dem Irak abgeschossen wurde. Er war ihr einziger Sohn und ein wiedergeborener Christ. Nur eine Handvoll Männer dieser 600.000 Mann starken Streitmacht der Vereinten Nationen kamen nicht lebend nach Hause, aber dieser gottesfürchtige Mann war einer von ihnen. Mir blutet das Herz, wenn ich an seine trauernde Mutter denke.

Die große Gefahr für Menschen, die eine solche Tragödie erlebt haben, besteht darin, daß der Teufel sich ihren Schmerz zunutze machen und ihnen einreden wird, daß Gott die Ursache ihres Leidens sei. Wenn ein Mensch einmal zu dem Schluß gekommen ist, daß der Allmächtige ihm oder ihr Abneigung oder Haß entgegenbringt, dann ist es nicht mehr weit bis zum völligen inneren Zusammenbruch.

All denen, die hier und heute mit gebrochenem, blutendem Herzen auf ein Wort des Trostes hoffen, möchte ich die Zusicherung geben, daß Sie dem Herrn des Himmels und der Erde vertrauen können. In der Weisheit des ewigen Wortes der Schrift liegen Sicherheit und Ruhe. Wir werden diese tröstlichen Textstellen in den folgenden Kapiteln behandeln, und ich glaube, Sie werden entdecken, daß Sie dem Herrn vertrauen können – auch wenn Sie Ihn nicht festnageln können. Dessen können Sie gewiß sein: Jehovah, der König der Könige und Herr der Heerscharen, läuft nicht nervös in den Korridoren des Himmels auf und ab und zerbricht sich den Kopf über die Probleme in Ihrem Leben! Er hat die Sterne in den leeren Raum gehängt. Er kommt auch mit der Last zurecht, unter der Sie zusammenzubrechen drohen, und Er nimmt innigen Anteil an Ihnen. Hören Sie, was Er Ihnen als erstes zu sagen hat: »Seid stille und erkennet, daß ich Gott bin!« (Ps 46,11)

Das Gefühl des Betrogenseins

Vor vielen Jahren hörte ich einmal die Geschichte von dem Mann, der mit seinem Lastwagen eine schmale Bergstraße entlangfuhr. Zu seiner Rechten fiel der Fels fast 170 Meter tief senkrecht in die Schlucht ab. Als der Fahrer um eine Kurve bog, verlor er plötzlich die Herrschaft über das Fahrzeug. Es schoß über den Straßenrand hinaus und kullerte den Abhang hinunter. Unten ging es in Flammen auf. Der zu Tode erschrockene Fahrer wurde hinausgeschleudert, als sein Wagen über den Straßenrand stürzte, aber es gelang ihm, einen Busch zu packen, der am Rand des Abgrunds wuchs. Da hing er nun. Verzweifelt an den winzigen Ast geklammert baumelte er über dem Abgrund und konnte jeden Augenblick abstürzen. Nachdem er mehrere Minuten lang versucht hatte, sich aus eigener Kraft hochzuziehen, schrie er in seiner Verzweiflung: »Ist da jemand?«

Sekunden später hallte die Donnerstimme Gottes über den Berg. »Ja, ich bin hier«, sagte Er. »Was willst du?«

Der Mann flehte: »Bitte errette mich! Ich kann mich nicht mehr lange festhalten!«

Nach einer weiteren qualvollen Pause sprach die Stimme: »Nun gut, ich will dich erretten. Aber zuerst mußt du den Ast loslassen und darauf vertrauen, daß ich dich erretten werde. Laß einfach los. Meine Hände werden dich auffangen.«

Der Mann, der über dem Abgrund hing, blickte über die Schulter zu dem brennenden Lastwagen unten im Tal hinunter, und dann rief er: »Ist noch *jemand anderes* hier?«

Haben Sie jemals in einer ähnlichen Klemme gesteckt? Haben Sie Gott jemals angefleht, Sie in einer verzweifelten Situation zu retten, und hat Er von Ihnen verlangt, daß Sie Ihm Ihr Leben bedingungslos anvertrauen? Haben Sie jemals Seine Antwort in Gedanken abgewogen und dann den Drang verspürt, zu fragen: »Ist sonst noch jemand da?« Wie wir bereits angedeutet haben, ist diese Erfahrung in christlichen Kreisen keineswegs ungewöhnlich. Wir glauben zu wissen, was wir in einem kritischen Augenblick brauchen, aber Gott ist da oft anderer Meinung.

Nach Jahren, in denen jedes Gebet eine Antwort erhielt, mag es dem Herrn gefallen, eine Bitte nicht zu erfüllen, die wir für lebensnotwendig halten. Innerhalb weniger Augenblicke kann unsere Welt dann völlig aus dem Gleichgewicht geraten. Panik droht die Seele zu überwältigen, wenn Leben und Tod auf dem Spiel stehen. Das wilde Pochen des Herzens verrät die innere Angst. »Aber wo ist Gott jetzt? Weiß Er, was geschieht? Kümmert es Ihn? Warum schweigen die Himmel und sind dunkel geworden? Was habe ich getan, daß Er mich so im Stich läßt? Habe ich Ihm nicht willigen Herzens gedient? Was muß ich tun, um Seine Gunst zurückzugewinnen?« Und in dem Maß, in dem Frustration und Furcht zunehmen, zieht sich der menschliche Geist in Argwohn und Verwirrung vor Gott zurück.

Ich wünschte, ich hätte die Sprachgewalt, diese Erfahrung in ihrer ganzen Wucht wiederzugeben. In den 26 Jahren meiner Praxis als Lebensberater habe ich nur wenige andere Lebensumstände gesehen, die so qualvoll sind wie ein in Trümmer gefallener Glaube. Es ist eine Krise, die im Abgrund der Hölle zusammengebraut wurde. Dr. R.T. Kendall, der mit Gaben reich gesegnete Hauptpfarrer der Westminster Chapel in London, sagte, diese Krise führe direkt zu dem Zustand, den er »die Barriere des Betrogenseins« nennt. Seiner Meinung nach machen fast alle Gläubigen zeitweise eine Periode durch, in denen es ihnen erscheint, als hätte Gott sie im Stich gelassen. Das mag sich schon kurz nach der Bekehrung ereignen. Der Neubekehrte verliert seinen Job, oder eines seiner Kinder erkrankt, oder er erleidet berufliche Rückschläge. Es kann aber auch sein, daß ein Leben nach vielen Jahren getreulicher Nachfolge plötzlich aus allen Fugen gerät. Es erscheint so sinnlos. So unfair. Die natürliche Reaktion darauf ist die Frage: »Herr, behandelst Du so Deine Herde? Ich dachte, Du würdest für mich sorgen, aber ich habe mich getäuscht. Einen solchen Gott kann ich nicht lieben.« Das ist ein tragisches Mißverständnis.

Die Bibel ist überreich an Beispielen dieser verstörenden menschlichen Erfahrung. Wir sehen ein solches Beispiel in 2. Mose 5, als Gott dem Mose befiehlt, vom Pharao die Freilassung der Kinder Israel zu verlangen. Mose tat, wie er geheißen wurde, worauf der Herrscher in seinem Zorn das Volk noch grausamer bedrückte, die Leute schlagen ließ und sie zu noch härterer Fronarbeit als zuvor zwang. Das Volk sandte eine Delegation zum Pharao, in der Hoffnung, er würde ihre Lage erleichtern. Aber der Pharao war nicht in der Stimmung zu verhandeln. Er nannte sie »Taugenichtse« und befahl ihnen, sofort wieder an die Arbeit zu gehen – sonst könnten sie was erleben! Die Männer verließen den Palast sichtlich verstört und rannten schnurstracks zu Mose und Aaron zurück. Sie sagten: »Der Herr richte seine Augen wider euch und strafe es, daß ihr uns in Verruf gebracht habt vor dem Pharao und seinen Großen und habt ihnen so das Schwert in ihre Hände gegeben, uns zu töten« (2. Mose 5, 21).

Mose hatte allen Anlaß für das Gefühl, Gott habe ihn erst in eine prekäre Situation gebracht und dann sitzengelassen. Er reagierte genauso, wie Sie oder ich es unter den Umständen täten. Die Bibel erzählt uns, daß er sagte: »Herr, warum tust du so übel an diesem Volk? Warum hast du mich hergesandt? Denn seitdem ich hingegangen bin zum Pharao, um mit ihm zu reden in deinem Namen, hat er das Volk noch härter geplagt, und du hast dein Volk nicht errettet« (2. Mose 5, 22-23).

Heute können wir ganz klar erkennen, wie sehr Mose mißverstand, was Gott vorhatte, aber wer kann ihm daraus einen Vorwurf machen? Er mußte sich wirklich wie das Opfer eines niederträchtigen Scherzes vorkommen. Glücklicherweise blieb Mose fest im Glauben, bis er den Plan zu verstehen begann. Die meisten von uns geringeren Sterblichen schaffen das nicht ganz so gut. Wir werfen die Flinte ins Korn, bevor die Teile des Puzzles sich zusammenzusetzen beginnen. Und dann sind wir den Rest unseres Lebens verletzt und desillusioniert. Dr. Kendall sagte, daß mehr als 90 Prozent von uns es nicht fertigbringen, diese »Barriere des Betrogenseins« zu durchbrechen, nachdem wir uns von Gott verlassen gefühlt haben. Unser Glaube wird in seiner Entwicklung durch eine bittere Erfahrung behindert, die wir nicht mehr vergessen können.

Dr. Kendalls Beobachtung deckt sich mit meiner eigenen. Viele Menschen, die willens sind, dem Herrn zu dienen, fallen einer schrecklichen Lüge zum Opfer, die uns dem Geber alles Lebens entfremdet. Der Satan ist, wie wir wissen, sowohl der »Vater der Lüge« (Joh 8, 44) als auch »ein brüllender Löwe, der umhergeht und sucht, wen er verschlingen könnte« (vgl. 1. Petr 5, 8). Es ist seine erklärte Absicht, uns zu entmutigen und die Wahrheit zu verfälschen. Wir können im allgemeinen damit rechnen, daß er im Augenblick der tiefsten Enttäuschung auftaucht, uns seine tückischen Gedanken ins Ohr flüstert und den verletzten Gläubigen zum Narren hält.

Zum Besten all jener unter Ihnen, die diesen zerstörerischen Angriffen auf ihren Glauben ausgesetzt sind, möchte ich einige ähnliche Erfahrungen aus dem Leben anderer Christen berichten. Wie ich bereits angedeutet habe, ist es wichtig zu wissen, daß Sie nicht allein sind. Ihr Schmerz und Ihre Entmutigung, die Sie dazu verführen können, zu fragen: »Warum gerade ich?« sind nicht einzigartig. Sie sind nicht als einziger auserwählt worden, die Last der Sorge zu tragen. Die meisten von uns sind, wie es scheint, vom Schicksal dazu bestimmt, mit der Nase an denselben alten Felsen zu rennen. Von alters her haben sich Männer und Frauen gegrämt, weil sie in bedrückende Situationen gerieten, in denen keine Logik und Symmetrie mehr zu erkennen war. Es widerfährt früher oder später uns allen. Millionen haben es durchgemacht. Und allem zum Trotz, was einige Christen Ihnen vielleicht erzählen mögen: Ein Jünger Jesu Christi zu sein, ist keine narrensichere Garantie gegen die Stürme des Lebens.

Betrachten Sie beispielsweise Leben und Tod Dr. Paul Carlsons. Im Jahre 1961 hatte er sich einer Wohlfahrtsorganisation angeschlossen, um als Missionsarzt im damaligen Belgisch-Kongo zu dienen. Sein Einsatz dauerte nur sechs Monate lang, aber was er dort sah, veränderte sein Leben. Er konnte die Menschen dort, die ohne jede Hoffnung lebten, nicht vergessen, als er zu seiner gutgehenden Praxis in Redondo Beach in Kalifornien zurückkehrte. Er sagte zu einem Kollegen: »Wenn Sie die Not dort unten vor Augen hätten, würden

Sie keinen Bissen von Ihrem Sandwich hinunterbringen.« Bald darauf zog Dr. Carlson mit seiner Familie nach Afrika und praktizierte dort in einer provisorischen Klinik. Er operierte beim Licht einer Taschenlampe und fuhr mit dem Motorrad zu seinen Hausbesuchen. Sein Gehalt sank auf 3.230 Dollar im Jahr, aber Geld interessierte ihn nicht. Er folgte seinem eigenen Stern.

Zwei Jahre später wurde Dr. Carlson jedoch in die blutigen Zusammenstöße zwischen rivalisierenden Aufständischen in Belgisch-Kongo hineingezogen. Er befand sich unter einer kleinen Gruppe von Amerikanern, die in der Nähe des Kriegsgebiets gefangengehalten wurden. Sie hatten kurzfristig die Möglichkeit zur Flucht, indem sie eine Mauer überkletterten und sich auf der anderen Seite in Sicherheit brachten. Dr. Carlson erreichte die Mauerkrone und war nur eine Zehntelsekunde von der Freiheit entfernt, als eine Gewehrsalve seinen Körper zerfetzte. Er stürzte zurück in den Hof und starb dort. Es war ein sinnloser Mord, von Rebellen begangen, die durch seinen Tod nichts zu gewinnen hatten.

In einem Bericht über den Mord an dem Arzt schrieb das *Time Magazine:*

> *Der Mord an Dr. Carlson hatte, ebenso wie das Massaker an vielleicht hundert weiteren Weißen und tausenden Farbigen, eine ganz spezielle, tragische Bedeutung. (Er) stand für alle die Weißen – und es gibt viele von ihnen – die von Afrika nichts weiter wollen als eine Chance zu uneigennütziger Hilfe. Er war kein Heiliger, und er hatte sich nicht zum Märtyrertod gedrängt. Er war ein hochqualifizierter Arzt, der aus einem starken christlichen Glauben und einem Gefühl allgemeiner Menschlichkeit heraus in den Kongo gegangen war, um den Kranken zu helfen.**

Sein humanitärer Einsatz kostete Dr. Paul Earle Carlson das Leben.

Und wir bleiben mit der Frage zurück: »Warum, Herr? Warum konntest Du den Gewehrschützen nicht eine Sekunde lang ablen-

---

* *Time,* 4. Dezember 1964.

ken?« Selbst ein Schmetterling vor seiner Nase, oder ein Schweißtropfen in seinem Auge hätte das tragische Ende verhindern können. Aber es gab keine solche Ablenkung. Und so endete das Erdenleben eines guten Menschen, der eine liebende Frau und zwei Kinder hinterließ.

Und wie steht es um die Erfahrung meiner Freunde Daryl und Clarita Gustafson? Sie waren viele Jahre lang unfruchtbar, trotz umfassender medizinischer Untersuchungen und Prozeduren. Sie beteten unablässig zu Gott, er möge ihnen die Gnade schenken, ein Kind in die Welt zu setzen, aber die Himmel schwiegen und der Schoß blieb leer. Claritas biologische Uhr tickte mit ohrenbetäubenden Schlägen, als die Monate vorübergingen. Dann geschah es eines Tages. Clarita entdeckte, daß sie zu guter Letzt schwanger war. Es war herrlich. Gott hatte doch noch gesprochen. Ein gesundes Kind, ein Junge, wurde sieben Monate später geboren und Aaron genannt, nach dem Bruder des Mose. Dieses Kind war ihr ganzer Stolz und ihre ganze Freude.

Als Aaron jedoch drei Jahre alt war, stellten die Ärzte fest, daß der Junge an einer besonders bösartigen Form von Krebs litt. Zehn Monate qualvoller Chemotherapie und Strahlenbehandlung folgten. Trotz aller Bemühung, den Verlauf der Krankheit zu stoppen, verfiel Aarons kleiner Körper zusehends. Seine Mutter und sein Vater schwankten zwischen Hoffnung und Verzweiflung, wie es ihnen wohl nur die Eltern todkranker Kinder wirklich nachfühlen können. Trotz aller Tränen und Gebete ging Aaron 1992 zum Herrn. Er war nur vier Jahre alt geworden. Das Wunderkind, das Daryl und Clarita »Gottes kleinen Engel und unseren kleinen Kürbis« nannten, wurde ihnen genommen. Der Glaube dieser bemerkenswerten Familie blieb unerschüttert, obwohl ihre Fragen bis heute keine Antwort gefunden haben.

Mir blutet das Herz beim Gedanken an all die anderen Mütter und Väter, die ein inniggeliebtes Kind verloren haben. Ich höre regelmäßig von Eltern, die eine ähnliche Tragödie durchgemacht haben. Vor allem eine Familie ist mir in sehr lebendiger Erinnerung. Ich hörte von ihrem Kummer durch den Vater, der mir einen Beitrag zum Gedenken an sein kleines Mädchen, Bristol, sandte. Er schrieb mir:

Meine liebe Bristol,
bevor du geboren wurdest, habe ich für dich gebetet. Ich wußte im Herzen, daß du ein kleiner Engel sein würdest. Und das warst du auch.
Als du an meinem Geburtstag, dem 7. April, geboren wurdest, war es allen klar, daß du ein besonderes Geschenk des Herrn warst. Aber erst später erwies sich, von welch gewaltiger Bedeutung dieses Geschenk sein sollte! Mehr als das niedliche Bündel von Glucksern und rosigen Wangen – mehr als die Erstgeborene aus meinem Samen, eine unaussprechliche Freude – zeigtest du mir Gottes Liebe deutlicher als alles andere in der Schöpfung. Bristol, du hast mich lieben gelehrt.
Ich liebte dich gewiß, als du noch putzig und knuddelig warst, als du dich herumgewälzt und aufgesetzt und deine ersten Worte hervorgestammelt hast. Ich liebte dich, als der sengende Schmerz der Erkenntnis auftauchte, daß irgend etwas nicht stimmte – daß du dich vielleicht nicht so rasch entwickeltest wie deine Altersgenossen, und dann, als wir begriffen, daß es weitaus ernster war als nur das. Ich liebte dich, als wir von einem Krankenhaus zum anderen, von einer Klinik zur anderen, von einem Arzt zum anderen pilgerten, immer auf der Suche nach einer Diagnose, die uns Hoffnung geben würde. Und natürlich beteten wir allezeit für dich – und beteten – und beteten. Ich liebte dich, als bei einem dieser Tests zuviel Rückenmarksflüssigkeit aus deinem Körper abgesaugt wurde und du vor Schmerzen schriest. Ich liebte dich, wenn du stöhntest und schriest, wenn deine Mutter und ich und deine Schwestern abends stundenlang mit dir spazierenfuhren, um dir das Einschlafen zu erleichtern. Ich liebte dich mit Tränen in den Augen, als du anfingst, dich in deiner Verwirrung in die Finger oder die Lippen zu beißen und als deine Augen erst schielten und dann blind wurden.
Ich liebte dich auch, als du nicht mehr sprechen konntest, aber wie habe ich deine Stimme vermißt! Ich liebte dich, als die Skoliose anfing, deinen Körper wie eine Bretzel zu verkrümmen, als wir eine Kanüle in deinen Magen einsetzen ließen, um dich zu füttern, weil du am Essen zu ersticken drohtest, und dir das Essen löffelweise einflößten. Manchmal dauerte eine Mahlzeit gute zwei Stunden.

Ich brachte es fertig, dich zu lieben, als deine verkrüppelten Glieder es schwierig machten, deine schmutzigen Windeln zu wechseln – so viele Windeln – zehn Jahre lang Windeln. Bristol, ich liebte dich sogar, als du das eine Wort nicht mehr sprechen konntest, nach dem ich mich so sehr sehnte: »Papa, ich liebe dich auch.« Bristol, ich liebte dich, als ich Gott nahe war, und auch, als Er sehr ferne schien, als ich fest im Glauben stand und auch, als ich zornig auf Ihn war.
Und der Grund, warum ich dich liebte, Bristol, trotz all dieser Schwierigkeiten, ist der: Gott pflanzte Seine Liebe in mein Herz. Das ist das wunderbare Wesen der göttlichen Liebe, daß Er uns liebt, selbst wenn wir blind, taub oder verkrüppelt sind – sei es im Geiste oder im Körper. Gott liebt uns auch noch, wenn wir Ihm nicht sagen können, daß wir Ihn ebenfalls lieben.
Meine liebe Bristol, du bist nun frei! Ich freue mich auf den Tag, an dem wir nach Gottes Willen beim Herrn wieder mit dir vereint sein werden, dem Tag, an dem du völlig heil und voll Freude sein wirst. Ich bin so glücklich, daß dir deine Krone als erste zuteil wurde. Wir werden dir eines Tages folgen – sobald es Ihm gefällt. Bevor du geboren wurdest, habe ich für dich gebetet. Ich wußte in meinem Herzen, daß du ein kleiner Engel sein würdest. Und das warst du auch!

Alles Liebe, Papa.

Ich habe diesen liebenden Vater niemals persönlich kennengelernt, aber ich kann ihm die leidenschaftliche Gemütsbewegung nachfühlen. Was für eine Untertreibung! Ich kann seine Worte immer noch kaum lesen, ohne daß ich die Tränen zurückdrängen muß. Ich habe dieselbe Zärtlichkeit für meinen Sohn und meine Tochter empfunden, von dem Tag an, an dem sie geboren wurden. Selbst mit diesem Mitgefühl im Herzen kann ich mir die Qual dieser zehn Jahre dauernden Prüfung, die im Brief dieses Vaters geschildert wird, kaum vorstellen. Solche Tragödien sind nicht nur ein emotionaler Alptraum, sie können sich auch zu dem geistlichen Minenfeld entwickeln, von dem ich bereits gesprochen habe.

Wiederum illustrieren diese Beispiele herzzerreißenden Kummers die Tatsache, daß gottesfürchtige Menschen – betende Menschen – manchmal den selben Mühen und Plagen ausgesetzt sind wie die Ungläubigen. Wenn wir diese Tatsache ableugnen, dann schaffen wir nur noch tieferen Schmerz, noch tiefere Enttäuschung für jene, die nicht darauf vorbereitet sind, damit umzugehen. Deshalb müssen wir unseren Widerwillen dagegen, uns diese unerfreulichen Tatsachen vor Augen zu halten, überwinden. Wir müssen unsere Brüder und Schwestern gegen die Barriere des Betrogenseins wappnen. Wir müssen sie lehren, sich nicht zu sehr auf ihre eigene Fähigkeit zu verlassen, die unerklärlichen Umstände in unserem Leben zu begreifen.

Denken Sie daran: die Bibel warnt uns in den Sprüchen »Verlaß dich nicht auf deinen Verstand« (Spr 3, 5). Beachten Sie: Niemand hindert uns daran, daß wir zu verstehen versuchen. Ich habe ein Leben damit verbracht, daß ich versuchte, diese Unwägbarkeiten im Leben irgendwie auf die Reihe zu kriegen, was unter anderem dazu geführt hat, daß ich dieses Buch geschrieben habe. Aber es wird uns ganz klar gesagt, daß wir uns nicht auf unsere Fähigkeit, das Puzzle zusammenzusetzen, verlassen sollen. »Sich verlassen« bezieht sich auf die panikerfüllte Forderung nach Antworten – die Bereitschaft, den Glauben hinter sich zu werfen, wenn keine zufriedenstellende Antwort erfolgt. Das hieße, Gott zu bedrängen, Er möge sich gefälligst erklären – ansonsten könne Er was erleben! Das ist der Punkt, wo alles aus den Fugen gerät.

Ich muß zugeben, ich habe die fein säuberlich zugeschnittenen Antworten nicht parat, die Aarons Eltern zufriedenstellen könnten, oder Mrs. Carlson, oder Dr. Karen Frye. Ich habe keine millimetergenau passende Erklärung für Bristols schmerzerfüllten Vater oder die Eltern von Steve White. Ich finde es, ehrlich gesagt, sehr ärgerlich, wenn Amateurtheologen dann mit Platitüden herumwerfen wie »Gott wollte die kleine Blume namens Bristol wohl für Seinen himmlischen Garten.« Unsinn! Ein liebender Vater reißt einer Familie nicht aus selbstsüchtigen Gründen das Herz aus dem Leib! Nein, wir sollten uns lieber damit abfinden, daß wir zu wenig Bescheid wissen, um all den Schmerz in einer unvollkommenen, gefallenen Welt zu erklären. Dieses Verstehen wird darauf warten müssen, daß der über allem regierende Herr wiederkommt, um alle Rechnungen zu begleichen und allem Unrecht ein Ende zu machen.

Wenn Sie bereits angefangen haben, sich der Verzweiflung zu überlassen, so ist es von äußerster Wichtigkeit, daß Sie sich die Bibel noch einmal genau ansehen und feststellen, daß Prüfungen und Leiden zum menschlichen Leben gehören. Alle biblischen Schriftsteller, einschließlich der Glaubenshelden, machten ähnliche Mühsale durch. Sehen Sie sich die Erfahrung an, die Joseph machte, einer der Patriarchen im Alten Testament. Sein Leben fiel in Trümmer, bis es viele Jahre später zu einer triumphalen Wiedervereinigung mit seiner Familie kam. Er wurde von seinen Brüdern gehaßt, die sogar erwogen, ihn zu töten, bevor sie ihn in die Sklaverei verkauften. Während seines Aufenthalts in Ägypten wurde er in den Kerker geworfen, wurde von Potiphars Frau fälschlich angeklagt, er habe versucht, sie zu vergewaltigen, und schwebte in Gefahr, hingerichtet zu werden. Es gibt keinen Fingerzeig, daß Gott Joseph erklärt habe, was Er in diesen vielen Leidensjahren mit ihm vorhatte, oder wie die Teile des Puzzles schließlich zusammenpassen würden. Von ihm wurde erwartet, wie von Ihnen und mir auch, sich bis ans Ende seiner Tage mit einem unvollständigen Verständnis zufriedenzugeben. Was Gott erfreute, war Josephs Festhalten am Glauben, als alles sinnlos erschien.

Betrachten Sie den Bericht über Elia in 1. Könige 17. Im dritten Vers hören wir, wie Gott ihm befiehlt: »Geh weg von hier und wende dich nach Osten und verbirg dich am Bach Krit, der zum Jordan fließt. Und du sollst aus dem Bach trinken, und ich habe den Raben geboten, daß sie dich dort versorgen sollen.« Das war eine erfreuliche Nachricht, denn damals herrschte eine große Dürre im Land. Wenigstens würde er nicht verdursten. Aber dann lesen wir in Vers 7: »Und es geschah nach einiger Zeit, daß der Bach vertrocknete, denn es war kein Regen im Lande.« Wie merkwürdig, nicht wahr? Was meinen Sie wohl – ob Elia da dachte: *Du hast mich hierher gesandt, Herr, und mir Nahrung und Wasser versprochen. Warum hast Du also den Bach austrocknen lassen?* Gute Frage. Ist die Quelle des göttlichen Segens in Ihrem Leben jemals ausgetrocknet?

Blättern wir einmal flüchtig das Neue Testament durch und werfen wir einen Blick auf die Jünger und andere Führer der jungen Christenheit. Johannes der Täufer, von dem Jesus sagte, es sei kein

Größerer als er vom Weibe geboren worden, fand sich in Herodes' stinkendem Verlies wieder. Eine böse Frau namens Herodias ließ ihm dort den Kopf abschlagen, weil er ihren unmoralischen Lebenswandel verurteilt hatte. Es gibt keinen biblischen Bericht, daß ein Engel Johannes in seiner Zelle besucht habe, um ihm eine Erklärung für seine Verfolgung zu liefern. Diese große Mann Gottes, der zum Vorläufer Jesu auserkoren war, machte dieselbe verwirrende Erfahrung wie wir. Es ist tröstlich zu wissen, daß Johannes auf sehr menschliche Weise reagierte. Er schickte aus seiner Gefängniszelle eine heimliche Botschaft an Jesus: »Bist du es, der da kommen soll, oder sollen wir auf einen anderen warten?« (Mt 11, 3) War Ihnen auch schon einmal danach zumute, diese Frage zu stellen?

Sehen Sie sich den Märtyrertod des Stephanus an, der gesteinigt wurde, weil er den Namen Christi verkündigt hatte. Und den Jünger Jakobus, der in Apostelgeschichte 12 mit einem einzigen Vers erwähnt wird: König Herodes Agrippa »tötete aber Jakobus, den Bruder des Johannes, mit dem Schwert« (Apg 12, 2). Die Überlieferung berichtet uns, daß zehn von den zwölf Jüngern letztendlich hingerichtet wurden (mit Ausnahme von Judas, der Selbstmord beging, und Johannes, der in die Verbannung geschickt wurde). Wir glauben auch, daß Paulus, der verfolgt, gesteinigt und ausgepeitscht wurde, später in einem römischen Gefängnis enthauptet wurde. Die zweite Hälfte des 11. Kapitels des Hebräerbriefes beschreibt das Schicksal derjenigen, die für den Namen Christi Leiden ertrugen:

> *Andere aber sind gemartert worden und haben die Freilassung nicht angenommen, damit sie die Auferstehung, die besser ist, erlangten. Andere haben Spott und Geißelung erlitten, dazu Fesseln und Gefängnis. Sie sind gesteinigt, zersägt, durchs Schwert getötet worden; sie sind umhergezogen in Schafspelzen und Ziegenfellen, sie haben Mangel, Bedrängnis, Mißhandlung erduldet. Sie, deren die Welt nicht wert war, sind umhergeirrt in Wüsten, auf Bergen, in Höhlen und Erdlöchern. Diese alle haben durch den Glauben Gottes Zeugnis empfangen und doch nicht erlangt, was verheißen war (Hebr 11,35-39).*

Lesen Sie diesen letzten Vers noch einmal durch. Beachten Sie, daß diese Heiligen in der Erwartung einer Verheißung lebten, die sich am Ende ihres Lebens noch nicht erfüllt hatte. Sie erhielten niemals eine vollständige Erklärung. Sie hatten nur ihren Glauben, um sich in Zeiten der Verfolgung darauf zu stützen. Der *Bibelkommentar zur Anwendung im täglichen Leben* sagt zu diesem Kapitel: »Diese Verse fassen die Lebensgeschichten weiterer großer Männer und Frauen des Glaubens zusammen. Einige errangen außergewöhnliche Siege, ja überwanden sogar den Tod. Aber andere wurden grausam mißhandelt, gefoltert und sogar getötet. Ein standhafter Glaube an Gott ist keine Garantie für ein glückliches, sorgloses Leben. Während wir hier auf Erden leben, werden wir den Zweck unseres Leidens vielleicht niemals durchschauen. Aber wir wissen, daß Gott zu seinen Verheißungen steht.« Und genau das ist der springende Punkt.

Nur wenige von uns sind dazu berufen, unser Leben hinzugeben wie die Christen der Urgemeinde, aber es gibt auch heutigentags noch Beispiele von Märtyrern. Versuchen Sie einmal, sich die folgende Geschichte zu erklären. Rev. Bill Hybels teilt sie uns in seinem Buch *Zu beschäftigt, um nicht zu beten* mit, und sie illustriert unser Thema auf eine Weise, die an Dramatik nichts zu wünschen übrig läßt:

> *Vor einigen Jahren wurden ein Mitglied der Singgruppe unserer Kirche und ich von einem christlichen Führer namens Yesu eingeladen, Südindien zu besuchen. Dort schlossen wir uns einem Team von Leuten an, die aus verschiedenen Gebieten der USA stammten. Man sagte uns, Gott würde uns dazu gebrauchen, Moslems und Hindus und Menschen ohne religiöses Bekenntnis für Christus zu gewinnen. Wir alle fühlten uns von Gott berufen, zu gehen, aber keiner von uns wußte, was wir zu erwarten hatten.*
> *Als wir antraten, begrüßte uns Yesu und lud uns in sein Haus ein. Im Verlauf der nächsten paar Tage erzählte er uns von seinem Dienst für den Herrn.*
> *Yesus Vater, ein dynamischer geistlicher Führer und Redner, hatte eine Mission in der hauptsächlich von Hindus bewohnten Region gegründet. Eines Tages kam ein Hindu-Führer zu Yesus Vater und*

bat ihn um seine Fürbitte. Der Vater war voll Eifer, mit ihm zu beten, voll Hoffnung, er könnte ihn zu Christus führen. Also bat er ihn in sein Privatzimmer, kniete mit ihm nieder, schloß die Augen und begann zu beten. Während er betete, griff der Hindu in sein Gewand, zog ein Messer heraus und versetzte ihm eine ganze Anzahl von Stichen.

Yesu hörte seinen Vater schreien und eilte ihm zu Hilfe. Er hielt ihn in den Armen, während das Blut auf den Boden der Hütte strömte. Drei Tage später starb sein Vater. Auf dem Sterbebett sagte er zu seinem Sohn: »Bitte sag diesem Mann, daß ich ihm verziehen habe. Sorge für deine Mutter und führe meinen Dienst weiter. Tu alles Notwendige, um Menschen für Christus zu gewinnen.«

Was für eine bewegende Geschichte, und wie klein läßt sie uns erscheinen! Ich schäme mich dann geradezu, wegen kleiner Probleme und Frustrationen, die mir im Lauf der Jahre begegnet sind, zu jammern. Es mag sein, daß der Herr eines Tages ein ähnliches Opfer für die Sache Christi von mir fordert. Wenn das der Fall sein sollte, dann bete ich, daß Er mir den Mut geben möge, willig anzunehmen, *was immer* Sein Wille für mich sein mag. Ungezählte haben ihr Leben in dieser Weise für seinen Dienst hingegeben.

Nun sagen Sie mir: woher kommt eigentlich die Vorstellung, das Christenleben sei lauter Wonne? Wo gibt es Beweise für die »Nenn es und du kriegst es«-Theologie, die uns verspricht, daß Gott uns wie mit einem großen Besen vorangeht und uns jede Prüfung und jede beunruhigende Ungewißheit aus dem Weg fegt? Ganz im Gegenteil. Jesus sagte Seinen Jüngern, sie sollten sich auf Leiden gefaßt machen. Er sagte ihnen: »Das habe ich mit euch geredet, damit ihr in mir Frieden habt. In der Welt habt ihr Angst, aber seid getrost, ich habe die Welt überwunden« (Joh 16,33). Paulus schrieb: »Ich habe überschwengliche Freude in all unserer Bedrängnis. Denn als wir nach Mazedonien kamen, fanden wir keine Ruhe, sondern von allen Seiten waren wir bedrängt, von außen mit Streit, von innen mit Furcht« (2. Kor 7,4-5). Petrus läßt keinen Zweifel daran, daß es in seinem Leben als Christ Schwierigkeiten gab, wenn er schreibt: »Ihr Lieben, laßt euch durch die Hitze nicht befremden, die euch widerfährt zu eurer Versuchung, als widerführe euch etwas Seltsames, sondern freut euch, daß ihr mit Christus leidet, damit ihr auch zur Zeit der Offenbarung seiner Herrlichkeit Freude und Wonne haben mögt« (1. Petr 4,12-13). Beachten Sie, daß in jedem dieser Zitate Freude und Leid nebeneinander erwähnt werden.

Dies ist die beständige, übereinstimmende »Verheißung«, die wir von den Verfassern der Bibel erhalten haben, und dennoch scheinen wir fest entschlossen zu sein, den Text umzuschreiben. Damit setzen wir uns jedoch schutzlos den Angriffen satanischer Bosheit aus.

Es erfüllt mich mit Sorge, daß viele Gläubige anscheinend der Meinung sind, Gott schulde ihnen schönes Wetter oder zumindest eine Erklärung (und vielleicht sogar eine Entschuldigung) für die Klippen in ihrem Fahrwasser. Wir dürfen niemals vergessen, daß Er schließlich *Gott* ist. Er ist majestätisch und heilig und souverän. Er ist niemandem Rechenschaft schuldig. Er ist kein Laufbursche, der die Aufträge ausführt, die wir Ihm erteilen. Er ist kein Flaschengeist, der auf unser Händeklatschen hin erscheint, um unsere Launen zu befriedigen. Er ist nicht unser Diener – wir sind Seine Diener. Und der Zweck unseres Daseins besteht darin, Ihn zu verherrlichen und zu ehren. Selbst in dieser Situation mag es durchaus geschehen, daß Er gewaltige Wunder zu unseren Gunsten wirkt. Manchmal gefällt es Ihm, Seine Handlungsweise noch zu unseren Lebzeiten zu erklären. Manchmal ist Seine Gegenwart so real für uns, als stünden wir ihm von Angesicht zu Angesicht gegenüber. Aber zu Zeiten, wenn nichts einen Sinn zu ergeben scheint – wenn wir etwas durchmachen müssen, das wir als »nicht fair« empfinden, wenn wir das Gefühl haben, ganz allein in Gottes Wartezimmer zu sitzen – dann sagt Er uns einfach: »Vertraut mir!«

Soll das nun bedeuten, daß es unser Schicksal ist, von äußeren Lebensumständen niedergedrückt und zu Opfern gemacht zu werden? Ganz gewiß nicht. Paulus sagt, wir seien »mehr als Sieger«. Er schrieb in Philipper 4,4-7:

> *Freuet euch in dem Herrn allewege, und abermals sage ich euch: Freuet euch! Eure Güte laßt kundsein allen Menschen! Der Herr ist nahe! Sorgt euch um nichts, sondern in allen Dingen laßt eure*

Bitten in Gebet und Flehen mit Danksagung vor Gott kundwerden! Und der Friede Gottes, der höher ist als alle Vernunft, bewahre eure Herzen und Sinne in Christus Jesus.

Was wir hier in der Bibel vor uns haben, ist ganz offenkundig ein Paradox. Auf der einen Seite wird uns gesagt, wir sollten mit Leid und Mühsal rechnen, die uns vielleicht sogar das Leben kosten werden. Auf der anderen Seite werden wir ermuntert, freudig, dankbar und allzeit fröhlich zu sein. Wie passen diese einander widersprechenden Gedanken zusammen? Wie können wir gleichzeitig triumphieren und unter immensem Streß stehen? Wie können wir Sicherheit erleben, wenn wir von lauter Unsicherheit umgeben sind? Das ist ein Geheimnis, das, wenn wir Paulus glauben, »höher ist als alle Vernunft«.

Im nächsten Kapitel werden wir uns mit den Grundsätzen befassen, die zu diesem fast unheimlichen Seelenfrieden inmitten des Sturms führen. Sie können diesen Frieden auch in Ihrem Leben verwirklichen.

Gott schreibt auch auf krummen Zeilen gerade

Ich habe viele Jahre lang über jene Ereignisse in unserem Leben nachgedacht, bei denen Gott uns so völlig sinnlos erschien. Ich war Ende Zwanzig, als mir zum erstenmal jenes »ehrfurchtgebietende Warum« durch den Kopf schoß. Ich kann mich heute nicht mehr daran erinnern, was diesen beunruhigenden Gedankengang auslöste, aber ich wußte, daß ich da auf einen Bissen gestoßen war, der größer war, als ich schlucken konnte. Inzwischen habe ich etwas mehr Zeit gehabt – nun, sagen wir lieber, eine ganze Menge mehr Zeit gehabt – die Bibel zu studieren und mir die entsprechenden Texte zurechtzulegen. Mehr als 53 Jahre sind vergangen, seit ich als dreijähriger Junge mein Leben Jesus Christus übergeben habe. Bis heute bin ich mit allen Fasern meines Wesens diesem Herrn ergeben, und meine Glaubensüberzeugung ist heute tiefer und inbrünstiger als je zuvor.

Im Lauf der Zeit habe ich mit Hilfe anderer Bibelkenner gelernt, zu dem meiner Meinung nach schriftgemäßen Verständnis jener Lebenssituationen zu gelangen, in denen der Glaube ernstlich angefochten wird. Ich glaube, daß ich jetzt besser verstehe, wer Gott ist und wie Er an uns handelt – vor allem in vier ganz spezifischen Bereichen.

1. Gott ist gegenwärtig und handelt in unserem Leben, selbst wenn es uns erscheinen mag, als sei Er taub oder für längere Zeit abwesend.

Als Kind hörte ich einmal eine Schauergeschichte im Radio, die meine Fantasie stark beschäftigte. Es ging um einen Mann, der zu Einzelhaft in einer stockfinsteren Zelle verurteilt war. Das einzige, womit er sich beschäftigen konnte, war eine Glasmurmel, die er immer wieder gegen die Wand warf. Er verbrachte viele Stunden damit, dem Geräusch zu lauschen, das die Murmel beim Umherrollen und -hüpfen im Raum machte. Dann tastete er in der Finsternis herum, bis er sein kostbares Spielzeug wiederfand.

Eines Tages warf der Gefangene seine Kugel in die Höhe – aber sie kam nicht mehr herunter. Nur die Stille widerhallte in der Finsternis. Er war zutiefst verstört über die geheimnisvolle Art und Weise, wie seine Murmel sich »in Luft aufgelöst« hatte, und seine Unfähigkeit, sich ihr Verschwinden zu erklären. Schließlich verlor er den Verstand, riß sich alle Haare aus und starb.

Als die Gefängniswärter kamen, um seine Leiche fortzuschaffen, entdeckte ein Beamter etwas, das in einem großen Spinnennetz in einem Winkel der Decke hing.

Das ist ja seltsam, dachte er. *Ich möchte wissen, wie eine Glasmurmel dort hineingeraten ist.*

Wie die Geschichte von diesem verzweifelten Gefangenen beweist, stellt uns die menschliche Sinneswahrnehmung zuweilen vor Fragen, die der Verstand unmöglich beantworten kann. Aber es gibt sehr wohl gültige Antworten. Für diejenigen unter uns, die Jesus Christus nachfolgen, ist es nur vernünftig, wenn wir uns nicht allzusehr auf unsere Fähigkeit verlassen, immer ein klares Bild zu schaffen – vor allem, wenn wir versuchen, uns ein klares Bild des Allmächtigen zu machen!

Nicht nur, daß die menschliche Wahrnehmung ein höchst fehlerhaftes und ungenaues Meßinstrument ist – unsere Gefühle sind noch viel weniger zuverlässig. Sie sind etwa so beständig und zuverlässig wie Knetmasse. Ich habe vor einigen Jahren ein Buch mit dem Titel geschrieben: *Gefühle – können wir ihnen vertrauen?* Ich habe fast 200 Seiten darauf verwandt, diese Frage mit Nein zu beantworten. Nein, wir können uns nicht auf unsere Gefühle und Gemütsbewegungen verlassen, wenn es darum geht, Richtlinien für unser Leben aufzustellen oder die Welt um uns richtig einzuschätzen. Gefühle sind unzuverlässig – voreingenommen – launisch. Sie lügen uns ebenso oft ins Gesicht, wie sie uns die Wahrheit sagen. Sie werden – vor allem in der Jugend – von Hormonen gesteuert und verändern sich dramatisch zwischen den frühen Morgenstunden, in denen wir ausgeruht sind, und den Abendstunden, in denen uns die Müdigkeit überkommt. Einer der deutlichsten Beweise für emotionale Reife ist die Fähigkeit (und die Bereitschaft), über bloße Stimmungen hinwegzusehen und unser Verhalten mit dem Intellekt und dem Willen zu steuern. (Waren wirklich zweihundert Buchseiten nötig, um *das* deutlich zu machen?)

Selbst im günstigsten Fall sind unsere Wahrnehmung und unsere Gefühle nur mit Vorsicht zu genießen; wir müssen also sehr sorgfältig abwägen, wenn wir den Eindruck haben, daß sie uns etwas über Gott mitteilen. Unglücklicherweise sind sich viele Gläubige dieser Quelle der Verwirrung und Enttäuschung nicht bewußt. Für verletzliche Menschen ist es typisch, daß sie das, was sie in bezug auf Gott »fühlen«, unbesehen akzeptieren. Aber was sie fühlen, mag nichts weiter als eine vorübergehende Gemütsverfassung widerspiegeln. Zudem sind der Geist, der Körper und die Seele sehr eng miteinander verbunden. Für gewöhnlich steckt sich eines am anderen an. Wenn ein Mensch, um ein Beispiel zu nennen, deprimiert ist, sind davon nicht nur sein gefühlsmäßiges und körperliches Wohlergehen mitbetroffen; auch sein geistliches Leben leidet. Er kommt dann vielleicht zu dem Schluß: »Gott liebt mich nicht. Ich fühle nichts davon, daß Er mein Dasein billigt.« Ebenso wird ein Mensch, bei dem eine gefährliche Krankheit diagnostiziert wird, als erstes die Frage stellen: »Warum hat Gott mir das angetan?« Diese drei Bereiche sind unauflöslich miteinander verbunden, und sie verzerren unsere Wahrnehmung ganz beträchtlich, sodaß von Objektivität keine Rede mehr sein kann.

Das zu verstehen, ist von überwältigender Bedeutung, wenn es darauf ankommt, unsere Beziehung zu Gott richtig einzuschätzen. Selbst wenn es uns erscheint, als sei Er tausende Meilen entfernt und nicht im geringsten an unseren Angelegenheiten interessiert, ist Er in Griffweite. Eine wundervolle Illustration für diese unsichtbare Nähe ist im Lukasevangelium, Kapitel 24, Vers 13 und 14, beschrieben. Da wandern zwei von Jesu Jüngern zum Dorf Emmaus, das etwa sieben Meilen von Jerusalem entfernt liegt. Sie hatten drei Tage zuvor die schreckliche Kreuzigung ihres Meisters miterlebt und sie waren zutiefst deprimiert. Alles, worauf sie ihre Hoffnung gesetzt hatten, war an diesem Kreuz der Römer gestorben. All die dramatischen Dinge, die Jesus gesagt und getan hatte, wirkten nun gekünstelt und unwahrhaftig. Er hatte mit solcher Autorität gesprochen, aber jetzt war Er tot und lag in einem geliehenen Grab. Er hatte behauptet, der Sohn Gottes zu sein, aber sie hatten ihn in seiner Todesstunde ausrufen gehört: »Mein Gott, mein Gott, warum hast du mich verlassen?« (Mt 27, 46) Die Jünger waren so verwirrt, daß es ärger nicht mehr ging. Was hatte ihnen all die Zeit genutzt, die sie mit diesem Mann verbracht hatten, der sich selbst als Messias bezeichnete?

Sie begriffen nicht, daß Jesus in eben diesem Augenblick mit ihnen die staubige Straße entlangging, und daß sie in Kürze die aufregendste Nachricht hören sollten, die menschliche Ohren jemals vernommen hatten. Sie würde ihr Leben revolutionieren und in der Welt das Unterste zuoberst kehren. Zu diesem Zeitpunkt jedoch sahen sie nichts weiter als Fakten, die nicht miteinander in Einklang zu bringen waren. Sie hatten, wie ich es ausdrücken würde, Probleme mit der Wahrnehmung.

In meiner Arbeit mit christlichen Familien in Krisensituationen stelle ich immer wieder fest, daß sie einen ähnlichen inneren Kampf durchmachen wie diese Jünger. Während sie sich tief in Gedanken dahinschleppen, läßt nichts darauf schließen, daß Jesus irgendwo in ihrem Universum einen Platz hätte. Weil sie Seine Gegenwart nicht »fühlen«, können sie auch nicht glauben, daß Er Anteil an ihnen nimmt. Weil die Fakten kein vernünftiges Bild ergeben, sind sie überzeugt, daß es keine vernünftige Erklärung gibt. Ihre Gebete bringen ihnen keine unmittelbare Erleichterung, also nehmen sie an, daß sie ungehört verhallen. Aber da irren sie sich. Ich bin der festen Überzeugung, daß in solchen Situationen dem, was Menschen empfinden, zuviel Beachtung geschenkt wird, und daß darüber die Versprechen Gottes in Vergessenheit geraten, der uns zugesagt hat, Er wird »all eurem Mangel abhelfen nach seinem Reichtum in Herrlichkeit in Christus Jesus« (Phil 4, 19).

Wenn Sie heute auf dieser staubigen Straße nach Emmaus dahinschreiten und Ihre Lebensumstände Sie in Verwirrung und Depression gestürzt haben, dann kann ich Ihnen ein Wort des Trostes zusprechen. Glauben Sie niemals, daß Gottes Schweigen oder Seine anscheinende Untätigkeit ein Beweis für Sein Desinteresse wären. Ich möchte es noch einmal sagen: Das Gefühl, Er sei unzugänglich, bedeutet gar nichts! Absolut nichts! Sein Wort ist unendlich zuverlässiger als unsere irrlichternden Gefühle. Der Reverend Reuben Welch, Pastor und Autor, sagte einmal: »Bei Gott geschieht immer etwas, selbst wenn anscheinend gar nichts geschieht.« Das ist die Wahrheit. Der Herr ist in Seiner unnachahmlichen Art auch dann am Wirken, wenn unsere Gebete in einem leeren Universum zu widerhallen scheinen.

Gründen Sie Ihre Fundamente nicht auf flüchtige Gemütsbewegungen, sondern auf die Autorität des geschriebenen Wortes Gottes. Er hat versprochen, uns niemals zu verlassen (Mt 28, 20). Er sagte: »Wo zwei oder drei in meinem Namen beisammen sind, da bin ich mitten unter ihnen« (Mt 18, 20). Er ist »ein Freund, der uns näher steht als ein Bruder« (Spr 18, 24). Wir haben die Zusicherung, daß »die Augen des Herrn sehen auf die Gerechten, und seine Ohren hören auf ihr Gebet« (1. Petr 3, 12). David sagte:

> *Wohin soll ich gehen vor deinem Geist, und wohin soll ich fliehen vor deinem Angesicht? Führe ich gen Himmel, so bist du da, bettete ich mich bei den Toten, siehe, so bist du auch da. Nähme ich Flügel der Morgenröte und bliebe am äußersten Meer, so würde auch dort deine Hand mich führen und deine Rechte mich halten (Ps 139,7-10).*

Diese Versprechen und Verheißungen bleiben unveränderlich wahr, selbst wenn wir überhaupt keine geistlichen Gefühlsregungen erleben. Klammern Sie sich mit aller Kraft an diese Wahrheit! Denn, wie Kierkegaard sagte: »Der Glaube besteht darin, dem Ungewissen mit leidenschaftlicher Überzeugung anzuhangen.«

2. Gott handelt immer zur rechten Zeit, selbst wenn es scheint, als käme Er katastrophal zu spät.

Eine der großen Zerstörerinnen des Glaubens ist eine göttliche Zeitplanung, die mit unseren voreingenommenen Vorstellungen nicht konform geht. Wir leben in einer Welt, in der alles mit Höchstgeschwindigkeit abläuft, in der wir augenblickliche Reaktionen auf jedes Verlangen und jedes Bedürfnis erwarten. Fertigkaffee. Fertiggerichte. Sofortige Geldauszahlung am Bankomaten. Sofortige Heilung für Muskelkater und Rückenschmerzen. Wir betrachten es schon fast als unser Geburtsrecht, daß das Leben jede unserer Forderungen augenblicklich erfüllen muß. Aber Gott handelt anders. Er ist niemals in Eile. Und manchmal kann es geschehen, daß Er qualvoll langsam an die Lösung der Probleme herangeht, die wir Seiner Aufmerksamkeit empfehlen. Kein Wunder, daß so mancher ungeduldige Gläubige aufgibt und anderswo sein Glück versucht.

Bevor wir die Flinte ins Korn werfen, sollten wir uns vielleicht noch einmal die Geschichte von Maria, Martha und ihrem Bruder Lazarus ansehen, wie sie im 11. Kapitel des Johannesevangeliums erzählt wird. Die Angehörigen dieser kleinen Familie zählten zu Jesu engsten Freunden in der Zeit seines irdischen Daseins. Vers 5 besagt: »Jesus liebte Martha und ihre Schwester und Lazarus.« In Anbetracht dieser Zuneigung war es verständlich, daß sie ein gewisses Entgegenkommen von Jesus erwarteten – vor allem, falls es jemals zu einem lebensbedrohenden Notfall kommen sollte. Und tatsächlich sollte eben diese Situation bald darauf eintreten, als Lazarus todkrank wurde. Seine Schwestern taten das Naheliegendste – sie sandten eine dringende Botschaft an Jesus und ließen ihm ausrichten: »Herr, der, den du liebhast, ist krank« (V.3). Sie hatten guten Grund zu glauben, Er würde darauf reagieren.

Maria und Martha warteten und beobachteten die Straße, ob Jesus käme, aber Er kam nicht. Aus den Stunden wurden von Angst und Sorge erfüllte Tage, ohne daß sich der Meister hätte blicken lassen. Inzwischen ging es Lazarus zusehends schlechter. Es war offenkundig, daß er im Sterben lag. Aber wo in aller Welt war Jesus? Hatte Er die Nachricht erhalten? Wußte Er nicht, wie ernst die Krankheit war? War es Ihm etwa gar gleichgültig? Während die Schwestern an seinem Bett Wache hielten, schloß der Tod Lazarus die Augen.

Die Schwestern waren außer sich vor Kummer. Und sie müssen wohl auch zutiefst von Jesus enttäuscht gewesen sein. Er trieb sich irgendwo da draußen herum und wirkte Wunder für wildfremde Leute, öffnete den Blinden die Augen und heilte die Lahmen.

Sie hätten seine Fürsorge hier dringend gebraucht, aber Er war zu beschäftigt, um zu kommen. Ich kann mir vorstellen, wie Maria und Martha leise zueinander sagten: »Ich verstehe das einfach nicht. Ich dachte, Er hätte uns lieb. Warum hat Er uns so schmählich im Stich gelassen?« Sie wickelten Lazarus in Grabbinden und hielten eine traurige kleine Begräbniszeremonie ab. Jesus war nicht unter den Trauergästen. Dann sagten sie ihrem Bruder ein letztes Lebewohl und betteten seinen Leichnam liebevoll ins Grab.

Martha und Maria liebten Jesus von ganzem Herzen, aber wir könnten es verstehen, wenn sie ärgerlich auf Ihn gewesen wären, als Er sich vier Tage später endlich blicken ließ. Sie müssen die Versuchung im Herzen gefühlt haben, zu sagen: »Wo warst du, Herr? Wir wollten Dir mitteilen, daß Dein Freund im Sterben liegt, aber Du hast uns keine Aufmerksamkeit geschenkt. Nun, jetzt bist Du zu spät dran. Du hättest ihn retten können, aber offenbar hast Du Besseres zu tun gehabt.« Was Maria wirklich sagte, war natürlich sehr viel respektvoller formuliert. Sie sagte: »Herr ... wärst du hier gewesen, mein Bruder wäre nicht gestorben« (Joh 11, 21). Sie weinte, als sie das sagte, und der Herr »ergrimmte im Geiste und war sehr betrübt« (Vers 33).

Jesus wirkte dann eines seiner eindrucksvollsten Wunder, als er Lazarus aus dem Grab rief. Sie sehen also, der Meister war keineswegs zu spät gekommen. Es sah nur so aus, als hätte er sich zu lange Zeit gelassen. Er kam genau zum richtigen Zeitpunkt an, um Gottes Absicht auszuführen – wie Er es immer tut.

Ohne unhöflich sein zu wollen: Was dort in Bethanien geschah, ist charakteristisch für das christliche Leben. Haben Sie noch nicht bemerkt, daß Jesus für gewöhnlich etwa vier Tage zu spät in Erscheinung tritt? Er kommt oft erst an, nachdem wir geweint und uns Sorgen gemacht haben und vor Nervosität im Kreis gelaufen sind – nachdem uns der kalte Schweiß ausgebrochen ist, wenn wir an das Ergebnis einer ärztlichen Untersuchung denken, oder uns den Kopf über geschäftliche Rückschläge zerbrochen haben. Wäre Er rechtzeitig gekommen, hätten wir uns einen Großteil des Stresses erspart, den wir in Seiner Abwesenheit durchlitten haben. Dennoch ist es von entscheidender Wichtigkeit, uns klarzumachen, daß Er niemals wirklich zu spät kommt. Sein Zeitplan, wann es zu handeln gilt, unterscheidet sich schlicht und einfach von unserem. Und für gewöhnlich ist Er langsamer!

Erlauben Sie mir, diesen Gedankengang mit einem Ereignis aus meiner eigenen Erfahrungswelt zu illustrieren. Im Jahre 1985 wurde ich vom Obersten Staatsanwalt der USA, Edwin Meese, ersucht, in seiner Pornographiekommission mitzuarbeiten. Es war zweifellos der schwierigste und unerfreulichste Auftrag, den ich je im Leben erhalten habe. Achtzehn Monate lang waren die zehn anderen Mitglieder der Kommission und ich mit einer undankbaren und ekelerregenden Aufgabe beschäftigt. Wir reisten kreuz und quer durchs Land und überprüften die abscheulichsten Magazine, Bücher, Filme und Videobänder, die auf dem Markt waren. Nachdem die Vereinigten Staaten in puncto Obszönität weltweit an der Spitze stehen, mußten wir, wie es uns schien, eine Ewigkeit durch Dreck waten. Und zu allem Überdruß hatten sich auch noch die Pornographieproduzenten und -händler an unsere Fersen geheftet wie Wölfe an eine Büffelherde. Sie taten alles, was in ihrer Macht stand, um uns einzuschüchtern und zu demütigen.

Ich erinnere mich, daß ich Tag für Tag an der öffentlichen Anhörung teilnehmen mußte, während Kameras aller Art, darunter auch Filmkameras, auf mein Gesicht gerichtet waren. Ich konnte mein Spiegelbild stundenlang in ihren Objektiven reflektiert sehen, und das machte mich verlegen. Die Fotografen lauerten darauf, daß ich irgend etwas Peinliches tun würde, zum Beispiel eine Grimasse schneiden oder den Finger in die Nähe der Nase bringen. Eines Tages, als ich aufstand, um zum Mittagessen zu gehen, schob ein Fotograf seine Kamera bis auf wenige Zentimeter an mein Gesicht heran und drückte auf den Auslöser. Ständig waren Mikrofone an meinem Tisch befestigt, um jedes geflüsterte Wort, jede noch so leise Bemerkung aufzufangen. Meine Kommentare wurden im darauffolgenden Monat in verschiedenen pornographischen Magazine durch den Kakao gezogen. Das Herrenmagazin *Hustler* fotomontierte mein Porträt auf die Kehrseite eines Esels und verlieh mir den Titel »A ... des Monats«. Der Oberstaatsanwalt hatte uns keine Illusionen gemacht, daß es einfach sein würde.

Diese Versuche, mich aus der Fassung zu bringen, waren nur ein kurzfristiges Ärgernis. Die schweren Geschütze wurden erst später aufgefahren. Es dauerte nicht lange, bis sie auch abgefeuert wurden. Drei Organisationen, *Playboy, Penthouse* und die *American Magazine Association* reichten eine Klage über 530 Millionen Dollar ein, kurz bevor wir unseren Abschlußbericht herausbrachten. Angeklagt war jedes einzelne Mitglied der Kommission, der Geschäftsführende Direktor (Alan Sears) und Staatsanwalt Edwin Meese. Inhalt der Klage war ein maßlos aufgeblähtes Stückchen Paragraphenreiterei, das nach Ansicht unserer Rechtsanwälte völlig unberechtigt war. Die Anwälte des Justizministeriums sagten uns, wir sollten uns keine Gedanken machen – das Gericht würde die Sache binnen kürzester Zeit vom Tisch fegen. Sie sollten Unrecht behalten.

Das Verfahren wurde dem Richter John Garrett Penn übergeben, einem der liberalsten Richter im Nordosten. So unglaublich es klingen mag, er ließ die lächerliche Klage mehr als zwei Jahre auf seinem Schreibtisch liegen, bevor er sie schließlich zu unseren Gunsten entschied. Die Kläger erhoben augenblicklich Einspruch, und wir verbrachten ein weiteres Jahr in der Vorhölle. Wir gewannen auch in der nächsten Runde, aber wiederum wurde Einspruch erhoben. Sechs Jahre lang hing dieser bedrohliche Prozeß wie ein Damoklesschwert über unseren Häuptern, während er durch alle gesetzlichen Instanzen geschleppt wurde. Im Frühjahr 1992 kam er schließlich vor den Obersten Gerichtshof, der – wofür wir unendlich dankbar waren – unsere Leidenszeit beendete. Das ist der Lohn, der elf Bürger dafür zuteilwurde, daß sie – ohne irgendeine Entschädigung dafür zu erhalten – ihrem Land einen wichtigen Dienst leisteten.

Um zu unserem Thema zurückzukommen: Shirley und ich beteten wegen dieses Prozesses, als die Klage 1986 eingereicht wurde. Ich trug schwer an der Verantwortung für die Organisation *Brennpunkt Familie* und konnte nichts weniger gebrauchen als diese Ablenkung. Wir baten darum, daß dieser »Kelch« an uns vorübergehen möge, aber wir erhielten keine unmittelbare Antwort vom Herrn. Dem Verfahren wurde gestattet, seinen unausweichlichen Verlauf zu nehmen, obwohl das eine gewaltige Beanspruchung meiner körperlichen und emotionalen Ressourcen bedeutete. Sechs Jahre später

»ließ Jesus sich blicken« und die Sache nahm ein gutes Ende. Aber warum, fragte ich mich, war Er »vier Tage zu spät« gekommen? Hatte es irgend etwas gebracht, daß der Prozeß durch alle Instanzen geschleppt worden war? Ich habe keinen Zweifel daran, daß es irgendeinen Sinn gehabt haben muß, denn ich weiß, daß jedes Gebet entweder positiv oder negativ beantwortet wird. Ich glaube auch ganz buchstäblich daran, daß »denen, die Gott lieben, alle Dinge zum Besten dienen, denen, die nach seinem Ratschluß berufen sind« (Röm 8,28). Dennoch bin ich nicht imstande, zu erklären oder zu verstehen, warum ich sechs Jahre Zeitverschwendung und Aufregung durchmachen mußte, um diese entnervende Angelegenheit zu einem Ende zu bringen. Aber macht das überhaupt etwas aus? Es ist nicht nötig, daß der Herr mir erklärt, warum er gestattet hat, daß der Prozeß fortgesetzt wurde. Solange ich nur weiß, daß Er mich liebt und daß Er niemals einen Fehler macht, warum sollte ich da nicht damit zufrieden sein, in Seinem Schutz zu ruhen?

Aus meinem Studium der Heiligen Schrift und aus persönlichen Erfahrungen wie der oben geschilderten habe ich den Schluß gezogen, daß Gott mit Zeit und Energie ganz anders haushält als wir. Die meisten von uns Abendländern fühlen sich dazu getrieben, jede Sekunde ihrer Existenz irgendeinem nutzbringenden Zweck zu widmen. Aber der Herr läßt es zuweilen zu, daß unsere Jahre »vergeudet« werden – so jedenfalls könnte es uns erscheinen, wenn wir keinen Blick zurückwerfen. Es ist beispielsweise schwer zu verstehen, warum Er mit dem jungen David so umging, wie Er es tat. Aus allen jungen Männern in Israel hatte der Herr mit eigener Hand diesen Hirtenknaben auserwählt, der Saul als König nachfolgen sollte. Nicht einmal Davids Vater Jesse konnte glauben, daß seine anderen Söhne zugunsten des Jüngsten übergangen werden sollten. Dennoch wurde David zum künftigen Stammvater Israels ausersehen. Was für ein bemerkenswerter Start ins Leben für einen halbwüchsigen Schafhirten!

Aber nun sehen wir uns die Geschichte einmal näher an. Gott gestattete dem Saul dann, David in die Wildnis zu vertreiben, wo er 14 Jahre auf der Flucht verbringen mußte, um sein Leben zu retten. Aus menschlicher Sicht war diese Zeit auf der Flucht eine ungeheuerliche Verschwendung von Davids Jugendjahren. Er hätte während dieser Zeit auf ein Seminar zur Heranbildung nationaler Führungskräfte geschickt werden können, er hätte ein Dutzend anderer sinnvoller und nützlicher Unternehmungen durchführen können. Es mag uns erscheinen, daß so ziemlich alles andere sinnvoller gewesen wäre, als um ein Lagerfeuer zu hocken, Kriegserlebnisse auszutauschen und darauf zu warten, daß Saul und seine Spießgesellen angestürmt kamen. Er muß daran gezweifelt haben, daß er seine Heimat jemals wiedersehen würde. Aber der Herr hatte David genau dort, wo Er ihn haben wollte. Offenkundig gibt es in Gottes Terminkalender keine »Tyrannei der Dringlichkeit«. Selbst Jesus, der 33 Jahre auf Erden lebte, verbrachte nur drei davon im aktiven Dienst! Denken Sie einmal, wieviel mehr Menschen Er geheilt haben könnte – und wieviel mehr göttliche Wahrheiten Er uns enthüllt haben könnte – hätte er ein oder zwei Jahrzehnte mehr Zeit gehabt.

Betrachten Sie die Menge an menschlichen Talenten, die im Lauf der Jahrhunderte durch frühen Tod oder Krankheit »vergeudet« wurde. Nehmen Sie beispielsweise Wolfgang Mozart, der vielleicht das größte musikalische Talent in der Menschheitsgeschichte hatte. Er komponierte seine erste Symphonie im Alter von fünf Jahren und schuf brillante Werke in bemerkenswerter Menge. Aber er starb völlig verarmt mit 35 Jahren, und es gelang ihm nicht, irgend jemand für seine Kompositionen zu interessieren. Sein wertvollster Besitz zur Zeit seines Todes war eine Violine im Wert von etwa vier Mark. Er wurde in einem namenlosen Armengrab beigesetzt, und niemand war bei seinem Begräbnis zugegen. Wer sagt da noch, das Leben sei fair?

Obwohl ich keinen Hinweis darauf finde, daß Mozart ein gläubiger Mensch war, finde ich es immer noch interessant, über die Rolle nachzudenken, die der Herr bei seinem frühen Hinscheiden spielte. Stellen Sie sich nur einmal die Musik vor, die Mozart geschrieben haben könnte, wäre es ihm vergönnt gewesen, noch 20 oder 30 Jahre zu leben. Hätten Sie nicht gerne eine der »nie geschriebenen Symphonien« gehört, die ein gereiftes Genie geschrieben hätte? Wie steht es mit Ludwig van Beethoven, der sein Gehör zu verlieren begann, noch bevor er sein dreißigstes Lebensjahr erreicht hatte? Denken Sie an die großen christlichen Führer, die dahingerafft wurden, bevor sie ihr Potential ausgeschöpft hatten, wie Oswald Chambers, der mit 43 Jahren starb, Dietrich Bonhoeffer, der mit 39 Jahren von den Nazis gehängt wurde, Peter Marshall, der mit 47 starb. Und so weiter. Warum sollte Gott solch außergewöhnliche Fähigkeiten in Menschen investieren, deren Leben von einem frühen Tod verkürzt wird? Ich weiß es nicht.

Auf der anderen Seite müssen wir bei dieser Frage auch an diejenigen denken, denen ein langes Leben geschenkt wurde, obwohl sie sich Gott widersetzten. Im 2. Buch der Könige beispielsweise lesen wir im 21. Kapitel von einem solchen Menschen. Sein Name war Manasse, und er war der Sohn des gottesfürchtigen Königs Hiskia. Er war vermutlich der bösartigste Gewaltherrscher, der jemals in Jerusalem auf dem Thron saß. Manasse gelangte im Alter von zwölf Jahren an die Macht und »tat, was böse war in den Augen des Herrn« sein Leben lang. Er baute dem Götzen Baal Altäre und ließ sogar hölzerne Götzenbilder im Tempel des Herrn aufstellen. Er verbrannte seinen eigenen Sohn bei lebendigem Leibe, übte Zauberei, konsultierte Geisterbeschwörer und Zeichendeuter und »so tat er viel von dem, was dem Herrn mißfiel, um ihn zu erzürnen« (V. 6). »Manasse verführte sie, daß sie es ärger trieben als die Heiden, die der Herr vor Israel vertilgt hatte« (V. 9). Und schließlich lesen wir: »Auch vergoß Manasse sehr viel unschuldiges Blut, bis Jerusalem ganz voll davon war – außer der Sünde, durch die er Juda sündigen machte, daß sie taten, was dem Herrn mißfiel« (V. 16). Wegen dieser Greuel kam das Gericht des Herrn über die nachfolgenden Generationen – aber nicht über Manasse. Er regierte 55 Jahre lang und »legte sich zu seinen Vätern und wurde begraben im Garten an seinem Hause, im Garten Usas«. Ende der Geschichte.

Ich habe keinen Zweifel daran, daß beim Jüngsten Gericht ein schreckliches Urteil über Manasse gefällt werden wird, aber es erscheint einem doch seltsam, daß es ihm erlaubt war, 55 Jahre lang unschuldige Menschen hinzuschlachten, seine Kinder durchs Feuer gehen zu lassen und den Namen Gottes zu lästern. Usa dagegen wurde von Gott augenblicklich mit dem Tode bestraft, weil er einen einzigen Fehltritt getan hatte – er hatte die Bundeslade berührt, um zu verhindern, daß sie umstürzte (2. Sam 6, 6-7). Und im Neuen Testament erlitten Ananias und Saphira die Todesstrafe, weil sie die Gemeinde belogen hatten, was ihre Gaben anging (Apg 5, 1-11). Irgendwie scheint uns das alles nicht so recht zusammenzupassen.

Welche Schlüsse können wir aus diesen scheinbaren Widersprüchen ziehen, davon abgesehen, daß wir »Gott Gott sein lassen«? Er liefert dem Menschen keine Erklärungen für Sein Verhalten. Wir können jedoch voll Vertrauen sagen, daß Er unendlich gerecht ist und Sein Eingreifen immer zu rechten Zeit kommt, auch wenn Seine Absichten und Pläne sich dramatisch von den unseren unterscheiden. Er interveniert immer im rechten Augenblick, um die Dinge zu unserem Besten zu wenden. Wir sollten uns also nicht künstlich aufregen, weil wir nicht gleich von Ihm hören.

3. Aus Gründen, die wir unmöglich erklären können, sind wir menschlichen Wesen in Gottes Augen unendlich wertvoll.

Einer der atemberaubendsten Gedankengänge in der ganzen Bibel ist die Offenbarung, daß Gott jeden einzelnen von uns bei Namen kennt und daß Er Tag und Nacht unser gedenkt. Es ist ganz und gar unmöglich, wirklich zu begreifen, was diese Liebe des Königs der Könige und des Herrn der Heerscharen bedeutet. Er ist allmächtig und allwissend, majestätisch und heilig von Ewigkeit zu Ewigkeit. Warum sollte Er sich um uns kümmern – um unsere Bedürfnisse, unser Wohlergehen, unsere Ängste? Wir haben hier über Situationen gesprochen, in denen es scheint, als ergäbe Gott keinen Sinn mehr. Das Erstaunlichste an Ihm ist jedoch die Tatsache, daß Er sich überhaupt um uns armselige Menschlein kümmert.

Auch Hiob hatte seine Mühe damit, zu verstehen, warum der Schöpfer sich für die Menschen interessiert. Er stellte die Frage: »Was ist der Mensch, daß du ihn groß achtest und dich um ihn bekümmerst?« (Hiob 7, 17-18) David grübelte über dieselbe Frage nach, als er schrieb: »Was ist der Mensch, daß du seiner gedenkst, und des Menschen Kind, daß du dich seiner annimmst?« (Ps 8, 4) Und wiederum im 139. Psalm: »Herr, du erforschest mich und kennest mich. Ich sitze oder stehe auf, so weißt du es; du verstehst meine Gedanken von ferne.

Ich gehe oder liege, so bist du um mich und kennst alle meine Wege. Denn siehe, es ist kein Wort auf meiner Zunge, das du, Herr, nicht schon wüßtest« (V. 1-4). Was für eine unfaßbare Vorstellung!

Nicht nur ruhen die Augen des Herrn auf jedem einzelnen von uns. Er beschreibt sich auch in der gesamten Heiligen Schrift als unser Vater. Bei Lukas 11, 13 lesen wir: »Wenn nun ihr, die ihr böse seid, euren Kindern gute Gaben geben könnt, wieviel mehr wird der Vater im Himmel den heiligen Geist geben denen, die ihn bitten?« Der 103. Psalm, Vers 13, sagt uns: »Wie sich ein Vater über seine Kinder erbarmt, so erbarmt sich der Herr derer, die ihn fürchten.« Auf der anderen Seite wird er mit einer Mutter verglichen, wie in Jesaja 66, 13: »Ich will euch trösten, wie einen seine Mutter tröstet.«

Als Vater zweier Kinder, die jetzt beide erwachsen sind, kann ich mich mit diesen Vergleichen mit Vater und Mutter identifizieren. Sie sind mir eine Hilfe bei dem Versuch, zu begreifen, wie Gott uns gegenüber empfindet. Shirley und ich würden unser Leben für Danae und Ryan hingeben, ohne auch nur einen Herzschlag lang zu zögern. Wir beten täglich für sie, und unsere Gedanken sind immer bei ihnen. Und wie fühlen wir mit ihnen, wenn sie leiden! Ist es möglich, daß Gott Seine menschliche Familie unendlich mehr liebt, als wir, »die wir böse sind«, es unserem eigenen Fleisch und Blut gegenüber ausdrücken können? Gerade das lehrt uns die Bibel.

Ein Zwischenfall, der sich in der frühesten Kindheit unseres Sohnes ereignete, hat mir diese umfassende Liebe des himmlischen Vaters vor Augen geführt. Ryan hatte im Alter von drei Jahren eine schreckliche Ohreninfektion, die ihm (und uns) den größten Teil der Nacht den Schlaf raubte. Shirley packte den Kleinen am nächsten Morgen zusammen und brachte ihn zum Kinderarzt. Dieser Arzt war ein ältlicher Mann, der nur wenig Geduld für zappelnde Kinder aufbrachte. Er war auch von ihren Eltern nicht besonders angetan. Nachdem er Ryan untersucht hatte, sagte der Arzt zu Shirley, die Infektion habe bereits das Trommelfell erfaßt und könnte nur behandelt werden, indem man den Schorf mit einem bösartig aussehenden Instrument ablöste. Er warnte sie, daß die Prozedur schmerzhaft sein würde, und wies Shirley an, ihren Sohn auf dem Tisch festzuhalten. Nicht nur, daß sie erschrak, als sie die Mitteilung hörte – auch Ryan verstand genug, um aus der Haut zu fahren. Damals brauchte es nicht viel, daß er vollkommen aus dem Häuschen geriet.

Shirley tat, was sie konnte. Sie legte Ryan auf den Untersuchungstisch und versuchte ihn festzuhalten. Aber er ließ es sich nicht gefallen. Als der Arzt das Instrument, das wie ein kleiner Eispickel aussah, in sein Ohr einführte, riß das Kind sich los und schrie Zetermordio. Der Kinderarzt ärgerte sich über Shirley und sagte zu ihr, wenn sie sich nicht an seine Anweisungen halten könnte, müßte sie eben ihren Mann holen. Ich hatte gerade in der Nachbarschaft zu tun und eilte so rasch wie möglich in die Praxis. Nachdem ich gehört hatte, was zu tun war, schluckte ich schwer und stützte mich mit meinem ganzen Gewicht von über 200 Pfund und ein Meter neunzig Größe auf den Kleinen. Es war einer der unerfreulichsten Augenblicke, die ich in meiner Laufbahn als Vater jemals erlebte.

Am schlimmsten war, daß sich an der Seite des Untersuchungstisches ein Spiegel befand, so daß Ryan mir direkt ins Gesicht sehen konnte, während er um Erbarmen brüllte. Ich glaube, in diesem Augenblick litt ich mehr als mein verstörter kleiner Sohn. Es war einfach zu viel. Ich ließ ihn los – und bekam eine verschärfte Version der Gardinenpredigt zu hören, die kurz zuvor über Shirley niedergeprasselt war. Schließlich jedoch schafften es der mürrische Kinderarzt und ich, die Sache zu Ende zu bringen.

Später dachte ich darüber nach, was ich empfunden hatte, als Ryan so viel Leiden durchmachen mußte. Was mich am tiefsten verletzte, war der Ausdruck auf seinem Gesicht. Obwohl er kreischte und kein vernünftiges Wort hervorbrachte, »sprachen« seine großen blauen Augen mit mir. Er sagte mir: »Papa! Warum tust du mir das an? Ich dachte, du liebst mich. Ich hätte niemals gedacht, daß du mir so etwas antust. Wie kannst du nur ...? Bitte, bitte! Hör auf, mir wehzutun!«

Es war unmöglich, Ryan zu erklären, daß sein Leiden zu seinem eigenen Besten notwendig war, daß ich ihm zu helfen versuchte, daß ich ihn aus Liebe auf dem Untersuchungstisch festhalten mußte. Wie konnte ich ihm erklären, welches Mitleid mit ihm ich in diesem Augenblick fühlte? Wäre es möglich gewesen, ich hätte bereitwillig seinen Platz eingenommen. Aber für seinen unreifen Verstand war ich ein Verräter, der ihn kaltschnäuzig im Stich gelassen hatte.

Dann wurde mir klar, daß Gott zuweilen in gleicher Weise unseren intensiven Schmerz fühlt und mit uns mitleidet. Wäre das nicht charakteristisch für einen Vater, dessen Liebe unendlich ist? Wie weh muß es Ihm doch tun, wenn wir in unserer Verwirrung sagen: »Wie kannst Du mir etwas so Schreckliches antun, Herr? Warum gerade mir? Ich dachte, ich könnte Dir vertrauen! Ich dachte, Du wärst mein Freund!« Wie kann Er uns bei unserer menschlichen Beschränkung erklären, daß unser Leiden notwendig ist, daß es tatsächlich einen Sinn hat, daß es Antworten auf die Tragödien unseres Lebens gibt? Ich frage mich, ob Er sich auf den Tag freut, an dem Er uns begreiflich machen kann, was sich in den Zeiten unserer Prüfungen wirklich abgespielt hat. Ich frage mich, ob Er über unseren Jammer nachgrübelt.

Einige Leser mögen bezweifeln, daß ein allmächtiger Gott ohne Schwächen und Bedürfnisse für diese Art von stellvertretendem Leiden empfänglich ist. Niemand kann es mit Sicherheit wissen. Wir wissen aber, daß Jesus die ganze breite Palette menschlicher Emotionen durchmachte, und daß Er zu Philippus sagte: »Wer mich sieht, der sieht den Vater« (Joh 14, 9). Denken Sie daran, daß Jesus »im Geiste ergrimmte und sehr betrübt war«, als Maria Lazarus beweinte. Er weinte auch, als er über die Stadt Jerusalem hinwegblickte und von dem Elend sprach, das in Kürze über das jüdische Volk hereinbrechen würde. Wir hören auch, daß der Geist »mit unaussprechlichem Seufzen« für uns eintritt (Röm 8, 26). Es erscheint mir also nur logisch, anzunehmen, daß auch Gott der Vater leidenschaftlich um Seine menschliche »Familie« besorgt ist und unseren Kummer in jenen unaussprechlichen Augenblicken teilt, »wenn Jammer uns wie Meereswogen überschwemmt«. Ich jedenfalls glaube daran, daß Er das tut.

4. Ihre Arme sind zu kurz, um mit Gott zu boxen. Versuchen Sie's erst gar nicht!

Vor einigen Jahren lief am Broadway ein Theaterstück mit dem Titel: »Ihre Arme sind zu kurz, um mit Gott zu boxen.« Ich habe das Stück nicht gesehen, aber ich bin mit der Aussage, die im Titel steckt, durchaus einverstanden. Der menschliche intellektuelle Apparat ist nicht hinreichend ausgestattet, um mit seinem Schöpfer zu rechten.

Anhänger der New Age-Bewegung sind da anderer Meinung. Sie sagen, jeder von uns könne aus eigener Kraft ein Gott werden, indem wir in eine Kristallkugel starren und im Schneidersitz dasitzen, bis uns die Zehen einschlafen. Welch lächerliche Anmaßung!

Der Autor Frank Peretti macht sich in einer wunderbaren Predigt, die ich auf Kassette gehört habe, über den Humbug der New-Age-Leute auf ihrer Reise in die Allmächtigkeit lustig. Frank bat uns, uns vorzustellen, wie Shirley MacLaine (die in den letzten Jahren zur Hohepriesterin schrulliger Ideen aufgestiegen ist) irgendwo auf einem einsamen Küstenstrich sitzt. »Hört sorgsam zu, und ihr werdet hören, wie sie mit der Erde redet – oder dem Mond – oder sonst jemand. Sie zeichnet mit der großen Zehe Kreise in den Sand und quiekt vor sich hin: ›Ich … bin Gott! Ich … bin Gott!‹ « Klar, und ich bin Julius Cäsar.

Nein, wir Menschen haben nicht das Zeug dazu, Götter zu sein – nicht einmal ganz kleine Götter. Trotz unserer intensiven Bemühungen, uns selbst zu verstehen, haben wir noch sehr wenig Ahnung davon, wie wir harmonisch zusammenleben können oder was uns eigentlich im Innersten bewegt. Die besten und gelehrtesten weltlichen Psychologen und Psychiater sind immer noch der Meinung, der Mensch sei grundsätzlich gut – er lerne nur von der Gesellschaft, Böses zu tun. Wäre das wahr, so gäbe es doch zweifellos irgendwo auf der Welt eine Kultur ohne Unehrlichkeit, Selbstsucht und Gewalt. Statt dessen ist die Geschichte der Menschheit über Jahrtausende hinweg eine Geschichte des Krieges – und von Mord, Gier und Ausbeutung. Was wir »Frieden« nennen, ist jener kurze Augenblick zwischen zwei Kriegen, in dem die Menschen innehalten, um die Waffen nachzuladen. Schon Plato sagte: »Nur die Toten haben ein Ende des Krieges gesehen.« In den letzten 2500 Jahren hat sich diese Aussage als völlig zutreffend erwiesen. Sie können sich auch Ihre eigenen Kinder ansehen. Niemand, der jemals ein Kleinkind aufgezogen hat, kann sich der Erkenntnis entziehen, daß Rebellion, Selbstsucht und Aggression nicht erst anerzogen werden müssen. Sie fallen den Kindern ganz natürlich in den Schoß. So wird die grundlegendste Eigenschaft der menschlichen Seele von jenen übersehen, die speziell dazu ausgebildet sind, sie zu beobachten.

Ähnliche Irrtümer ziehen sich durch einen Großteil unseres Denkens und Glaubens. Viele wissenschaftliche Werke, die vor 75 Jahren erschienen sind, lesen sich heute wie Witzblätter. Ärzte jener Zeit setzten den Leuten Schröpfköpfe, um die »giftigen Körpersäfte herauszuziehen«. Als ich auf die Höhere Schule ging, lehrte man uns, die Menschen hätten 48 Chromosomen (tatsächlich sind es 46) und daß das Down-Syndrom auf angeborene Einflüsse zurückzuführen sei (tatsächlich wird es von einer von mehreren genetischen Anomalien hervorgerufen). Es stimmt schon, wir haben von der explosionsartigen Entwicklung in der Forschung viel gelernt. Ich will diese Leistung jetzt nicht heruntermachen. Ich sage nur, daß ein Großteil dessen, woran man in vergangenen Jahrhunderten glaubte, ganz offenkundig falsch war. Ist es denkbar, daß wir heute in der ersten Epoche der Menschheitsgeschichte leben, in der wir in fast jeder Hinsicht die Wahrheit entdeckt haben? Wohl kaum!

Darauf wollte ich zuerst hinaus: Wenn die menschliche Intelligenz und Aufnahmefähigkeit schon so unzuverlässig ist, wo es um Dinge geht, die man sehen, anfassen, hören, schmecken und riechen kann – um wieviel weniger ist sie dann in der Lage, den unerforschlichen Gott des Universums richtig einzuschätzen? Unsere Anstrengungen, Ihn zu begreifen, müssen vergeblich bleiben. Wir können kaum einen Fingerbreit in die Unendlichkeit des Schöpfers eindringen, bevor uns die Puste ausgeht. Dennoch ist es zuweilen geradezu schockierend, mit welcher Arroganz die Menschheit die Weisheit des Allmächtigen in Zweifel zieht.

Man erzählt sich von dem britischen General Bernard (Monty) Montgomery, der für sein übersteigertes Selbstbewußtsein bekannt war, die folgende Anekdote. Er hielt eines Tages eine Rede, in der er sagte: »Wie Gott zu Moses sagte – und meiner Ansicht nach zu Recht sagte –« Ich bin überzeugt, der Herr war erleichtert, zu hören, daß Monty Seinem Ratschlag an Moses seine Zustimmung gab. Andere Beispiele menschlicher Arroganz sind weniger erheiternd, beispielsweise die Vorstellung, die Schöpfung in all ihrer Genialität hätte sich einfach im Lauf der Zeit entwickelt, ohne Entwurf und ohne einen, der sie entworfen hätte. Der Herr kann wohl nur staunen, wie einfältig dieser Gedanke ist. Ich frage mich auch, wie Er sich wohl gefühlt hat, als der Oberste Gerichtshof der USA das Urteil fällte, daß die Zehn Gebote nicht am Schwarzen Brett einer Schule angeschlagen werden dürfen.

Hiob versuchte mit Gott zu rechten und erhielt als Antwort eine ziemlich pointierte Lektion in Geschichte. Beachten Sie vor allem den ersten Satz aus dem Munde des Herrn:

> *Wer ist's, der den Ratschluß verdunkelt mit Worten ohne Verstand? Gürte deine Lenden wie ein Mann! Ich will dich fragen, lehre mich! Wo warst du, als ich die Erde gründete? Lehre mich, wenn du so klug bist! Weißt du, wer ihr das Maß gesetzt hat und wer über sie die Richtschnur gezogen hat? Worauf sind ihre Pfeiler eingesenkt, oder wer hat ihren Eckstein gelegt, als mich die Morgensterne miteinander lobten und jauchzten alle Gottessöhne? (Hiob 38,2-7).*

Gott fuhr in diesem Gespräch mit Hiob fort, bis er den richtigen Durchblick bekam, und dann fügte der Herr diese Worte hinzu: »Wer mit dem Allmächtigen rechtet, kann der ihm etwas vorschreiben? Wer Gott zurechtweist, der antworte!« (Hiob 40, 2) Hiob verstand, was gemeint war. Er antwortete: »Siehe, ich bin zu gering, was soll ich antworten? Ich will meine Hand auf meinen Mund legen. Einmal habe ich geredet und will nicht mehr antworten, ein zweites Mal geredet und will's nicht wieder tun« (Hiob 40, 4-5).

Hin und wieder habe ich in meinem Leben denselben Fehler wie Hiob gemacht und von Gott Antworten gefordert. Eines dieser Ereignisse ist mir heute noch peinlich. Die Sache ist zu intim, um sie in allen Einzelheiten zu erzählen; ich will nur sagen, daß ich von Gott verlangte, Er solle etwas für mich tun, das ich meiner Meinung nach äußerst dringend benötigte. Es schien mir, daß ich mich dabei auf die Heilige Schrift stützen konnte, und ich machte mich daran, mich zu vergewissern, daß mein Gebet erhört wurde. Ich betete wochenlang jeden Tag und flehte Gott an, mir diese Bitte zu gewähren, die mir von so großer Bedeutung erschien. Ich lag während dieser Zeit des Bittens und Flehens buchstäblich im Staube vor Ihm. Dennoch sagte Er mir klar und deutlich Nein! Er gab mir keine Erklärung ab und entschuldigte sich nicht. Er schlug einfach die Türe zu. Zuerst war ich verletzt, und dann wurde ich zornig. Ich hätte es besser wissen müssen, aber ich erlag der Versuchung, die sarkastische Bemerkung zu machen: »Ich weiß, Du bist überaus beschäftigt, aber hätte es Dir wohl sehr viel ausgemacht, Dir eine Sekunde Zeit zu nehmen, um das Flehen Deines Dieners zu erhören?« Ich sprach die Worte nicht aus, aber ich konnte nicht anders, ich fühlte mich so. Und ich fühlte mich verlassen.

Nun, in der Folge vergingen zwei Jahre, und meine Lebensumstände änderten sich radikal. Die Angelegenheit, wegen der ich damals gebetet hatte, zeigte sich mir in einem völlig anderen Licht. Schließlich wurde mir klar, daß es sehr unangenehme Folgen gehabt hätte, hätte der Herr damals meine Bitte erfüllt. Er liebte mich so sehr, daß Er mich abwies, obwohl ich verlangte, meinen Willen durchsetzen zu dürfen.

Auch andere haben es erlebt, daß sie später bedauerten, um das oder jenes gebetet zu haben. Ich erinnere mich an ein halbwüchsiges Mädchen, das sich in einen ebenfalls noch sehr jungen Romeo verliebte und Gott anflehte, Er möge ihr sein Herz zuwenden. Die Bitte wurde glatt abgeschlagen. Fünfunddreißig Jahre später kreuzten sich ihre Wege wieder, und sie sah mit Entsetzen, daß das prachtvolle Mannsbild, das sie in Erinnerung hatte, sich in einen langweiligen Fettwanst in mittleren Jahren verwandelt hatte. Sie erinnerte sich an das Gebet ihrer Jugendjahre und flüsterte in ihrem Herzen: »Danke, Herr!«

Zugegeben, die meisten unserer geistlichen Frustrationen enden nicht damit, daß wir ein erleuchtetes »Oh, nun sehe ich, was Du meintest, Herr!« hervorstoßen. Wir müssen sie wohl oder übel in die Mappe »Dinge, die ich nicht verstehe« ablegen und dort liegen lassen. In solchen Fällen sollten wir einfach dafür dankbar sein, daß Er unser Bestes will, ob es unseren Wünschen nun entgegenkommt oder nicht. Selbst wohlmeinende Eltern sagen hin und wieder »Nein« zu den Wünschen eines Kindes.

Ich habe mit diesen Ausführungen zu beweisen versucht, daß unsere Auffassung von Gott zu begrenzt ist – daß Seine Macht und Seine Weisheit für uns Sterbliche einfach unvorstellbar sind. Er ist nicht einfach »der Alte im oberen Stockwerk« oder »der große Lenker des Himmelswagens« oder irgendein Zauberdoktor, der uns ein Wunder liefert, wenn wir nur die richtige Beschwörung singen. Wagen wir es nicht, Ihn geringzuschätzen, über den geschrieben steht:

> *Gelobt seist du, Herr, Gott Israels, unseres Vaters, von Ewigkeit zu Ewigkeit! Dein, Herr, ist die Majestät und Gewalt, Herrlichkeit, Sieg und Hoheit. Denn alles, was im Himmel und auf Erden ist, das ist dein. Dein, Herr, ist das Reich, und du bist erhöht zum Haupt über alles. Reichtum und Ehre kommen von dir, du herrschest über alles. In deiner Hand steht Kraft und Macht, in deiner Hand steht es, jedermann groß und stark zu machen. Nun, unser Gott, wir danken dir und rühmen deinen herrlichen Namen (1. Chr 29,10-13).*

Würden wir die Majestät des Herrn und die Tiefe Seiner Liebe zu uns wirklich verstehen, so würden wir gewißlich auch diese Zeiten aus Seiner Hand annehmen, in denen Er aller menschlichen Logik und allem Verständnis Hohn spricht. Und genau das müssen wir tatsächlich auch tun. Rechnen Sie damit, daß Ihnen auf Ihrem Wege verwirrende Erfahrungen begegnen. Heißen Sie sie als Freunde willkommen – als Gelegenheiten, an denen Ihr Glaube wachsen kann. Halten Sie an Ihrem Glauben fest, ohne den es unmöglich ist, Gott zu gefallen. Lassen Sie sich niemals von der »Barriere des Betrogenseins« überwältigen, die das wirksamste Werkzeug des Satans gegen uns ist. Schieben Sie Ihre Fragen beiseite – Sie werden Ihnen im Jenseits Stoff für ausführliche Gespräche liefern – und steuern Sie unbeirrbar das Ziel an. Jede andere Art, an die Dinge heranzugehen, ist Narretei – denn Ihre Arme sind zu kurz, um mit Gott zu boxen.

Hinnahme oder Verzweiflung

Das wohl dramatischste Beispiel für unser Thema ereignete sich im Leben des großen Patriarchen Abraham vor mehr als 5000 Jahren. Unser Interesse an seiner Geschichte konzentriert sich auf die Unfruchtbarkeit seiner Frau Sarah. Sie blieb kinderlos während all der Jahre, in denen sie Kinder hätte bekommen können – eine Quelle ständigen Kummers und peinlicher Verlegenheit. Aber als Abraham 75 Jahre alt war, begann er Verheißungen von Gott zu erhalten, daß Er ihn zum Stammvater eines großen Volkes machen wolle, und daß in ihm alle Völker der Erde gesegnet werden sollten (Genesis 12, 2-3). Das war natürlich eine wunderbare Nachricht für einen Mann, der keinen Erben hatte, und eine Frau, die sich danach sehnte, Mutter zu werden.

Was dem Versprechen jedoch folgte, war eine lange Periode des Schweigens, was dieses Thema betraf. Schließlich erschien der Herr dem Abraham von neuem. Er sagte: »Denn all das Land, das du siehst, will ich dir und deinen Nachkommen geben für alle Zeit, und will deine Nachkommen machen wie den Staub auf Erden. Kann ein Mensch den Staub auf Erden zählen, der wird auch deine Nachkommen zählen.«

Das waren nun tatsächlich seltsame Worte, die da zu einem Mann gesprochen wurden, dessen Frau vielleicht vierzig Jahre lang vergeblich darauf gewartet hatte, ein Kind zu bekommen. Aber Abraham nahm das Versprechen an – und wartete geduldig auf seine Erfüllung. Aber kein Kind kam. Jahre vergingen, bevor der Herr Seinem Diener zum drittenmal seine Verheißungen wiederholte. Bei dieser Gelegenheit freilich ließ sich Abraham seine wachsende Verwirrung in dieser Sache anmerken, indem er antwortete: »Herr, mein Gott, was willst du mir geben? Ich gehe dahin ohne Kinder« (Genesis 15, 2).

Es war eine verständliche Frage, die der alternde Abraham da stellte. Der Herr beantwortete sie, indem Er ihn unter den nächtlichen Himmel hinausführte und zu ihm sagte: »Sieh gen Himmel und zähle die Sterne, kannst du sie zählen? Und sprach zu ihm: So zahlreich sollen deine Nachkommen sein!« (Genesis 15, 5).

Auf diese Segensverheißungen folgte Sarahs fortgesetzte Unfruchtbarkeit und wiederum eine Zeit des Schweigens. Die Situation, der sich Abraham an diesem Punkt gegenübersah, war ein klassischer Fall von »Gott widerspricht Gott«. Der Herr löste weder Sein Versprechen ein, noch erklärte Er Sein Hinhalten. Die Tatsachen ergaben keinen Sinn. Die Puzzleteilchen paßten einfach nicht zusammen. Sarah hatte die Wechseljahre hinter sich und mußte alle Hoffnung, noch Mutter zu werden, begraben. Sie und ihr Gatte waren alt geworden, und wir können annehmen, daß ihre sexuelle Leidenschaft stark nachgelassen hatte. Trotz all dieser Unwahrscheinlichkeiten jedoch berichtet uns die Bibel: »Abraham glaubte dem Herrn, und das rechnete er ihm zur Gerechtigkeit« (Genesis 15, 6).

Der Rest der Geschichte ist eine der bekanntesten und beliebtesten biblischen Erzählungen. Sarah wurde tatsächlich schwanger, als sie 90 Jahre alt war und Abraham 100 Jahre. Kurz darauf wurde ein Sohn geboren. Sie nannten ihn Isaak (»Lachen«). Was für ein Augenblick der Freude war das für sie! Gott hatte ein gewaltiges Wunder gewirkt, genau wie Er es versprochen hatte, und Abraham wurde ein Erbe geschenkt. Das Drama war jedoch für diese frischgebackenen, aber sehr alten Eltern noch nicht zu Ende.

Einige Jahre später, als Isaak herangewachsen war, ereignete sich eines der verwirrendsten Ereignisse in der biblischen Geschichte. Gott befahl Abraham, den Sohn zu opfern, auf den er so lange gewartet hatte! Was für eine seltsame und niederschmetternde Nachricht! Wie hätte der greise Patriarch auch nur im Geringsten verstehen sollen, was der Herr da tat? War Isaak nicht der Schlüssel zu den atemberaubenden Verheißungen Gottes? Wenn Isaak geopfert werden sollte, von wem sollten dann jene Millionen von Nachkommen abstammen, die zahlreichen Könige (den Messias eingeschlossen), eine mächtige Nation, die zum Segen der Welt werden sollte, der ewige Besitz des Gelobten Landes und ein niemals endender Bund mit Jehovah? Alle diese Prophezeiungen waren unabdingbar mit der Existenz Isaaks verknüpft, der in Kürze sterben sollte.

Aber so erschien die Situation nur den menschlichen Augen. In Wirklichkeit hingen die Verheißungen, die Abraham erhalten hatte, überhaupt nicht von Isaak ab. Sie hingen voll und ganz von Gott ab. Und Gott hatte alles vollkommen in der Hand. Er läßt sich von menschlichen Begrenzungen niemals einschränken. Ein göttlicher Plan entfaltete sich, der für die gesamte Menschheit von Bedeutung sein sollte. Isaaks wunderbare Geburt war ein Symbol des kommenden Christuskindes. Der Befehl, Isaak auf dem Altar zu opfern, war ein Hinweis auf das »Lamm, das geschlachtet wird« (Offb 13, 8). Als Isaak das Holz trug, mit dem das Opferfeuer angezündet werden sollte, sagte er damit die Ereignisse voraus, die 2000 Jahre später eintreten sollten, als Jesus Sein eigenes Kreuz nach Golgatha trug. Isaaks Bereitschaft, sich von seinem Vater töten zu lassen, war ein Symbol der Willfährigkeit des Messias gegenüber Seinem Vater und Seinen Henkern. Einige Theologen glauben sogar, die Opferung Isaaks hätte an derselben Stelle stattfinden sollen, an der Jesus später gekreuzigt wurde. Jedes Detail der Geschichte war von prophetischer Bedeutung. Natürlich hatte Abraham keine Ahnung von diesem Plan. In Anbetracht seiner Verwirrung und all dessen, was für ihn auf dem Spiel stand, ist es bewundernswert, daß dieser Mann Gottes Isaak tatsächlich gehorsam geopfert hätte, hätte nicht der Engel eingegriffen.

Eine meiner Lieblingsbibelstellen faßt diese Episode aus der Perspektive der neutestamentlichen Zeit zusammen. Der Apostel Paulus beschreibt Abraham fast 2000 Jahre später mit den folgenden Worten:

> *Und er wurde nicht schwach im Glauben, als er auf seinen eigenen Leib sah, der schon erstorben war, weil er fast hundertjährig war, und auf den erstorbenen Leib der Sarah. Denn er zweifelte nicht an der Verheißung Gottes durch Unglauben, sondern wurde stark im Glauben und gab Gott die Ehre, und wußte aufs allergewisse-*

ste: was Gott verheißt, das kann er auch tun. Darum ist es ihm auch »zur Gerechtigkeit gerechnet worden« (Röm 4,19-22).

In anderen Worten: Abraham glaubte Gott auch dann noch, als er keinen Sinn mehr in Seinem Handeln entdecken konnte. Die Tatsachen besagten klar und deutlich: »Es ist unmöglich, daß das geschieht.« Der Herr hatte seit fast 25 Jahren »leere Versprechungen« gemacht, und immer noch gab es kein Anzeichen, daß Er sie zu halten gedachte. Unbeantwortete Fragen und besorgniserregende Widersprüche wirbelten nur so in der Luft herum. Dennoch »wankte Abraham nicht durch Unglauben«. Warum? Weil er überzeugt war, daß Gott über alle Vernunft und alle Tatsachenbeweise hinausgehen kann. Und deshalb wird Abraham auch »der Vater unseres Glaubens« genannt.

Nun, soviel zu Abraham und seiner Frau Sarah. Wie steht es nun mit Ihnen und mir und der Zeit, in der wir leben? Kann die Menschheit etwas aus diesem historischen Ereignis lernen? Gewiß doch! Auch in Ihrem Leben wird es einen Augenblick geben, in dem die Tatsachen Sie in Verzweiflung zu stürzen drohen. Vielleicht durchleben Sie diesen Augenblick eben jetzt. In solchen Situationen scheint Gott sich selbst zu widersprechen und keine zufriedenstellende Erklärung will ans Licht kommen. Die besondere Natur dieser Verwirrung variiert von Mensch zu Mensch, aber eine Krise, sei sie groß oder klein, ist unvermeidlich. Glaube bleibt nie lange ungeprüft. Die Frage ist: Wie gehen wir mit der Krise um, wenn sie kommt? Werden wir ausbrechen und davonlaufen? Werden wir wanken und dem Unglauben verfallen? Werden wir »Gott verfluchen und sterben«, wie Hiobs Frau es vorschlug? Ich bete zu Gott, daß es nicht dazu kommt! Und wenn wir uns jetzt bereits auf die Erfahrung vorbereiten, dann, glaube ich, können wir uns gegen die Angriffe dieser Stunde wappnen.

Mein Freund Robert Vernon mußte sich vor kurzem mit seiner eigenen Version dieser universalen Glaubenskrise auseinandersetzen. Bob ist der frühere Vizepolizeipräsident von Los Angeles. 37 Jahre lang war er im Dienst, ohne daß je ein Wort des Vorwurfs gegen ihn laut wurde. Gegen Ende seiner Dienstzeit jedoch wurde er ungerechterweise und unter Mißachtung der Gesetze gezwungen, wegen seiner konservativen christlichen Glaubensüberzeugung sein Amt niederzulegen. Nachdem die Medien bereits vielfach erfolglose Versuche gemacht hatten, ihn bei der Polizei in Mißkredit zu bringen, begannen Chief Vernons Kritiker in seinem Privatleben herumzustöbern, in der Hoffnung, ihn in Verlegenheit bringen zu können. Sie fanden auch bald etwas. Irgend jemand grub eine Tonbandkassette mit einer Rede aus, die Bob vor 14 Jahren in seiner Kirche gehalten hatte. Auf der Basis einiger Bemerkungen, die er über das Familienleben gemacht hatte und die aus dem Zusammenhang gerissen und wild verzerrt wurden, erzwangen sie eine gerichtliche Untersuchung von Vernons Arbeit bei der Polizei. Es war eine klare Verletzung seiner bürgerlichen Rechte. Seit wann darf ein Mensch dafür verfolgt werden, daß er in seiner eigenen Kirche seine religiösen Ansichten zum Ausdruck bringt? Die Gerichte müssen sich jetzt mit dieser Frage befassen, aber es gibt bereits klare Beweise, daß sie parteiisch urteilen würden.

Bitte verstehen Sie mich recht: Es wurde niemals auch nur der geringste Vorwurf erhoben, daß Chief Vernon sich in einer offiziellen Funktion etwas habe zuschulden kommen lassen. Dennoch wurde eine großangelegte Untersuchung durchgeführt, um festzustellen, ob seine religiösen Anschauungen irgendeinen Einfluß auf seine Arbeit gehabt hätten. Schließlich wurde er von allen Vorwürfen freigesprochen, aber seine Position als Führungspersönlichkeit war durch das inquisitionsähnliche Verfahren derart angeschlagen, daß er zurücktreten mußte. Ich kenne Vernon persönlich, und ich kann mit absoluter Gewißheit sagen, daß er einfach seines Glaubens wegen aus dem Amt gejagt wurde, obwohl es 37 Jahre lang keinerlei Anlaß zu Kritik an seiner Amtsführung gab.

Chief Vernons Erfahrung bietet uns eine gute Gelegenheit, einen klassischen Fall von »Feuerprobe des Glaubens« zu untersuchen. Seine Situation enthält all die typischen Komponenten: Ein überaus besorgniserregendes Ereignis, ein Element von Ungerechtigkeit und Unfairness (»Warum gerade ich?«), ein schweigender Gott, der hätte eingreifen können, es aber nicht getan hat, und eine Million unbeantworteter Fragen. Ist es Ihnen jemals auch so ergangen?

Bob wurde kürzlich gebeten, bei einem Gottesdienst vor den Angestellten von »Brennpunkt Familie« zu predigen, und er wählte den Anlaß, um über seine persönlichen Schwierigkeiten zu sprechen. Ich glaube, Sie werden seine Bemerkungen hilfreich finden, vor allem, wenn Sie gerade selbst eine schwere Zeit durchmachen. Lesen Sie, was der altgediente Polizeibeamte unseren Mitarbeitern sagte:

Als deutlich wurde, daß Darrell Gates in Kürze als Polizeichef zurücktreten würde, erschien ein Artikel in einer Zeitschrift in Los Angeles. Darin hieß es: »Diejenigen, die es nicht erwarten können, Gates loszuwerden, sollten ein Auge darauf haben, wer hinter den Kulissen darauf wartet, seinen Posten einzunehmen. Es ist ein gewisser Robert L. Vernon, der sehr merkwürdige religiöse Anschauungen vertritt.« Dann führten sie drei Dinge an, die ich, wie sie berichteten, vor 14 Jahren in einer Ansprache gesagt haben soll. Ich stehe zu den Dingen, die ich tatsächlich gesagt habe, und ich entschuldige mich nicht dafür. Diese Gedanken stammen aus dem Wort Gottes. Aber die Zeitschrift verdrehte meine tatsächlichen Bemerkungen völlig und sagte: »Zum ersten glaubt er, Homosexualität sei eine Sünde.« Das stimmt. Zweitens schrieben sie: »Er glaubt auch, die Frauen sollten sich den Männern unterwerfen.« Das stimmt nicht. Ich habe mich darauf bezogen, was die Bibel über die gegenseitige Unterordnung in der Beziehung zwischen Ehemann und Ehefrau sagt. Drittens verdrehten meine Kritiker, was ich über Kindererziehung gesagt hatte. Ich sprach über einen Vater, der ein Versprechen nicht gehalten hatte, das er seinem Sohn gegeben hatte, und den Jungen dadurch zum Zorn reizte. Als das Kind daraufhin aufsässig wurde, sagte der Vater: »Wenn man es mit einem Rebellen zu tun hat, muß man seinen Willen brechen – und dazu muß man ihn verprügeln.« Ich zitierte damals die Worte des Vaters, nicht meine eigene Ansicht. Und ich fuhr fort: »Wer ist unter diesen Umständen im Unrecht? Der Vater hatte schuld, nicht der Sohn.«

Das Magazin jedoch schrieb mir die Worte des Vaters zu und kam dann zu dem Schluß: »So sehen also Chief Vernons Ansichten über Kindererziehung aus.« Sie veröffentlichten das Tonband in einer

Version, bei der der Zuhörer nur meine Stimme hörte, wie sie die Empfehlung abgab, Kinder zusammenzuschlagen, bis ihr Wille gebrochen sei. Dieses manipulierte Band wurde den Medien übergeben, die es im ganzen Land in Umlauf brachten. Es war ein sehr cleveres Manöver.

Die Folge war, daß mein guter Ruf schwer geschädigt wurde. Ich mußte schließlich aus dem Los Angeles Police Department ausscheiden und bekam nirgends mehr einen Job bei der Polizei. Ich habe mich kürzlich um einen Posten nördlich von Denver beworben, aber sie ließen mich nicht einmal zu einem Vorstellungsgespräch kommen. Ich gelte als religiös Wahnsinniger, ein Spinner, der die irrsinnigsten Sachen glaubt. Ich weiß jetzt, was Salomo meinte, als er sagte: »Ein guter Name ist besser als Gold und Silber, ja als Edelsteine.«

Ich habe sogar christliche Freunde, die das Band im Radio gehört haben und zu mir sagten: »Wir wissen, daß du es ableugnest, Bob, aber wir haben dich mit eigenen Ohren sagen gehört, daß man Kinder prügeln soll, bis sie zusammenbrechen.« Ich versuchte es zu erklären, aber manchmal ist es schwierig, den Leuten etwas verständlich zu machen. Ich muß Ihnen jetzt ein Geständnis machen. Ich wurde in dieser Situation nicht nur depressiv, ich wurde sogar zornig auf Gott. Und das war nicht recht.

Etwa zu dieser Zeit hatte ich ein Erlebnis, das mir half, einige Dinge klarer zu sehen. Mein Sohn und ich beschlossen, den Colorado River mit einem Schlauchboot hinunterzufahren. Es wurde eine höchst aufregende Fahrt, das kann ich Ihnen versichern. Wir fuhren mit 18 Freunden von einem Ort namens Lee's Ferry ab. Als wir zu Beginn der achttägigen Reise auf den Fluß hinaustrieben, sagte jemand: »Nun, jetzt gibt es kein Zurück mehr.« Das stimmte hundertprozentig! Am dritten Tag hatten einige von uns die Nase voll. Aber es gab keinen Ausweg aus dem Canyon außer dem Weg flußabwärts. So handelt der Herr an uns, wenn wir uns schwierigen Zeiten gegenübersehen. Denken Sie nicht darüber nach, wie Sie sich aus der unangenehmen Situation rauswinden könnten. Machen Sie sich klar, daß es kein Zurück gibt, und Sie werden die Sache durchstehen.

An diesem Flußlauf gab es einige außergewöhnlich starke Stromschnellen. Bei Lava Falls beispielsweise sackte unser Schlauchboot über eine Distanz von nur 25 Meter 10 Höhenmeter tief ab. Der Leiter unserer Expedition, ein Mann namens Robin, pflegte vor solchen Orten zu sagen: »Jetzt wird's richtig nett!« Damit meinte er: »Wir werden alle umkommen!« Schließlich erreichten wir Kermit Falls, die turbulenteste Stelle im ganzen Fluß, soweit es uns betraf. Plötzlich schien Robin die Herrschaft über das Schlauchboot zu verlieren, als wir durch die Stromschnellen hinabschossen. Im ungünstigsten Moment drehte es seitlich ab. Eine Sekunde lang fühlte ich die Versuchung, über Bord zu springen. Ich dachte wirklich, wir würden gleich sterben. Dann hörte ich den mächtigen Evinrude-Motor im Heck des Schlauchboots mit voller Kraft aufheulen. Ich begriff, daß Robin das Boot absichtlich verrissen hatte. Dann entdeckte ich einen riesigen, spitzzakkigen Felsen, der von den Wänden des Canyons herabgestürzt war. Er ragte drohend aus der Mitte des Flußbetts auf. Deshalb hatte Robin das Boot seitwärts gesteuert. Er hatte es getan, damit der volle Schub des Motors uns an dem gefährlichen Felsen vorbeitragen würde. Wäre ich aus dem Schlauchboot gesprungen, so wäre ich sicher ertrunken oder an dem spitzen Felsen zerschmettert worden.

Falls jemand unter Ihnen heute durch die Stromschnellen des Lebens getragen wird, so widerstehen Sie der Versuchung, über Bord zu springen! Gott weiß, was Er tut. Er hat Ihr Boot aus gutem Grund herumgerissen. Auch wenn Ihr Ruf zerstört ist, wenn Sie deprimiert sind, wenn Sie sich fragen, wie es weitergehen soll – wenn Sie aufmerksam hinhören, werden Sie die Stimme dessen hören, der zu David sagte: »Vertraue mir!«

Durch diese Erfahrung auf dem Fluß und beim Lesen des 37. Psalms habe ich gelernt, mich nicht von Sorgen zermürben zu lassen. Ich habe Gott meinen Groll bekannt und gesagt: »Du weißt, was Du tust, auch wenn mein Lebensschiffchen außer Kontrolle zu sein scheint. Ich will Dir vertrauen. Ich habe meine Freude an Dir. Ich habe Dir alle meine Wege anvertraut.« Danach jedoch mußte ich die schwierigste Lektion überhaupt lernen. Als meine Frau und

ich die anderen Psalmen lasen, sprang uns ein Wort ins Auge. Es war das Wort »warte«.
»Nein, Herr! Ich will nicht warten. Ich möchte heute noch Erleichterung finden. Bitte nimm Rache an denen, die mich verletzt haben.« Aber Er sagt uns: »Sei stille und wisse, daß ich Gott bin.« Dann führte Er mich zu den letzten vier Versen im 37. Psalm. Darin lesen wir:
»Bleibe fromm und halte dich recht, denn einem solchen wird es zuletzt gut gehen. Die Übertreter aber werden miteinander vertilgt, und die Gottlosen werden zuletzt ausgerottet. Aber der Herr hilft den Gerechten, er ist ihre Stärke in der Not. Und der Herr wird ihnen beistehen und sie erretten, er wird sie von den Gottlosen erretten und ihnen helfen, denn sie trauen auf ihn« (Ps 37,37-40).

Diese Worte von Vernon spiegeln menschliche Reife und tiefen Glauben wider, wenn man bedenkt, wieviel Ungerechtigkeit und Schmerz er und seine Frau Esther durchlitten haben. Ich habe seine Botschaft hier an die Öffentlichkeit getragen, weil so viele meiner Leser ähnliche Schwierigkeiten durchgemacht haben. Sind Sie einer dieser Menschen? Treibt Ihr Lebensboot steuerlos über den Fluß? Haben Sie erwogen, in den Fluß zu springen und den Versuch zu machen, aus eigener Kraft an ein sicheres Ufer zu schwimmen? Das ist genau das, was der Satan gerne von Ihnen sehen möchte. Er möchte, daß Sie Gott aufgeben, der anscheinend die Kontrolle über Ihre Lebensumstände verloren hat. Aber ich beschwöre Sie, verlassen Sie nicht den sicheren Hort Seines Schutzes. Der Kapitän weiß, was Er tut. Es gibt Absichten und Ziele, die Sie nicht erfassen und begreifen könnten. Vielleicht werden Sie sie niemals verstehen – oder wenigstens nicht in diesem Leben – aber niemals dürfen Sie Ihren Glauben fahren lassen. Er ist ja schließlich »ein Nichtzweifeln an dem, was man nicht sieht« (Hebr 11,1).

Bevor wir weitergehen, möchte ich noch auf ein weiteres Beispiel einer »Feuerprobe des Glaubens« verweisen, das der Betrachtung wert ist. Es ereignete sich in der Familie von Dr. Jim und Sally Conway und ist charakteristisch für die Erfahrungen von Millionen

Menschen in aller Welt. Während Vernon mit Ungerechtigkeit und beruflichen Schwierigkeiten zu kämpfen hatte, standen die Conways vor einem noch weit ernsthafteren Problem. Das Leben ihrer geliebten Tochter war in Gefahr. Ich lasse Dr. Conway seine eigene Geschichte erzählen, wie sie in einer Radiosendung von »Brennpunkt Familie« zu hören war:

Als unsere Tochter 15 Jahre alt war, bekam sie plötzlich Schwierigkeiten mit einem Knie. Eineinhalb Jahre lang suchte sie verschiedene Ärzte auf, ließ Laboruntersuchungen und Röntgenaufnahmen sowie zwei tiefgreifende Biopsien des Tumors, den man dabei entdeckte, vornehmen. Wir warteten wochenlang auf Nachricht von den zahlreichen Laboratorien in den gesamten Vereinigten Staaten, die das mysteriöse Gewächs studierten. Schließlich kam unser Arzt eines Abends zu uns nach Hause und überbrachte uns eine zutiefst beunruhigende Nachricht. Er sagte uns, Becky habe einen bösartigen Tumor, und es würde notwendig sein, ihr das Bein zu amputieren. Sie können sich vorstellen, daß Sally und ich am Boden zerstört waren. Ich weigerte mich, den Befund zu glauben. Ich war entschlossen, den chirurgischen Eingriff durch die Macht des Gebets zu verhindern, bis Gott mir versprach, sie zu heilen.

»Wir lassen dein Bein nicht abnehmen«, sagte ich zu Becky. »Ich glaube daran, daß Gott ein Wunder tun wird. Er sagte, wir dürften alle unsere Sorgen auf Ihn werfen. Ich bin vollkommen überzeugt, daß dir diese Operation erspart bleiben wird.«

Unsere Kirchengemeinde betete und fastete damals 24 Stunden lang. Tausende Menschen in den USA und anderswo beteten um Heilung für Becky.

Am Morgen, an dem die Operation angesetzt war, sagte ich zu unserem Hausarzt: »Scott, bitte vergewissere dich im Operationssaal, daß der Krebs geheilt ist. Gott hat gewirkt, da bin ich mir ganz sicher.«

Er ging fort und kam nicht gleich wieder zurück. Fünfundvierzig Minuten vergingen, und immer noch saßen Sally, meine beiden anderen Töchter und ich im Wartezimmer. Eine Stunde verging,

dann noch eine. Ich begann zu begreifen, daß ein langwieriger chirurgischer Eingriff durchgeführt wurde. Dann kam der Arzt heraus und sagte mir, daß sie Becky das Bein abgenommen hatten. Ich war vollkommen vernichtet. Ich war wie zertreten. Ich hatte die Beziehung und das Vertrauen zu Gott verloren! Vor Zorn schlug ich mit den Fäusten an die Mauern des Krankenhauses und schrie: »Wo bist Du, Gott? Wo bist Du?«
Ich hatte einen Schock erlitten. Wie betäubt irrte ich durch die Gänge, bis ich die Leichenhalle im Untergeschoß des Krankenhauses erreichte. Dort, so schien es mir, gehörte ich hin, in die Gesellschaft von Toten. Ich mußte mit Schlimmerem als Beckys Operation fertigwerden, so schrecklich sie auch war. Ich rang darum, die theologische Bedeutung der Ereignisse zu erfassen. Ich konnte nicht verstehen, warum Gott das zugelassen hatte. Sehen Sie – wäre ich Installateur gewesen und nicht Pastor, so hätte ich am nächsten Tag an die Arbeit gehen und Wasserrohre verlegen können, ohne daß meine geistliche Verwirrung sich auf meine Arbeit ausgewirkt hätte. Aber meine Arbeit verlangte von mir, daß ich vor Menschen hintrat und ihnen die Prinzipien der Bibel erklärte. Was hatte ich ihnen jetzt noch zu sagen?
Wäre ich ein liberaler Pastor gewesen und hätte nicht daran geglaubt, daß die Bibel wortwörtlich die Wahrheit ist, hätte ich mich rauswinden können, indem ich über neue Bücher auf dem Markt und anderes bedeutungsloses Zeug geschwatzt hätte. Aber ich war Pastor einer bibelgläubigen Gemeinde. Meine Lehrmethode bestand darin, das Wort Gottes heranzuziehen, es Vers für Vers durchzuarbeiten und seine Bedeutung herauszustellen. Wie konnte ich dorthin zurückkehren und den Leuten sagen, Gott habe es zugelassen, daß meine Tochter ihr Bein verlor? Es war einer der schrecklichsten Augenblicke in meinem Leben.
Als ich an diesem Tag vor der Tür der Leichenhalle saß, entdeckte mich ein Freund dort unten im Krankenhaus und kam mir zu Hilfe. Er war wie ein Geschenk des Himmels für mich! Ich bin kein Anhänger der charismatischen Bewegung, aber es war Dick Foth, ein Pastor der »Gemeinden Gottes«, der mir zur Seite stand und mit mir zusammen weinte und für mich betete. Er sagte: »Ich

mache mir keine Sorgen um Becky. Ich mache mir Sorgen um dich. In deiner Kirche gibt es rund tausend Leute, und noch einmal tausend an anderen Orten, die für dich beten. Du mußt dich da durchkämpfen.« Dann kümmerten er und zwei andere Burschen sich abwechselnd um mich. Einer machte jeweils Kaffeepause, während die anderen an der Arbeit waren. Sie sorgten einfach dafür, daß ich redete – die ganze Frustration und den ganzen Zorn aus mir herausströmen ließ.

Sie machten mir keine Vorwürfe, obwohl ich so wütend auf Gott war. Einmal sagte ich: »Ich glaube, Er war so beschäftigt damit, irgend einer kleinen alten Dame einen Parkplatz zu suchen, daß Er keine Zeit hatte, Beckys Bein zu retten.« Dick hörte mir zu und sagte immer wieder: »Gibt es sonst noch etwas, das du unbedingt loswerden mußt?« Ich brauchte mir keine Sorgen zu machen, daß diese Jungs vielleicht an Gott irre werden könnten, weil ich irgend etwas sagte, das sie beunruhigte. Ich brauchte mir auch keine Sorgen zu machen, daß sie mich aufgeben würden. Ich brauchte mich nicht zusammenzureißen und zu sagen: »Ich muß die Ohren steif halten, weil ich Prediger bin. Ich muß gute Miene zum bösen Spiel machen.« Sie ließen mich mit dem Schmerz zurechtkommen.

Wenn ein Mensch diese schreckliche Depression durchmacht, dann wissen manche Gläubige nicht, wie sie darauf reagieren sollen. Sie sagen: »Ich werde für dich beten«, was unter Umständen bedeuten kann: »Ich höre dir nicht länger wirklich zu.« Das kann eine Methode sein, wie man seine Verantwortung, die Last des anderen zu tragen, abschüttelt. Wenn es darum geht, anderer Leute Last zu tragen, ist die säkulare Welt tatsächlich manchmal besser als wir. Sie wissen, wie wichtig es ist, daß man Groll und Zorn aus sich herausläßt, während Christen oft das Gefühl haben, sie müßten dergleichen hinunterschlucken. Die Bibel sagt uns: »Wenn die Gerechten schreien, so hört der Herr und erettet sie aus all ihrer Not« (Ps 34,18).

Es ärgerte mich später auch, wenn die Leute mir einfältige Erklärungen anboten und leichtherzige Bemerkungen machten, um »mich aufzuheitern«. Es irritierte mich, wenn sie mir Römer 8,28 zitierten: »daß denen, die Gott lieben, alle Dinge zum Besten dienen«. Sie hatten kein Recht, meinen Schmerz einfach abzuschütteln. Ich wollte dann sagen: »Sag mir doch, wie es ist, Charlie. Sag mir, wie es ist, wenn deiner 16jährigen Tochter ein Bein amputiert wird. Wenn du etwas dergleichen selbst erlebt hast, dann komm zurück. Dann können wir weiterreden.« Manchmal gewöhnen wir uns in christlichen Kreisen so sehr daran, immer ein glückliches Lächeln auf den Lippen zu tragen, daß wir unaufrichtig werden. Damals konnte ich beinahe hören, wie die Leute zu mir sagten: »Schsch! Sag sowas nicht! Was ist, wenn Gott es nun hört?«

Als wüßte Gott nicht, was ich denke und womit ich zu kämpfen habe! Gott wußte, was ich durchmachte, und Er hatte Verständnis für meine leidenschaftlichen Ausbrüche. Meine Liebe für Becky entstammte im tiefsten Grunde meiner Beziehung zu Ihm. Wen wollte ich also zum Narren halten, indem ich die Todesqual meiner Seele verbarg?

Ich erinnere mich an einen Typ, dem ich zufällig im Restaurant begegnete – ein paar Tage, nachdem Becky operiert worden war. Er saß am Tisch, und als ich vorbeiging, streckte er die Hand aus und packte mich am Mantel. Er sagte: »Jim, ich glaube, Gott hat das zugelassen, weil es zu einer Erweckungsbewegung in unserer Kirche geführt hat.«

Ich sagte darauf: »Und was meinst du wohl, was wird Gott tun, wenn diese Erweckungsbewegung abflaut und wir eine neue brauchen? Wird Er Becky dann das andere Bein auch abhacken lassen? Dann ihren Arm, und dann den zweiten Arm? Ich fürchte, Becky wird nicht ausreichen, um unsere Kirche spirituell am Leben zu erhalten, wenn es nach dir ginge.«

Wenn Sie anfangen, so alberne Antworten zu geben, dann nehmen Sie den Leidenden damit ihre Menschenwürde und beleidigen unseren großen Gott, der die Bedrückten liebt und für sie sorgt. Ich konnte nicht erklären, warum Becky ihr Bein verlieren mußte, aber ich wußte, daß die Antworten, die mir gegeben wurden, auf keinen Fall stimmen konnten.

Die vermutlich wichtigste Lehre, die ich damals gelernt habe, ist die: Mir wurde zutiefst bewußt, daß mir nur zwei Möglichkeiten zur Wahl standen. Die eine davon war, in meinem Groll auf Gott zu verharren und dem Weg der Verzweiflung weiter zu folgen. Die zweite Wahl hieß, Gott Gott bleiben zu lassen und mir nach Kräften zu sagen: »Ich weiß nicht, wie all dies zusammenpaßt. Ich verstehe die Gründe dafür nicht. Ich werde nicht einmal nach einer Erklärung fragen. Ich habe mich entschlossen, die Tatsache zu akzeptieren, daß Du Gott bist und ich Dein Diener bin, und nicht umgekehrt.« Und dabei beließ ich es.

Nachdem ich diese Wahl getroffen hatte, gelang es mir, mit meiner Situation zu leben. Ich muß ehrlich zugeben, daß ich selbst nach all den Jahren mit manchen Dingen zu kämpfen habe. Ich kann es immer noch nicht ertragen, wenn ich meine Tochter auf einem Bein daherhoppeln sehe. Aber ich habe erkannt, daß Gott einen höheren Zweck verfolgt und daß ich diesen Zweck einfach nicht verstehe. Ich bin bereit, bis zum Anbruch der Ewigkeit zu warten, um Antwort auf meine Fragen zu erhalten, wenn es sein muß. Wie Hiob bin ich nun imstande zu sagen: »Siehe, er wird mich doch umbringen und ich habe nichts zu hoffen, doch will ich meine Wege vor ihm verantworten« (Hiob 13,15). Es gibt nur eine Alternative: Entweder Verzweiflung, oder Hinnahme Seines souveränen Handelns.

Lassen Sie mich wiederholen: Entweder Verzweiflung oder Gott. Einen Mittelweg gibt es nicht. Unsere Familie hat sich entschieden, Gott treu zu bleiben.

Wir danken Ihnen, Dr. Jim Conway, und Ihrer Frau Sally und Ihrer Tochter Becky, daß Sie Ihren tiefsten Schmerz mit uns geteilt haben. Wir haben innerhalb der christlichen Gemeinde selten so viel Ehrlichkeit und Verletzlichkeit erlebt. Ich vertraue darauf, daß Gott auch weiterhin von Ihrer Erfahrung Gebrauch machen wird, um jene zu stärken, die heute – symbolisch gesprochen – einsam vor den Türen der Leichenhalle sitzen. Alles, was sie geglaubt und gehofft haben, droht dem Ansturm der höllischen Mächte zu erliegen. Die philosophischen und theologischen Fundamente, auf denen ihr Glaube ruht, sind am Zerbröckeln. Was bleibt ihnen noch übrig?

Es gibt nur eine einzige Antwort, und das ist der Schluß, zu dem Dr. Jim Conway in seiner Krise gekommen ist: Verlangen Sie keine Erklärungen. Verlassen Sie sich nicht auf Ihre Fähigkeit, die Dinge mit dem Verstand zu begreifen. Geben Sie Ihren Glauben nicht aus der Hand. Aber treffen Sie die Entscheidung, Ihm zu vertrauen, und führen Sie sie kraft des Willens durch, den Er Ihnen ins Herz gelegt hat. Die einzige andere Alternative heißt – Verzweiflung.

»Er wird uns erretten, aber falls nicht ...«

Wir müssen uns nun mit einer Reihe von Fragen beschäftigen, die von entscheidender Bedeutung für diese Diskussion sind: Welche Rolle spielt Gott in Situationen, die Seine Jünger verwirren und manchmal sogar desillusionieren? Wo war Er inmitten der Angriffe, denen Chief Bob und Esther Vernon, Dr. Jim und Sally Conway, Darryl und Clarita Gustafson, Dr. Jerry und Mary White, Drs. Chuck und Karen Frye und all die anderen, von denen hier die Rede war, ausgesetzt waren? Vor allem: Hört Gott die Gebete Seines Volkes? Nimmt Er sie zur Kenntnis?

Ein überraschend hoher Prozentsatz von Amerikanern glaubt aus ganzem Herzen an die Macht des Gebets. In einer Titelgeschichte des Magazins *Newsweek* mit der Überschrift »Im Gespräch mit Gott« (6. Januar 1992) wird berichtet, daß einer Umfrage des Gallup-Instituts zufolge 78 Prozent der Amerikaner einmal pro Woche beten und 57 Prozent mindestens einmal pro Tag beten. Einundneunzig Prozent der Frauen und 85 Prozent der Männer beten gelegentlich. Darunter fallen 94 Prozent der Farbigen und 87 Prozent der Weißen.

»Einige dieser Gebete«, bemerkte *Newsweek,* »entspringen Extremsituationen. Auf Krebsstationen und in den Warteschlangen vor den Arbeitsämtern gibt es nur wenige Atheisten. Aber im angeblich so entwurzelten, materialistischen, selbstsüchtigen Amerika existiert ein Hunger nach einer persönlichen Begegnung mit Gott, den das Gebet zu stillen versucht.« Die Autoren kamen zu dem Schluß:

> *Selbst auf der Universität, dem Tempel der Aufklärung, hat das Gebet eine Heimstatt gefunden. »Vor 20 Jahren war es noch eine Seltenheit, lebendiges, pulsierendes religiöses Leben auf dem College*

Campus zu finden«, sagt David Rosenhan, Professor für Rechtswissenschaften und Psychologie an der Universität Stanford. »Jetzt finden hier Gebetstreffen statt, die regelmäßig von 300 bis 500 Studenten besucht werden.«

Ich bin nicht so naiv, anzunehmen, daß alle diese betenden Amerikaner tatsächlich eine persönliche Beziehung zu dem lebendigen Gott suchen. Für einige von ihnen ist das Gebet kaum mehr als ein abergläubisches Ritual, ähnlich wie die Astrologie. Dennoch ist die innere Bereitschaft für geistliche Dinge ein sehr ermutigendes Zeichen für diejenigen von uns, die sich nach einem Wiedererwachen des religiösen Feuers in dieser Nation sehnen.

Aber was denken Sie persönlich über die Bedeutung des Gebets? Stimmt es, was in Jakobus 5, 16 geschrieben steht: »Des Gerechten Gebet vermag viel, wenn es ernstlich ist«? Sind die Worte Jesu an uns gerichtet: »Bittet, so wird euch gegeben; suchet, so werdet ihr finden; klopfet an, so wird euch aufgetan« (Mt 7, 7).

Um es ganz persönlich zu sagen: Ich bin mit meinem Leben dafür eingetreten, daß diese Verheißungen Gültigkeit haben. Sie wurden von Gott eingehaucht und dann von den inspirierten Schreibern der Heiligen Schrift getreulich niedergeschrieben. Unser Grundstein als Gläubige ist in der Bibel gelegt, über deren Botschaft es kein Mißverständnis gibt. Betrachten Sie die folgenden Verse:

Fraget nach dem Herrn und nach seiner Macht; suchet sein Angesicht allezeit! (1. Chronik 16,11)
Der Gottlosen Opfer ist dem Herrn ein Greuel; aber das Gebet der Frommen ist ihm wohlgefällig (Spr 15,8).
(Jesus) sagte ihnen aber ein Gleichnis darüber, daß sie allezeit beten und nicht nachlassen sollten (Lk 18,1).
Desgleichen hilft auch der Geist unserer Schwachheit auf. Denn wir wissen nicht, was wir beten sollen, wie sich's gebührt, sondern der Geist selbst vertritt uns mit unaussprechlichem Seufzen (Röm 8,26).
Sorgt euch um nichts, sondern in allen Dingen laßt eure Bitten in Gebet und Flehen mit Danksagung vor Gott kund werden (Phil 4,6).

Seid beharrlich im Gebet und wacht in ihm mit Danksagung! (Kol 4,2)
Betet ohne Unterlaß; seid dankbar in allen Dingen, denn das ist der Wille Gottes in Christus Jesus an euch (1. Thess 5,17-18).
So will ich nun, daß die Männer beten an allen Orten und heilige Hände aufheben ohne Zorn und Zweifel (1. Tim 2,8).

Es ist also offenkundig, daß der Herr Gebete nicht nur mit Wohlgefallen annimmt, sondern daß es uns befohlen ist, das persönliche Gespräch mit Ihm aufzunehmen. Und was für ein Privileg ist das doch! Haben Sie sich jemals Gedanken über das Wesen dieses Geschenks gemacht, das uns der Allmächtige zukommen ließ? Wir brauchen nicht erst um einen Termin ansuchen, damit Er uns Seine Aufmerksamkeit zuwendet. Wir müssen mit keinen Vorzimmerdamen oder Privatsekretären verhandeln. Er verschiebt unser Anliegen niemals auf einen späteren Zeitpunkt, wenn Sein Terminkalender weniger vollgestopft ist.

Statt dessen werden wir eingeladen, mit kühnem Schritt zu jeder Tages- oder Nachtzeit vor Sein Angesicht zu treten. Er hört die schwachen Rufe der Kranken, der Einsamen, der Verachteten in der Welt. Jeder einzelne von uns ist Ihm bekannt und wird von Ihm geliebt, trotz unserer Unvollkommenheit und unseres Versagens. Die Einladung zum Gebet ist wahrhaft ein kostbarer Ausdruck der Liebe und des Mitgefühls, die der Schöpfer der Menschheit entgegenbringt. Seit frühester Kindheit durchzieht diese Erkenntnis das Gewebe meines Lebens und meiner Familie.

Es war 1957. Ich studierte am College. Eines Tages erreichte mich ein beunruhigender Telefonanruf meiner Eltern, die besorgt und aufgeregt klangen. Meine Mutter teilte mir in aller Eile mit, daß mein Vater unter einem bösartig aussehenden Geschwür an der rechten Hand litt. Sie hatten es bereits seit einiger Zeit beobachtet und die Feststellung gemacht, daß es nicht heilte. Schließlich suchten sie einen Hautarzt auf. Als sie mich anriefen, waren sie eben aus seiner Praxis zurückgekehrt. Mein Vater, damals 46 Jahre alt, litt an einem Karzinom – einer Form von Hautkrebs, die im Frühstadium heilbar ist, aber eine gefährliche Entwicklung nimmt, wenn sie nicht rasch behandelt wird. Der Arzt hatte einen besorgten Eindruck gemacht. Er sagte ihnen, die mikroskopische Untersuchung habe »sehr ausgereifte« Krebszellen erkennen lassen. Er konnte ihnen nicht sagen, ob der Krebs bereits Metastasen gebildet (sich auf andere Körperteile ausgebreitet) hatte, aber er konnte die Möglichkeit nicht ausschließen.

Es wurde beschlossen, den Krebs über einen Zeitraum von sechs Wochen hinweg mit Bestrahlungen zu behandeln. Am Ende dieser Zeitspanne sollte der Heilungsprozeß einsetzen. Wenn das Gewächs unter Kontrolle gebracht werden konnte, würde es in etwa fünf weiteren Wochen vollkommen verschwunden sein. Falls es aber nicht heilte, war mit ernsthafteren Problemen zu rechnen. Das Gespenst einer Amputation erhob drohend sein Haupt. Mein Vater war Künstler, und der Gedanke, er könnte seinen rechten Arm (oder das Leben) verlieren, alarmierte die ganze Familie. Wir begannen für ihn zu beten.

Vier Wochen nach Abschluß der Bestrahlung sah die wunde Stelle immer noch ziemlich gleich aus wie am Anfang. Kein Anzeichen von Heilung war erkennbar. Die Spannung stieg, als wir immer wieder entmutigende medizinische Diagnosen erhielten. (Ich bin überzeugt, die Krankheit hat heute, im Vergleich zu den fünfziger Jahren, viel von ihrem Schrecken verloren, aber damals war die Situaton äußerst beunruhigend.) Der Hausarzt meines Vaters begann bereits, den nächsten Schritt zu erwägen.

Es war an der Zeit, daß wir inbrünstiger beteten. Mein Vater ging zu den Führern unserer Glaubensgemeinschaft und bat sie, ihn mit Öl zu salben und den Herrn ganz besonders darum zu bitten, Er möge den Krebs heilen. Dieser kurze Gottesdienst wurde zwei Tage vor dem Ende der fünften Woche abgehalten, zu einem Zeitpunkt, als der Dermatologe bereits darauf hingewiesen hatte, daß in Kürze eine weitergehende Entscheidung getroffen werden müßte. Genau zwei Tage später heilte das Geschwür ab. Es kehrte nie wieder zurück.

Das ist nur ein Beispiel mehrerer dramatischer Antworten auf Gebete, die ich während meiner Kindheit und Jugend erlebte. Weitere Beispiele aus dieser Zeit könnten ein ganzes Buch füllen, und zwar buchstäblich, denn wir waren eine Familie, die fest an die Macht des Gebets glaubte. Eine ganze Anzahl von Geschichten fällt mir ein. Ich erinnere mich an eine Gelegenheit, als mein Vater seine gesamte Lohntüte einem Pastor gegeben hatte, dessen Kinder Schuhe und warme Kleider brauchten. Mein Vater hatte ein weiches Herz für jeden, der sich in finanziellen Schwierigkeiten befand. Die unausweichliche Folge war, daß uns ein paar Tage später das Geld ausging. Wir fielen augenblicklich auf die Knie. Ich habe immer noch die Stimme meines Vaters in den Ohren, wie er im Kreise seiner kleinen Familie betete.

Er sagte: »Nun, Herr, Du hast uns verheißen, wenn wir Dich in guten Zeiten ehren, wirst Du uns in schweren Zeiten nicht verlassen. Und wie Du weißt, könnten wir im Augenblick dringend jemanden gebrauchen, der uns ein bißchen unter die Arme greift.«

Ich schwöre Ihnen: Auf dieses Gebet hin kam am nächsten Tag mit der Post ein Scheck über 1.200 Dollar. In diesen Jahren machte mein Glaube gewaltige Entwicklungsschritte durch, denn ich sah, wie Gott einer Familie antwortete, die völlig von Ihm abhängig war. Das geschah nicht nur einmal, sondern hunderte Male.

Meine Frau Shirley wuchs nicht in einer christlichen Familie auf, und sie machte vollkommen andere Erfahrungen als ich. Ihr Vater war ein Trinker, der seine Familie mißhandelte und den Namen Gottes nur zum Fluchen in den Mund nahm. Shirleys Mutter war zwar keine Christin, aber eine wunderbare Frau, die ihre beiden Kinder von Herzen liebte. Sie erkannte, daß sie Hilfe bei der Erziehung ihrer Kinder brauchte und begann, sie in eine evangelikale Kirche in der Nachbarschaft zu schicken, als sie noch sehr jung waren. Dort hörte Shirley von Jesus – und lernte beten.

Dieses kleine Mädchen, gefangen in Armut und dem herzzerreißenden Elend des Alkoholismus, begann mit dem Herrn über ihre Familie zu sprechen. Vor allem nach der Scheidung ihrer Eltern bat sie Ihn, ihr zwei Bitten zu erfüllen. Zum einen betete sie um einen christlichen Stiefvater, der sie lieben und für sie sorgen würde. Zum zweiten wußte Shirley, daß sie eines Tages selbst eine gottgefällige Familie haben wollte. Sie begann den Herrn um einen christlichen Ehemann zu bitten, als sie ins heiratsfähige Alter kam. Es rührt mir ans Herz, wenn ich an dieses kleine Mädchen denke, das einsam in seinem Schlafzimmer auf den Knien lag und mit Gott über seine Bedürfnisse sprach. Ich hatte zu der Zeit keine Ahnung davon, daß sie überhaupt existierte, aber der Herr hatte bereits Sein langfristiges Trainingsprogramm mit mir begonnen. Als ich diese bezaubernde junge Dame dann im College kennenlernte, brauchte mich niemand mehr zu drängen.

Diese Geschichte liefert uns eine wunderbare Illustration dafür, wie mächtig das Gebet ist. Der mächtige Gott des Universums, mit all Seiner Majestät und Kraft, war nicht zu beschäftigt, die schwache Stimme eines bedürftigen Kindes zu hören. Er führte nicht nur uns beide zusammen, sondern Er schickte auch einen ledigen Mann von tadellosem Charakter als Shirleys neuen Stiefvater. Ihre Eltern sind heute beide Christen und dienen dem Herrn in ihrer Gemeinde.

Als Shirley und ich einander begegneten und uns verliebten, brachten wir daher beide einen starken Glauben in unsere Beziehung mit. Von allem Anfang an waren wir entschlossen, Jesus Christus den ersten Rang in unserer Beziehung einzuräumen. Ich erinnere mich, wie wir beide in meinem schrottreifen alten Mercury beisammensaßen, bevor wir heirateten, und gemeinsam unseren zukünftigen Haushalt im Gebet dem Herrn übergaben. Wir baten den Herrn, uns auf allen unseren Wegen zu geleiten, und vor allem erbaten wir Seinen Segen für die Kinder, die wir haben wollten. Dann versprach ich Shirley, daß ich den Rest meines Lebens dafür verwenden würde, ihr das Glück und die Geborgenheit zu geben, die sie als Kind hatte vermissen müssen. Das war das Fundament, auf das wir unsere kleine Familie bauten.

Nun, nachdem wir bereits mehr als drei Jahrzehnte zusammen sind, haben wir Gottes niemals wankende Treue als Antwort auf unsere Gebete erlebt. Ich weiß nicht, wo wir heute wären, hätten wir diese Quelle von Kraft und Ermutigung nicht gehabt. Tatsächlich war die wohl bedeutendste Entwicklung in unserer Ehe das Wachstum und das Heranreifen von Shirleys Gebetsleben. Sie wurde zu einer »Kriegerin des Gebets«, wie es manchmal genannt wird, indem sie ohne Unterlaß in Verbindung mit dem Herrn steht. In Anbetracht dieses geistlichen Eifers ist es nur recht und billig, daß sie zur Vorsitzenden des Landesweiten Gebetstages ernannt wurde.

Nun wollen wir uns aber in tieferes Wasser wagen. Obwohl Hunderte von Bibelversen uns zusichern, daß Gott Gebete hört und beantwortet, ist es wichtig, zur Kenntnis zu nehmen, was die meisten von uns bereits aus eigener Erfahrung festgestellt haben – daß Er nicht jeden Wunsch, den wir äußern, in der Weise erfüllt, wie wir uns das vorgestellt haben. Vielleicht vergehen Jahre, bevor wir Zeugen der Erfüllung Seiner Absichten werden dürfen. Bei anderen Gelegenheiten sagt Er uns vielleicht »nein« oder »warte«. Und wenn wir ehrlich sind, gibt es auch Zeiten, wo Er uns überhaupt keine Antwort gibt. Wie wir bereits erwähnt haben, werden dann viele Gläubige in Verwirrung gestürzt und fühlen sich verletzt, und ihr Glaube beginnt zu zerbröckeln.

Diese Enttäuschung ist das Thema eines Klassikers von W. Somerset Maugham mit dem Titel *Der Menschen Hörigkeit.* Der Held ist ein junger Mann mit einem Klumpfuß, der von frühester Kindheit an seine Mißbildung haßt. Als er den christlichen Glauben entdeckt, ist er der Meinung, er habe nun ein Patentrezept gefunden, wie er den Klumpfuß loswerden könnte. Er beginnt zu beten, Gott möge seinen Fuß heilen und ihn normal werden lassen. Als es offenkundig wird, daß seine wiederholten Bitten nicht erhört werden, hat er das Gefühl, sein Glaube sei nutzlos, und er verliert das Interesse an Gott. Ich frage mich, wie oft sich dieses unglückselige Drama wohl im Lauf der Jahrhunderte schon wiederholt hat.

Alle Menschen, die seit langem im Glauben stehen, haben die Erfahrung gemacht, daß sie um etwas gebetet haben und Gott es ihnen anscheinend verweigert hat. Kehren wir noch einmal zum Hautkrebs meines Vaters zurück. Obwohl er von dieser Krankheit geheilt wurde, sind er und meine Mutter heute beide im Himmel. Unsere Gebete, was spätere Krankheiten anging, konnten sie nicht auf Erden festhalten. Wenn Sie das bekümmert, lieber Leser, erinnern Sie sich an Lazarus, den Jesus auf so wunderbare Weise aus dem Grabe rief und der später doch wieder starb. Jeder einzelne, den Jesus heilte, mußte später doch sterben. Man sagt, die Zeit heile alle Wunden. Das mag seine Berechtigung haben, aber sie verletzt auch alles, was heil ist.

Erscheint Ihnen das nun als Widerspruch zu dem, was ich zuvor zugunsten des Gebets gesagt habe? Das sollte nicht der Fall sein. Überlegen Sie einen Augenblick, wie die Welt wohl aussähe, wollte

Gott jederzeit tun, was wir von Ihm fordern. Zum ersten würden die Gläubigen um Jahrhunderte länger leben als die Ungläubigen. Der Rest der Menschheit wäre in welkenden Körpern gefangen, aber die Christen und ihre Kinder würden in ihrer eigenen idyllischen Welt leben. Sie würden niemals Zahnweh oder Nierensteine oder schielende Augen bekommen. Das gesamte Fundament der Beziehung zwischen Gott und Mensch würde untergraben. Die Menschen würden Seine Freundschaft suchen, um sich ein paar nebensächliche Vorteile zu ergattern, anstatt mit einem Herz voll Zerknirschung und Liebe zu Ihm zu kommen. Ja, es käme so weit, daß die Gierigsten unter uns als erste die Hände nach den Annehmlichkeiten des christlichen Lebens ausstrecken würden. Vor allem aber würden diese ehrfurchtgebietenden Beweise für die göttliche Macht den Glauben überflüssig machen. Wie Paulus in Römer 8,24 schreibt: »Die Hoffnung aber, die man sieht, ist nicht Hoffnung; denn wie kann man auf das hoffen, was man sieht?«

Unser Glaube gründet also nicht auf Zeichen und Wunder, sondern auf den souveränen Gott des Universums. Er macht uns keine Kunststückchen vor, um uns zu beeindrucken. Jesus verwarf diejenigen, die von Ihm verlangten, Er solle Zeichen tun, indem Er sagte: »Ein böses und abtrünniges Geschlecht fordert ein Zeichen, aber es wird ihm kein Zeichen gegeben werden« (Mt 12,39). Er will, daß wir Ihn auch ohne Beweise annehmen. Jesus sagte zu Thomas: »Selig, die nicht sehen und doch glauben« (Joh 20,29). Wir dienen diesem Herrn nicht, weil Er nach unserer Pfeife tanzt, sondern weil wir darauf vertrauen, daß Er den ersten Platz in unserem Leben einnimmt. Letzten Endes muß Er – und wird Er – bestimmen, was das Beste für uns ist. Wir können nicht in die Zukunft schauen. Wir kennen Seine Pläne nicht. Wir sehen nur einen kleinen Ausschnitt, und selbst den sehen wir oft nur verschwommen. In Anbetracht dieser Begrenzung erscheint es doch unglaublich arrogant, wenn wir Gott vorschreiben wollen, was Er zu tun habe – statt daß wir unsere Bedürfnisse vor Ihm ausbreiten und uns dann in Seine göttlichen Pläne fügen.

Jesus selbst dient uns hier als Vorbild dieser Ergebenheit. Er bat Seinen Vater im Garten Gethsemane, daß der Kelch des Leidens und der Erniedrigung an Ihm vorübergehen möge. Er wußte haargenau, was die Kreuzigung bedeutete. Die innere Qual war so furchtbar, daß große Blutstropfen durch seine Haut drangen. Mediziner nennen diese Erscheinung Hämatidrose, und sie tritt nur auf, wenn ein Mensch unter denkbar schrecklichem Streß steht. Aber noch inmitten dieser Todesqual bat Jesus: »Doch nicht mein Wille geschehe, sondern der deine« (Lk 22, 42).

Es gibt noch viele weitere biblische Beispiele für diese Unterordnung unter den göttlichen Willen. Der Apostel Paulus flehte den Herrn bei drei verschiedenen Gelegenheiten an, das quälende Leiden von ihm zu nehmen, das er »einen Stachel im Fleisch« nannte. Dreimal lautete die Antwort nein. Statt dessen wurde ihm gesagt: »Laß dir an meiner Gnade genügen, denn meine Kraft ist in den Schwachen mächtig« (2. Kor 12, 9).

Sie erinnern sich gewiß auch an die Geschichte von Mose und seiner Begegnung mit Gott in dem brennenden Busch (2.Mose 3-4). Der Herr gab ihm Anweisung, dem Pharao vor die Augen zu treten und zu verlangen, daß die Kinder Israel aus der ägyptischen Fron entlassen würden. Als Mose fragte, warum die Kinder Israel ihm glauben sollten, daß Gott ihn gesandt hatte, rüstete der Herr ihn mit wundersamen Kräften aus. Er verwandelte seinen Stab in eine Schlange und wiederum in einen Stab. Dann ließ Er die Hand des Mose aussätzig werden und machte sie wiederum rein. Schließlich sagte Gott ihm, wenn sie diesen beiden Zeichen nicht glauben wollten, so sollte er Wasser aus dem Nil schöpfen und es auf die Erde gießen, und es würde sich in Blut verwandeln. Diese erstaunlichen Wundertaten sollten die Macht Gottes deutlich machen und Mose als Seinen Gesandten legitimieren.

Aber dann ereignete sich etwas Seltsames. Mose klagte, es fehlte ihm an Rednergabe für diese Aufgabe – »ich habe eine schwere Sprache und eine schwere Zunge« (2. Mose 4, 10) – aber der Herr bot ihm nicht an, ihn von diesem Gebrechen zu heilen. Ist das nicht sonderbar? Soeben hatte Er unheimliche Wundertaten getan, die Mose befähigen sollten, Seine Aufgabe auszuführen. Warum befreite Er ihn nicht von seiner ärgerlichen Sprachhemmung? Er hatte doch zweifellos die Macht dazu. Wäre es nicht logisch gewesen, wenn der Herr gesagt hätte: »Du wirst eine kräftige Stimme brauchen, um eine Million Menschen durch die Wüste zu führen. Von jetzt an wirst du mit Macht deine Stimme erheben!« Nein, diese Antwort gab Jehovah ihm nicht. Er wurde zornig auf Mose, weil er sich auf seine Schwäche ausreden wollte. Dann bestimmte Er Aaron, Moses Bruder, dazu, als sein Sprachrohr zu dienen. Warum machte Er nicht einfach »Nägel mit Köpfen« und wurde das Problem damit los? Wir wissen es nicht. Wie ich schon gesagt habe, es gibt Zeiten, da erscheinen uns Gottes Wege ganz sinnlos.

Wir können annehmen, daß der Herr Moses »schwere Zunge« deshalb nicht heilte, weil Mose, wie Paulus, lernen mußte, daß Gottes Kraft in den Schwachen mächtig ist. Er wurde zum Führer berufen, nicht weil er ein Wundertäter oder ein Übermensch gewesen wäre, sondern weil der Herr beschlossen hatte, seine Schwächen und Unzulänglichkeiten in Seinen Dienst zu stellen.

Gott sei Dank wurde ich zu denselben Bedingungen in Seinen Dienst gerufen. Jeder von uns ist mit Schwächen und Mängeln behaftet, die der Herr mit einem einzigen Wort heilen könnte. Statt dessen läßt Er uns oft mit unseren Schwächen ringen, um Seine Macht deutlich zu machen. Mit dieser Meinung kann ich mich unmittelbar auf die Bibel berufen. Paulus schrieb: »Wir haben aber diesen Schatz in irdenen Gefäßen, damit die überschwengliche Kraft von Gott sei und nicht von uns« (2. Kor 4,7).

Ich bin der Ansicht, daß tatsächlich *jeder* Gläubige zumindest ein Problem mit seinem »irdenen Gefäß« hat, das ihm oder ihr vor allem Probleme bereitet – ein nagender Verdruß oder eine Krankheit – und das der Herr sich konsequent wegzunehmen weigert. Sehen Sie sich einmal unter Ihren christlichen Freunden um. Reden Sie mit ihnen über ihre Lebensumstände. Die meisten werden zugeben, daß sie ein solches Problem haben, das sie daran hindert, ein ideales Leben zu führen. Wenn ich nur keinen so hohen Blutzucker hätte, keine Schwerhörigkeit, keinen Tennisarm (oder was Ihnen sonst an gesundheitlichen Problemen einfällt). Wenn doch nur mein Mann und ich nicht unfruchtbar wären. Wenn ich doch nur diese unglückselige Geschäftsverbindung nicht eingegangen wäre. Wenn ich mich doch nur auf diesen Prozeß oder diese Ehe ohne Liebe nicht eingelassen hätte.

Wenn wir doch nur nicht dieses kranke Kind hätten oder einen geistig zurückgebliebenen Sohn oder diese Tochter oder eine nervenzermürbende Schwiegermutter. Wenn wir doch nur nicht in einer so angespannten finanziellen Situation lebten. Wenn ich nur als Kind nicht sexuell mißbraucht worden wäre. Wenn doch nur ... wenn doch nur Gott diesen Stein des Anstoßes für mich aus dem Weg schaffen würde. Aber die Probleme bestehen weiterhin. Was diese Schwierigkeiten angeht, so wiederholt der Herr mit leiser Stimme, was Er vor fast 2000 Jahren zu Paulus sagte: »Laß dir an meiner Gnade genügen, denn meine Kraft ist in den Schwachen mächtig« (2. Kor 12,9).

Wenn ich diese Schriftstelle, so wie ich sie verstehe, in meine eigenen Worte fassen soll, so sagt Er zu uns: »Jedermann muß irgend etwas erdulden, das Unbequemlichkeit, Schmerz oder Kummer bedeutet. Das hier ist dein persönliches Kreuz. Akzeptiere es. Trage es in Geduld. Ich will dir die Kraft geben, es zu ertragen.« So verläuft unser Leben in einem Zustand relativer Unvollkommenheit.

Elisabeth Elliot bot in einem kurzen Essay mit dem Titel »Und dennoch müssen wir scheitern« noch eine andere Erklärung für die Mühsal der Menschheit an. Sie schreibt:

> *Haben Sie sich jemals mit Leib und Seele einer Aufgabe verschrieben, darüber gebetet, mit ganzem Herzen daran gearbeitet, weil Sie überzeugt waren, daß Sie im Einklang mit Gottes Willen standen, und dann zusehen müssen, wie Sie Schiffbruch erlitten?*
> *Der Bericht über die Reise, die Paulus als Gefangener über das Mittelmeer machte, erzählt uns, wie ein Engel neben ihm stand und ihm sagte, er solle keine Angst haben (obwohl der Sturm mit vernichtender Gewalt tobte), denn Gott würde sein Leben verschonen und das Leben aller, die mit ihm an Bord des Schiffes waren. Paul sprach seinen Wächtern und Mitgefangenen mit dieser Verheißung Mut zu, fügte aber hinzu: »Wir werden aber auf eine Insel auflaufen.«*
> *Man könnte meinen, daß der Gott, der verheißen hatte, alle an Bord zu verschonen, die Sache gleich richtig hätte machen können. Hätte er ihnen nicht das würdelose Schicksal ersparen können, inmitten der Trümmer des Schiffes an Land zu paddeln? Tatsache ist,*

daß Er eben das nicht getan hat, und daß Er uns keineswegs immer verschont.
Der Himmel ist nicht hier auf Erden. Wenn wir hier schon alles bekämen, was unser Herz begehrt, so würde unser Herz sein Verlangen auf diese Welt richten statt auf die jenseitige. Gott lockt uns allezeit weg von dieser Welt, Er umwirbt uns und zieht uns an sich und in Sein unsichtbares Königreich, wo wir gewiß alles finden werden, wonach wir uns im Tiefsten sehnen.
Schiffbruch zu erleiden, bedeutet also noch nicht das Ende der Welt. Solche Erlebnisse bewahren uns davor, in Versuchung geführt zu werden – die Versuchung, uns selbstzufrieden mit den Dingen der sichtbaren Welt zu begnügen.«

In diesen Worten steckt eine tiefe Lebensweisheit. Alle Gläubigen werden an irgendeinem Punkt ihres Lebens »Schiffbruch erleiden«, und sie (wir) müssen lernen, nicht in Panik zu geraten, wenn unser Schifflein auf eine Sandbank läuft. Man kann es bis zu einem gewissen Grad lernen, in widrigen Umständen Haltung zu bewahren. Paulus schrieb in Philipper 4,11-12: »*Ich habe gelernt,* mir genügen zu lassen, wie's mir auch geht. Ich kann niedrig sein und kann hoch sein; mir ist alles und jedes vertraut; beides, satt sein und hungern, beides, Überfluß haben und Mangel leiden.« Hier ist die Rede von einer durch Übung erworbenen Gelassenheit.

Unglücklicherweise gibt es einige im Licht der Öffentlichkeit stehende Geistliche, die die Menschen damit in Verwirrung stürzen, daß sie sie lehren, es sei nicht nötig, sich in Geduld und Selbstbeherrschung zu üben. Warum sollten wir uns in Geduld üben, wenn Gesundheit und Wohlstand für alle verfügbar sind? Wenn wir Gott nur mit den richtigen Tricks kommen, können wir Seine Macht anzapfen, um uns ein sorgenfreies Leben zu schaffen. Sie würden den Herrn des Universums am liebsten in einen diensteifrigen Zauberer verwandeln, oder einen mächtigen Laufburschen, der sich auf ewige Zeiten verpflichtet hat, uns Sterblichen alle unsere Wünsche und Launen zu erfüllen. Das ist eine gefährliche Fehlinterpretation der Bibel, die für die Uneingeweihten weitreichende böse Folgen haben kann.

Vor kurzem hörte ich einen Rundfunkprediger in einer Sendung folgende Äußerung machen: »Wenn Sie irgend etwas brauchen, so wird es Ihnen im selben Augenblick gewährt, in dem Sie sich an den Herrn um Hilfe wenden. Schon wenn Sie zu beten beginnen, ist Ihr Gebet erhört worden. Gott wird dieses Problem lösen, ob es sich nun um Krankheit, Arbeitslosigkeit, Geldmangel oder was auch immer handelt. Wenn Sie den Glauben haben, steht es außer Frage, daß Gott Ihr Problem für Sie lösen wird.«

Es stimmt, daß der Herr oft auf dramatische Weise in das Leben von Menschen, die sich in Schwierigkeiten befinden, eingreift. Die Bibel läßt keinen Zweifel daran. Aber Er selbst ist es, der darüber bestimmt, wie Er auf unsere Gebete antwortet. Niemand hat ein Recht, diese Entscheidung an Seiner Stelle zu treffen!

Nachdem ich den Rundfunkprediger mit seiner kühnen Behauptung gehört hatte, ging ich geradewegs in mein Büro in den Räumlichkeiten von »Brennpunkt Familie«, um an einer Gebetsversammlung der Angestellten teilzunehmen. Ich tauschte mich mit ihnen darüber aus, was ich in der Radiosendung gehört hatte, worauf einer meiner Kollegen sagte: »Jammerschade, daß mein Pa das nicht weiß.« Sein alter Vater hatte einen schweren Schlaganfall erlitten und sitzt nun teilweise gelähmt im Rollstuhl. Dieser gottesfürchtige Mann, ein pensionierter Pastor, der sein ganzes Leben dem Dienst am Evangelium gewidmet hatte, macht eine schlimme Zeit durch. Er verbringt den Großteil des Tages damit, daß er aus dem Fenster auf einen Golfplatz hinausblickt, auf den er nie wieder den Fuß setzen wird. Es ist schlicht und einfach gewissenlos, solchen leidenden Menschen zu sagen, es fehle ihnen bloß an Glauben, um geheilt zu werden.

Als ich letzten Sommer Großbritannien besuchte, wurde ich Zeuge eines weiteren Beispiels für diese verzerrte Sicht der Dinge. Ich hatte eben damit begonnen, die Anfangskapitel dieses Buches zu schreiben und war in Gedanken ganz bei den schwierigen Fragen, die wir hier zur Diskussion stellen. Wie aufs Stichwort erfuhr ich, daß ein amerikanischer »Glaubensheiler« nach London kam, um einen von gewaltigem Medienrummel begleiteten Heilungsfeldzug durchzuführen. Die britischen Medien schenkten diesem Mann viel mehr

Aufmerksamkeit, als er in seiner Heimat erhalten hätte. Sie bezeichneten ihn als »einen der populärsten Fernsehprediger in den Staaten«. (In Wirklichkeit ist er hier kaum bekannt.) Ganz offenkundig war die britische Presse überzeugt, daß hier ein Gauner unterwegs war, um den Gutgläubigen im Namen des Herrn das Geld aus den Taschen zu ziehen. Und genau so sah es auch aus.

Ich will mir kein Urteil über die Motive dieses Fernsehpredigers erlauben, weil ich ihn nicht persönlich kenne. Vielleicht glaubt er wirklich, daß er das Werk des Herrn tut. Aber einige Aspekte seines Londoner Feldzugs waren beunruhigend. Eine Werbeeinschaltung zeigte eine dunkle Brille, wie sie von Blinden getragen wird. Die Brille war zerbrochen. Man sah auch einen weißen Stock, der mitten entzwei gebrochen war. Der Text lautete: »Einige werden zum ersten Mal ein Wunder sehen!« Begriffen? Ich bin überzeugt, daß Tausende behinderte Männer, Frauen und Kinder in London verstanden, was damit gesagt werden sollte. Ihnen wurde suggeriert, daß die Teilnahme an einem »Heilungsgottesdienst« das Ende ihres Leidens bedeuten konnte.

Nicht, daß Gott die Blinden nicht heilen könnte – oder irgendeine andere Krankheit oder Mißbildung. Er kann es und Er tut es auch. Aber soviel ich weiß, wirkt Er keine Wunder *en masse.* Formulieren wir es einmal so: Ich habe noch niemals gesehen, daß irgendein Geistlicher das Versprechen, alle kranken Teilnehmer eines Heilungsgottesdienstes gesund zu machen, erfüllt hätte. Natürlich gibt es einige, die uns glauben machen wollen, sie hätten übernatürliche Fähigkeiten. Aber wir können mit gutem Grund skeptisch sein. Darüber hinaus umgibt diese Heilungsgottesdienste oft eine ungesunde Hysterie, eine Zirkusatmosphäre. Die Massenproduktion von Wundern beleidigt die Souveränität Gottes und macht den Gottesdienst zum Kaspertheater.

Ich bin auch überzeugt, daß die Befürworter von Glück und Wohlstand für alle auch selbst schon Leid erfahren mußten. Jeder von ihnen hat die Erfahrung gemacht, daß er für ein todkrankes Familienmitglied oder einen engen Freund gebetet hatte und dieser Mensch dann doch nicht überlebte. Das ist jedem Pastor in jeder Kirchengemeinde schon einmal passiert. Von solchen Mißerfolgen sprechen die

Heilungsprediger nicht; inmitten der Glitzerwelt und des emotionallen Überschwangs der Heilungsgottesdienste wird davon nicht gesprochen. Sind Sie nicht auch der Meinung, daß es nicht ganz ehrlich ist, jene Gelegenheiten zu verschweigen, bei denen Gott antwortet: »Es ist nicht Mein Wille«?

Kommen wir noch einmal zu dem Fernsehprediger zurück, der in London seinen Auftritt hatte. Die britischen Journalisten wurden noch um einiges skeptischer, als der Kreuzzug vorbei war. Sie engagierten Ärzte, die blinde und kranke Besucher der »Wunder«-Gottesdienste befragen und untersuchen sollten. Die Ergebnisse waren für entschiedene Christen in dieser Großstadt überaus peinlich. Ungläubige, die sonst vielleicht für die Botschaft der Bibel offen gewesen wären, wandten sich angewidert ab.

Es gibt noch einen weiteren Grund, warum mir die Lehre von Gesundheit und Wohlstand für alle Sorgen macht. Hier wird eine Erwartungshaltung aufgebaut, die unsichere Christen letztendlich verwunden und schwächen muß. Jemand hat einmal gesagt: »Wer nichts erwartet, wird auch niemals enttäuscht.« Im Gegensatz dazu wird ein Mensch, der wirklich daran glaubt, daß alle Mühsal vor einem gläubigen Nachfolger Christi flieht, keine logische Erklärung mehr zur Hand haben, wenn Gott einmal nicht »funktioniert«. Früher oder später wird eine Krankheit, ein Konkurs, ein Unfall oder irgendein anderes Unheil einen solchen Gläubigen in Verzweiflung stürzen.

Was soll er noch glauben, wenn er merkt, daß das wirkliche Leben sehr viel anders aussieht, als das »Leben, wie es sein sollte«? Er stolpert dann in eine von mehreren Fallgruben, die alle gleich zerstörerisch für seinen Glauben sind: (1) Gott ist tot, unbedeutend, gelangweilt oder an den Angelegenheiten der Menschen desinteressiert; (2) Gott ist zornig auf mich wegen irgendeiner Sünde, die ich begangen habe, (3) Gott ist launisch, unzuverlässig, unfair oder heimtückisch, oder (4) Gott hat mich ignoriert, weil ich nicht genug gebetet oder genug Glauben an den Tag gelegt habe.

Alle vier Möglichkeiten führen dazu, daß der einzelne von Gott getrennt wird, und zwar genau in dem Augenblick, in dem seine geistlichen Bedürfnisse am dringlichsten sind. Ich bin überzeugt, daß wir es hier mit einer List des Satans zu tun haben, der so den Glauben der leicht Verletzbaren untergräbt. Und alles beginnt mit einer theologischen Verzerrung der Realität, die ein streßfreies Leben in Aussicht stellt und einen Gott, der immer tut, was Ihm aufgetragen wird. (Anmerkung: Einige unerfreuliche Erfahrungen im Leben sind tatsächlich eine Folge sündhaften Verhaltens. Wir werden uns im neunten Kapitel damit befassen).

Diejenigen, die auf die ehrfurchtgebietende Frage nach dem menschlichen Leiden glatte Patentantworten bereit haben, haben offenbar noch nicht viel darüber nachgedacht. Auf jeden Fall haben sie noch niemals – wie ich – in einem Kinderkrankenhaus gearbeitet. Dort machen kleine Kinder tagtäglich die grauenhaftesten Dinge durch. Einige werden schon mit Schmerzen geboren und lernen nie etwas anderes kennen. Einige haben Mütter, die von Kokain oder Heroin abhängig sind und leiden bereits an Entzugserscheinungen, wenn sie zur Welt kommen. Tagelang widerhallt die Geburtsstation von ihrem herzzerreißenden Weinen. Ältere Kinder, die dort eingeliefert werden, sind von ihren brutalen Eltern gedemütigt, zusammengeschlagen und mit Brandwunden übersät worden.

Anderen ergeht es wie einem kleinen Mädchen mit braunen Augen in der onkologischen Abteilung des Kinderkrankenhauses von Los Angeles. Ich habe sie noch sehr lebhaft vor Augen. Sie war ein vier Jahre altes Sonnenscheinchen, dessen Eltern der Meinung gewesen waren, sie sei normal und gesund. Aber am Vortag hatte ihre Mutter beim Baden eine Ausbuchtung an den Rippen des Kindes bemerkt. Die Beule erwies sich als ein großes, bösartiges Karzinom. Die Kleine hatte nur noch wenige Monate zu leben. Als ich ihr Krankenzimmer verließ, fühlte ich einen Kloß in der Kehle und eine brennende Sehnsucht, nach Hause zu eilen und meine beiden gesunden Kinder in die Arme zu schließen.

Vielleicht haben Sie schon bemerkt, daß das Leben zuweilen brutal und unfair sein kann. Es verwöhnt einige von uns und zerstört andere am Boden. Das ist vielleicht die beunruhigendste Frage, der sich ein ernsthafter Christ gegenübersehen kann. Wie können wir solch offenkundige Ungerechtigkeit erklären? Wie kann ein unendlich liebender und gerechter Gott zulassen, daß das Leben mancher Menschen ein einzige Tragödie ist, während den anderen alles Gute in den Schoß fällt? Und welche Schlüsse sollen wir ziehen, wenn ein solches unglückseliges Geschöpf ein kleines Kind ist? Nun, ich kenne die Antwort, die die Theologen auf diese Frage geben – daß Krankheit und Tod als Folge der Sünde in die Welt kamen, und daß wir alle unter einem Todesurteil stehen. An manchen wird es früher vollstreckt, an anderen später. Ich verstehe und akzeptiere diese Erklärung, obwohl sie einen schweren Schatten auf meine Seele wirft.

Wir müssen zugeben, daß diese Erklärung für das Leiden in der Welt nicht sehr zufriedenstellend klingt, wenn wir in das Gesicht eines von Schmerz gepeinigten Kindes blicken. Und dennoch können wir nichts Besseres tun. Ich habe darauf hingewiesen, daß wir nur sehr wenig davon verstehen können, was Gott plant und tut – es dauert nicht lange, bis uns die Puste ausgeht. Seine Gedanken sind uns nicht nur verborgen – sie sind größtenteils überhaupt unerforschlich. Er hat den Menschen noch niemals Rechenschaft für Sein Tun gegeben, und Er wird es auch niemals tun. Er läßt sich weder befragen noch ins Kreuzverhör nehmen. Es gibt keine einzige Stelle in der Bibel, wo Gott Seine Handlungsweise verteidigt oder sich um unsere Zustimmung zu Seinen Plänen bemüht. Er sagt einfach nur: »Vertraut mir.« In seinem langen Gespräch mit Hiob hat Jehovah sich kein einziges Mal entschuldigt oder versucht, die Plagen zu erklären, die über Seinen Diener gekommen waren. Dennoch wird uns klar und eindeutig gesagt, daß Gott liebevoll, freundlich, barmherzig, langmütig, gnädig, väterlich, geduldig usw. ist. Was sollen wir also mit den unbehaglichen Fragen ohne Antwort anfangen? Letzten Endes landen wir wieder bei der Alternative, von der Dr. Jim Conway gesprochen hat. Entweder halten wir daran fest, daß Gott gut ist und halten mit unseren Fragen zurück – oder wir verfallen angesichts des Leidens rundum in Bitterkeit und Groll. Es gibt keine andere Alternative. Wie Sie sehen, kommen wir unweigerlich immer wieder zur Notwendigkeit des Glaubens zurück.

Lassen Sie mich dieses Kapitel damit beenden, daß ich Ihnen die Geschichte von Schadrach, Meschach und Abed-Nego in Erinnerung rufe, wie sie uns im dritten Kapitel des Buches Daniel berichtet wird. Sie zogen sich den Zorn des König Nebukadnezar zu, als sie sich weigerten, auf die Knie zu fallen und das Götzenbild anzubeten, das er hatte aufstellen lassen. Er ließ keinen Zweifel daran, daß sie in einen »feurigen Ofen« geworfen werden sollten, wenn sie seinen Befehl noch einmal verweigerten. Ihre Antwort auf diese mörderische Drohung ist eine jener Textstellen in der Bibel, die einem wirklich das Herz erheben:

> *Wenn unser Gott, den wir verehren, will, so kann er uns eretten; aus dem glühenden Ofen und aus deiner Hand, o König, kann er erretten. Und wenn er's nicht tun will, so sollst du dennoch wissen, daß wir deinen Gott nicht ehren und das goldene Bild, das du hast aufrichten lassen, nicht anbeten wollen (Dan 3,17-18).*

Welchen Mut bewiesen diese Männer angesichts des Todes! Welche Glaubensstärke! Welche Überzeugungskraft! »Gott kann uns erretten«, sagten sie, »und wenn nicht, so wollen wir Ihm dennoch dienen.« Das ist der Rat, den uns die Bibel in einfachsten Worten gibt. Er kann das Übel heilen, das meinen Körper in seinen Klauen hält – aber wenn Er es nicht tut, wird mein Glaube dennoch bestehen. Er kann die Behinderung meines Kindes heilen oder mein bankrottes Geschäft wieder auf die Beine bringen oder meinen Sohn gesund aus dem Krieg heimbringen. Aber wenn Er es nicht tut, will ich Ihm dennoch weiterhin vertrauen. Das war es, was Hiob meinte, als er sagte: »Siehe, er wird mich doch umbringen, und ich habe nichts zu hoffen; doch will ich meine Wege vor ihm verantworten« (Hiob 13, 15). Paulus meinte dasselbe, als er sagte: »Seid so unter euch gesinnt, wie es auch der Gemeinschaft in Christus Jesus entspricht« (Phil 2, 5). In Vers 8 beschreibt Paulus diese innere Verfassung: »Er erniedrigte sich selbst und ward gehorsam bis zum Tod, ja zum Tode am Kreuz.« Diese völlige Unterwerfung unter den souveränen Willen des Herrn ist es, was Er von Seinem Volk will, selbst wenn uns die Umstände völlig aus den Händen zu geraten scheinen. Er kann uns erretten – aber falls Er es nicht tut ...!

Was jene Leser angeht, bei denen eine unheilbare Krankheit diagnostiziert wurde, oder die Eltern, deren Kind in Gefahr ist, oder die verwitwete Frau, die nun allein im Leben steht – lassen Sie mich all jenen ein abschließendes Wort des Trostes zusprechen. Erinnern Sie sich, wie Nebukadnezar in den feurigen Ofen blickte und statt drei Männern vier darin stehen sah, und der vierte sah aus »wie ein Sohn Gottes«? Es ist tröstlich, daran zu denken, daß nur Schadrach, Meschach und Abed-Nego den Ofen wieder verließen. Jener vierte Mann, der nach unserem Glauben der Christus war, blieb darin, um Sie und mich zu trösten und zu beschützen, wenn wir unsere Feuerproben bestehen.

Er wird Sie niemals fallen lassen – aber Er wird Sie auch niemals laufen lassen!

Fragen und Antworten

Leidende Menschen grübeln oft über Fragen nach Leben und Tod, Gut und Böse und das Wesen Gottes nach. Warum geschieht so viel Böses? Die folgenden Fragen sollen einige der Sorgen und Probleme leidender Menschen zum Ausdruck bringen.

1. Der Herr erhörte auf wunderbare Weise die Gebete für unseren damals achtjährigen Sohn. Er wurde am offenen Herzen operiert und überlebte, ohne daß sich Dauerfolgen eingestellt hätten. Aber bei meinem Mann wurde vor drei Jahren Krebs diagnostiziert, und wir beteten Tag und Nacht für ihn. Dennoch starb er im vergangenen Januar. Ich verstehe einfach nicht, warum Gott meine Gebete für meinen Sohn erhörte, aber meinen Mann sterben ließ. Ist Er nun da – oder nicht?

Ich kann Ihnen die absolute Zusicherung geben, daß Er da ist, und daß Ihre Gebete für Ihren Mann nicht weniger Aufmerksamkeit und Mitgefühl bei Ihm gefunden haben als jene für Ihren Sohn, als er in Lebensgefahr war. Was Sie erlebt haben, ist der Beweis für die Souveränität Gottes. Wie wir bereits erwähnt haben, ist immer Er derjenige, der entscheidet, was am besten für Seine Jünger ist.

Eine der dramatischsten Illustrationen dieses göttlichen Charakteristikums finden wir im Leben meiner guten Freunde Von und Joann Letherer. Als Von ein Jahr alt war, bemerkten seine Eltern, daß er schwere Blutergüsse davontrug, wenn er sich an einem Möbelstück stieß oder sich auch nur in seinem Bettchen herumwarf. Sie brachten ihn zu ihrem Hausarzt, der bei Von Hämophilie diagnostizierte – die erbliche »Bluterkrankheit«. Seinem Blut fehlte der Bestandteil, der notwendig ist, um es gerinnen zu lassen, so daß er jedesmal in Lebensgefahr geriet, wenn er nur die kleinste Verletzung davontrug. Damals gab es noch kaum eine Behandlungsmöglichkeit für Bluter, und man erwartete nicht, daß Von die Kinderjahre überleben würde. Daß er überlebte, war tatsächlich der Macht des Gebets zu verdanken – und den fast vierhundert Bluttransfusionen, die er im Lauf seiner Teenagerjahre erhielt.

Während dieser Jahre hing Vons Leben immer wieder in der Schwebe, aber die ganze Zeit stand ihm ein Mädchen zur Seite. Ihr Name war Joann, und sie war ihm schon als Kind die Liebste von allen gewesen. Joann wußte genau, daß Von einer ungewissen Zukunft entgegenging, aber sie liebte ihn von ganzem Herzen. Die Bluterkrankheit, so beschlossen sie, sollte sie nicht von ihrem gemeinsamen Lebensweg abbringen. Das Paar heiratete, als er 22 und sie 19 Jahre alt war.

Einige Jahre später kam es zu einer neuen Krise, als Joann mit ihrem zweiten Kind schwanger war. Sie erkrankte ernsthaft. Die Diagnose lautete auf Hodgkin'sche Krankheit – ein Krebs, der die Lymphdrüsen befällt. Damals verlief die Krankheit üblicherweise tödlich. Obwohl man bereits eine Behandlungsmethode entwickelt hatte, konnten die Ärzte sie bei Joann wegen ihrer Schwangerschaft nicht anwenden. Sie und Von hätten ihr Kind natürlich abtreiben lassen können, aber statt dessen entschieden sie sich dafür, sich ganz in die Hände des Herrn zu geben.

Sie begannen, um ein Wunder zu beten – und prompt ereignete sich eines. Einige Wochen nach der ursprünglichen Diagnose wiederholte das Krankenhaus die Laboruntersuchungen. Die Ärzte kamen zu dem Schluß, daß es bei Joann keinerlei Anzeichen für die Hodgkin'sche Krankheit gab. Seit damals ist sie völlig frei von Krebssymptomen geblieben.

Beachten Sie, was damals geschehen ist. Wie wir gesehen haben, wurde Von mit einer schmerzhaften, zermürbenden Krankheit geboren, und sein Vater, ein Pastor, und seine Mutter beteten inbrünstig für ihn. Sie flehten Gott immer wieder an, ihren Sohn zu heilen. Als Von heranwuchs, begann er selbst zu beten. Dann kam Joann und schloß sich ihnen an. Trotz dieser und vieler anderer Fürbitten wollte der Herr Vons Hämophilie nicht heilen. Im Alter von 56 Jahren ist er immer noch mit dieser Krankheit behaftet und leidet Tag für Tag an steifen Gelenken und anderen körperlichen Beschwerden. Von mußte über viele Jahre hinweg täglich Medikamente nehmen, um die Schmerzen ertragen zu können. Dennoch hat er sich nicht unterkriegen lassen und ist für mich und Tausende andere im Lauf der Jahre ein Zeuge des Evangeliums gewesen.

Warum hat der Herr sich geweigert, diesen gottesfürchtigen Mann zu heilen? Ich weiß es nicht. Es wird Leute geben, die behaupten, seiner Gebetsgemeinschaft habe es an Glauben gefehlt, ohne Rücksicht auf die Tatsache, daß Joann aufgrund ihrer Fürbitten geheilt wurde. Dieselben Menschen, die um Gottes Eingreifen in ihr Leben beteten, beteten auch für Von. In einem Fall war die Antwort Ja, und im anderen lautete sie Nein. Und das Leben geht weiter. Der Herr hat keine Erklärung abgegeben und Seine Antwort nicht ausgelegt. Der einzige Schluß, den wir daraus ziehen können, ist: »Das ist Mein Wille für dich.«

In diesem und zahllosen anderen Fällen, wie sie sich tagtäglich im Leben der Menschen ereignen, können wir nur zu einem einzigen Schluß kommen: Gott will unser Bestes, und wir müssen Ihm vertrauen, was immer auch kommen mag.

Was die Frau betrifft, deren Ehemann kürzlich an Krebs verstarb, so möchte ich ihr dieses Wort der Ermutigung anbieten: Der Vater hat Sie nicht aus den Augen verloren, obwohl es aussehen mag, als sei Ihr Leben völlig außer Kontrolle geraten. Er ist da. Bleiben Sie Ihrem Glauben inmitten dieser unbeantworteten Fragen treu. Eines Tages wird Seine Absicht offenkundig werden und Sie werden eine Ewigkeit lang Zeit haben, mit Ihm darüber zu sprechen. Inzwischen bete ich, daß der Herr Ihnen helfen wird, mit diesem tragischen Verlust – oder, wie ich wohl besser sagen sollte, der zeitweiligen Trennung von Ihrem Partner und Freund – zu Rande zu kommen.

2. Ich weiß, daß Gott Wunder tun und sogar die Toten ins Leben zurückrufen kann. Ich muß jedoch zugeben, daß es mir schwerfällt, auf Ihn zu vertrauen, wenn ich durch dunkle Zeiten gehe. Ist das ein Zeichen für mangelnden Glauben?

Die meisten von uns haben schwer darum zu kämpfen, sich »nicht zu sorgen«, wenn sie von den Ereignissen in Ihrem Leben in Aufregung versetzt oder geängstigt werden. Dennoch können wir lernen, Gott Gott sein zu lassen und Seine Führung und Seine Entscheidungen gelten zu lassen. Aber um Ihre Frage direkt zu beantworten: Ich glaube, Sie verwechseln die Begriffe Glauben und Vertrauen. Es gibt ein altbekanntes Beispiel, das diese beiden Begriffe ins rechte Licht rückt. Es lautet folgendermaßen: Stellen Sie sich vor, Sie befinden sich in der Nähe der herrlichen und gefährlichen Niagarafälle. Nehmen Sie an, ein Zirkusartist habe ein Seil über die Fälle gespannt, in der Absicht, eine Schubkarre auf diesem Seil ans andere Ufer zu schieben. Wenn er das Gleichgewicht verliert, wird er zweifellos ertrinken oder von den tobenden Wassern unten zermalmt werden. Einen Augenblick, bevor er den Fuß auf das Seil setzt, wendet sich der Akrobat an Sie und fragt: »Was meinen Sie, werde ich es schaffen?«

Sie antworten, daß Sie bereits von seinem Ruf gehört haben und daß Sie völlig überzeugt sind, daß er es schaffen wird, das Seil zu überqueren. Mit anderen Worten: Sie glauben daran, daß er Erfolg haben wird.

Aber dann sagt er: »Wenn Sie wirklich glauben, daß ich es schaffe, dann steigen Sie doch in die Schubkarre und überqueren Sie die Niagarafälle mit mir.« Wenn Sie diese Einladung annehmen, dann wäre das tatsächlich ein bemerkenswerter Beweis von *Vertrauen*.

Es fällt uns nicht schwer, zu glauben, daß Gott große Taten vollbringen kann. Schließlich hat Er das ganze Universum aus dem Nichts geschaffen. Er hat die Macht, alles zu tun, was Er will. An Ihn zu glauben, kann eine recht unkomplizierte Sache sein.

Um Vertrauen zu haben, müssen wir in unserer Beziehung zu Ihm jedoch einen Schritt weiter gehen. Hier kommt ein Element des Risikos ins Spiel. Wir müssen uns darauf verlassen, daß Er Seine Verheißungen erfüllt, selbst wenn uns kein Beweis dafür geboten wird. Was nichts anderes heißt, als weiterhin am Glauben festzuhalten, wenn alle Beweise dagegen zu sprechen scheinen. Ja, es heißt, in die Schubkarre zu klettern und die lebensgefährliche Fahrt über den Wasserfall anzutreten. Ich bin überzeugt, daß in Krisensituationen

Glaube allein nicht genügt, wenn wir nicht auch entschlossen sind, unser Leben in Seine Hände zu geben. Das ist eine Reaktion, die wir uns aneignen können, auch wenn es einigen Menschen schwerer fällt als anderen. Das ist eine Sache des Temperaments.

3. Es gibt Zeiten in meinem Leben, da fühle ich mich dem Herrn so nahe und ich kann fühlen, daß Er mein Leben mit Wohlgefallen betrachtet. Zuweilen jedoch scheint es mir, daß er Millionen Meilen entfernt ist. Wie kann ich jemals ein ausgeglichenes geistliches Leben führen, wenn der Herr so unzuverlässig in Seiner Nähe und der Gewißheit Seiner Gegenwart ist?

Nicht Er ist es, der unzuverlässig ist. Ihre Wahrnehmung Seiner Gegenwart ist es, die kommt und geht. Wenn Ihr geistliches Leben von der Ebbe und Flut Ihrer Emotionen abhängt, dann wird Ihr Vertrauen als gläubiger Mensch immer schaukeln und schwanken wie ein Schiff auf stürmischer See. Kaum etwas in der menschlichen Erfahrung ist so unzuverlässig wie unsere Empfindungen. Deshalb müssen wir unseren Glauben auf eine feste Verpflichtung des Willens, auf unser Gebetsleben und ein sorgsames Studium der Bibel gründen.

Noch ein weiterer Faktor ist von entscheidender Bedeutung, wenn wir Gottes Eingreifen in menschliche Angelegenheiten verstehen wollen. Es geht hier um den natürlichen Rhythmus unseres Lebens – die allgemein üblichen Schwankungen von Emotionen und Umständen vom Positiven zum Negativen und wieder zum Positiven. Selten werden uns mehr als zwei Wochen wirklichen Friedens gewährt, bevor wieder irgend etwas schiefgeht. Entweder leckt das Dach, oder das Auto hat einen Defekt, oder die Kinder kriegen die Masern, oder wir erleiden geschäftliche Einbußen. Mark Twain sagte einmal, das Leben sei ein Tritt in die Sch... nach dem anderen. Anders ist es in einer unvollkommenen Welt auch wohl kaum zu erwarten.

Wenn es Ihnen, die auch schon auf der Achterbahn der Gefühle über Berg und Tal gebraust sind, ein Trost ist: Die Bibel sagt uns, daß selbst Jesus diesen Gefühlsschwankungen ausgesetzt war. Sein Dienst begann offiziell am Jordan, wo er von Johannes getauft wurde. Es muß der freudigste Tag Seiner dreißig Jahre auf Erden gewesen sein. Matthäus 3, 16-17 berichtet uns: »Und als Jesus getauft war, stieg er alsbald herauf aus dem Wasser. Und siehe, da tat sich ihm der Himmel auf, und er sah den Geist Gottes wie eine Taube herabfahren und über sich kommen; und siehe, eine Stimme vom Himmel herab sprach: Dies ist mein lieber Sohn, an dem ich Wohlgefallen habe.«

Was für ein unglaubliches Erlebnis muß das für den jungen Messias gewesen sein. Worte reichen nicht aus, um zu beschreiben, was es bedeutet, auf diese Weise vom Vater berufen und gesegnet zu werden. Aber beachten Sie, daß der nächste Vers besagt: »Da wurde Jesus vom Geist in die Wüste geführt, damit er von dem Teufel versucht würde« (Mt 4, 1). Ist es nicht interessant, daß Jesus von der gefühlsmäßig erhebendsten Erfahrung Seines Lebens unmittelbar in die schrecklichste Prüfung geführt wurde, die Er jemals durchmachen sollte – einen 40 Tage dauernden Kampf mit dem Satan? Beachten Sie: Er ging nicht aus eigenem Entschluß in die Wüste. Er wurde vom Geist dorthin *geführt,* um vom Teufel versucht zu werden!

Das war jedoch nur der Anfang des Auf und Ab in Jesu Leben. In gewisser Weise ist diese Abfolge von Höhen und Tiefen charakteristisch für Sein Wirken. Nach der schweren Zeit in der Wüste nahm er den Jubel der Menschenmengen entgegen, als sich die Nachricht verbreitete, »ein Prophet« sei in ihrer Mitte erstanden. Können Sie sich die überschwenglichen Szenen vorstellen, als sich die Kranken und Verkrüppelten an Ihn herandrängten?

Dann begannen die Hohepriester und die Pharisäer ihr Komplott zu schmieden, wie sie Jesus töten wollten. Er wurde allgemein verhaßt und schließlich zum gesuchten Verbrecher. Sie versuchten bei jeder Gelegenheit, Ihn einzuschüchtern und in Verlegenheit zu bringen. Es war ein ständiges Wechselbad zwischen den Lobpreisungen der einfachen Leute und den Feindseligkeiten der religiösen Führer.

Kommen wir zu den Ereignissen der letzten Tage Jesu auf Erden. Menschenmengen strömten herbei, um Ihn zu begrüßen, als Er sich Jerusalem näherte. Sie riefen: »Hosianna! Gelobt sei, der da kommt im Namen des Herrn, der König von Israel!« (Joh 12, 13) Nur wenige Tage später jedoch durchlitt Er die schreckliche Prüfung

Seiner Verfolgung und Verurteilung. Dieselben Leute, die Ihn umjubelt hatten, schrien nun: »Kreuziget ihn!« Dann wurde Er zwischen den beiden Schächern auf Golgatha gekreuzigt. Auf diesen schwärzesten Tag in der Geschichte der Menschheit folgte drei Tage später die wunderbarste Nachricht, die auf Erden jemals gehört worden war. Bald darauf empfingen 120 Jünger zu Pfingsten die Taufe mit dem Heiligen Geist, und die Kirche wurde geboren. Darauf folgten die unglaubliche Verfolgung der Heiligen und das Martyrium vieler von ihnen. Einen Tag kamen gute Nachrichten, am nächsten Tag schlechte. Jakobus wurde getötet, aber Petrus wurde gerettet. Die junge Christenheit machte alle Höhen und Tiefen durch.

Ich habe anhand dieser Wechselfälle im Wirken Jesu zu illustrieren versucht, daß es in dieser unvollkommenen Welt keine Stabilität und auch keine Vorhersehbarkeit gibt. Das gilt für Sie und mich gleichermaßen. Wir müssen das Unerwartete erwarten – das Beunruhigende – das Verwirrende. An einem Tage finden wir uns himmelhoch jauchzend, am nächsten würden wir uns am liebsten unter dem Bett verkriechen. Woher kommt also Stabilität in einer Welt, in der das Unterste zuoberst gekehrt ist? Wir finden sie nur, wenn wir unseren Glauben auf den unveränderlichen, ewigen Herrn gründen, dessen Verheißungen niemals unerfüllt bleiben und dessen Liebe allumfassend ist. Unsere Freude und unsere Hoffnung können dann so unveränderlich wie der Sonnenaufgang sein, selbst wenn die Ereignisse rund um uns vom Wundervollen ins Tragische umschlagen. Das lehrt uns die Bibel, und Sein Friede ist für alle da, die ihn in Anspruch nehmen wollen.

4. Ich habe oft sagen gehört, daß Gott uns nicht verläßt, wenn wir durchs Feuer gehen. Aber ich weiß nicht, was damit eigentlich gemeint ist. Sie haben uns gezeigt, daß Er uns manchmal sehr harte Zeiten durchmachen läßt. Was können wir in diesen schlimmen Augenblicken von Ihm erwarten?

Vielleicht finde ich nicht die Worte, zu beschreiben, was den Gläubigen in Zeiten einer persönlichen Krise widerfährt. Es ist im Grunde unmöglich, es in Worte zu fassen. Lassen Sie es mich einfach so ausdrücken: Oft besteht inmitten des Chaos ein stilles Wissen darum, daß der Herr da ist und immer noch die Zügel in der Hand hält. Millionen Menschen haben von dieser beharrlichen Gegenwart berichtet – in Zeiten, in denen ihr ganzes Leben Stück um Stück in Trümmer fiel. Bei anderen Gelegenheiten gestattet Er uns, Seine Liebe in jenem kritischen Augenblick zu erkennen, in dem wir sie am meisten brauchen.

Ich erinnere mich an jene tragische Zeit im Jahre 1984, als meine vier Freunde beim Absturz eines Privatflugzeugs ums Leben kamen. Wir waren noch am Abend vorher zusammen gewesen und ich hatte darum gebetet, daß sie sicher nach Hause kämen. Sie flogen früh am nächsten Morgen nach Dallas ab, aber sie kamen niemals dort an. Ich werde niemals den Telefonanruf vergessen, der mir die Nachricht brachte, daß man die Trümmer des Flugzeugs in einer entlegenen Schlucht gefunden hatte – und keine Überlebenden! Ich hatte diese Männer wie Brüder geliebt, und der Verlust brachte mich völlig aus der Fassung.

Die vier Familien baten mich, beim Begräbnis eine kurze Rede zu halten. Der unzeitige Tod solch lebensvoller und allgemein beliebter Männer schrie förmlich nach einer Erklärung. Was hatte Gott mit ihrem Hinscheiden zu tun? Warum hatte Er das zugelassen? Warum hatte Er diese gottesfürchtigen Männer aus der Mitte ihrer Familien gerissen und die Hinterbliebenen in Kummer und Schmerz gestürzt? Es gab keine Antwort auf diese quälenden Fragen, und ich versuchte erst gar nicht, Antworten zustandezubringen. Aber ich sagte, daß Gott die Kontrolle über ihr Leben nicht aus den Händen geglitten war, und daß Er von uns erwartete, Ihm zu vertrauen, auch wenn anscheinend nichts mehr einen Sinn ergab. Seine Gegenwart war uns ganz nahe.

Als wir an diesem Tag die Kapelle verließen, stand ich dort im Gespräch mit den Verwandten und Freunden, die gekommen waren, um Abschied zu nehmen. Plötzlich deutete jemand zum Himmel hinauf und rief: »Seht, dort droben!« Unmittelbar über dem Kirchturm wölbte sich ein kleiner Regenbogen, der wie ein Lächeln geformt war. Es hatte an diesem Tag nicht geregnet und am Himmel standen nur eine wenige flauschige Wölkchen. Dennoch stand einzig über der Kirche dieser liebliche kleine Regenbogen. Es war, als sagte der Herr zu den gramgebeugten Frauen und Kindern: »Habt Frieden. Diese Männer sind bei Mir, und alles ist gut. Ich weiß, daß ihr es nicht versteht, aber Ich will, daß ihr Mir vertraut. Ich werde für euch sorgen, und dieser Regenbogen ist ein Zeichen, an das ihr euch erinnern sollt.«

Einer der Umstehenden war geistesgegenwärtig genug, in diesem Augenblick ein Foto zu machen. Als es entwickelt wurde, sahen wir etwas, das vorher niemand bemerkt hatte. Im Zentrum des Regenbogens schwebte wie in einer Wiege ein kleines Privatflugzeug.

Zyniker und Ungläubige werden nun sicherlich sagen, der Regenbogen und das Flugzeug seien Zufälle gewesen, die keinerlei metaphysische Bedeutung hätten. Sie mögen bei ihrer Meinung bleiben. Aber für jedes Mitglied dieser vier verwundeten Familien, und ganz gewiß für mich, hatte der Herr dieses Phänomen dazu gebraucht, um uns allen Seinen Frieden zu übermitteln. Er hat Sein Versprechen gehalten, sich um diese vier tapferen Witwen und ihre Kinder zu kümmern.

Es gibt noch weitere Beispiele, die ich gerne mit Ihnen teilen möchte. Sandra Lund und ihre Familie überlebten den Hurrikan Andrew in Süd-Florida, indem sie die Nacht in einem Schutzraum verbrachten. Am nächsten Morgen kehrten sie in ihr Heim zurück und fanden es völlig zerstört; nur einige der Innenwände standen noch. Als Sandra benommen durch den Trümmerhaufen stapfte, entdeckte sie einen Zettel, den sie in der einstigen Küche an die Wand geklebt hatte. Er hing immer noch an derselben Stelle. Darauf stand: »Denn ich habe gelernt, mir unter allen Umständen genügen zu lassen.« Auf den Überresten der Badezimmerwand hing ein weiterer Vers: »Danket dem Herrn, denn Er ist gut.« Sandra verstand, was gemeint war.

Schließlich erlebte ich dieselbe göttliche Gegenwart inmitten eines Sturms von ganz anderer Art. Am 15. August 1990 spielte ich, wie es meine Gewohnheit war, schon in aller Morgenfrühe eine Runde Basketball. Ich war der Meinung, mit meinen 54 Jahren immer noch in ausgezeichneter körperlicher Verfassung zu sein. Ich hatte mich erst kürzlich untersuchen lassen und hatte den Befund bekommen, ich sei bei bester Gesundheit. Ich konnte den ganzen Tag lang

Basketball spielen, mit Männern, die 25 Jahre jünger waren als ich. Aber an diesem speziellen Morgen standen mir unangenehme Überraschungen bevor.

Plötzlich fühlte ich einen schwachen Schmerz mitten in der Brust. Ich entschuldigte mich und sagte meinen Freunden, ich fühlte mich nicht besonders wohl. Dann fuhr ich – eine verrückte Idee – ganz allein zu einer nahegelegenen Notfallklinik und buchte ein Zimmer. Es war übrigens dasselbe Krankenhaus, in das man meinen Vater vor 21 Jahren nach seinem Herzanfall eingewiesen hatte. So begannen zehn Tage, die mein ganzes Leben verändern sollten.

Es ist ein schwerer Schock für einen Mann, der sich immer noch für einen munteren großen Jungen hält, wenn er plötzlich dem Tod ins Angesicht sieht. Es dauerte seine Zeit, bis ich den Gedanken wirklich akzeptiert hatte. Meinen ersten Nachmittag auf der Herzstation verbrachte ich noch damit, daß ich an einem Buch arbeitete – *Kinder in Gefahr*, das ich gemeinsam mit Gary Bauer schrieb. Ich ließ die Schwester fünf verschiedene Titelblattentwürfe mit Klebeband an die Wand heften und holte die Meinung der Spitalsangestellten darüber ein. Aber als gegen Mitternacht der erste Befund vorlag, der besagte, daß mein Herzmuskel geschädigt war, da wußte ich, daß ich ernsthaft in Schwierigkeiten war. Später kam die Bestätigung, daß eine meiner Herzarterien – diejenige, die Kardiologen den »Witwenmacher« nennen – vollständig blockiert war.

Schwestern und Pfleger stürzten sich auf mich. Ich wurde mit Schläuchen und Infusionskanülen gespickt. Eine automatische Blutdruckpumpe preßte meinen Arm alle fünf Minuten heftig zusammen, die ganze Nacht hindurch, und eine Schwester empfahl mir, mich möglichst nicht zu bewegen. So etwas läßt einen natürlich nicht völlig kalt. Während ich dort in der Dunkelheit lag und dem biep-biep-biep des Oszillographs lauschte, begann ich mit klarem Bewußtsein an die Menschen zu denken, die ich liebte, und daran, was in meinem Leben wirklich von Bedeutung war.

Glücklicherweise stellte sich bald heraus, daß mein Herzschaden von geringfügiger Natur war, und ich habe mich vollkommen erholt. Ich mache jeden Morgen meine Gymnastikübungen, sieben Tage in der Woche, und ich bekomme das feinste Vogelfutter, das für

Geld zu kaufen ist. Ich hatte früher eine Leidenschaft für Dinge wie Hamburger und Schokoriegel, und ich kann mich immer noch nicht für Kohl, Sojakeimlinge und dergleichen begeistern, an denen ich vor ein paar Jahren erstickt wäre. Ich bin auch immer noch nicht überzeugt, daß es Gottes Wille ist, daß erwachsene Männer sich wie Karnickel ernähren. Hat Er nicht auch Dinge wie Pizza, Krapfen, Eiskreme und Kirschenkuchen geschaffen? Dennoch halte ich mich an die Vorschriften. Meine Diät wurde von einem Team pingeliger Ernährungswissenschaftler entworfen, die alle aussehen, als hätten sie noch nie im Leben eine ordentliche Mahlzeit gegessen. Das ganze ist eine traurige Geschichte, kann ich Ihnen versichern, aber ich fühle mich großartig. Noch etwas Joghurt, bitte!

Während der neun Tage auf der Herzstation wurde mir deutlich bewußt, was meine Krankheit für mich bedeuten konnte. Ich habe meinen Vater und vier seiner Brüder an derselben Krankheit sterben gesehen. Mir war vollkommen klar, daß meine Zeit auf dieser Erde möglicherweise zu Ende ging. Dennoch empfand ich jenen unerklärlichen Frieden, von dem ich zuvor gesprochen habe. Tausende Menschen im ganzen Land beteten für mich, und mir war zumute, als wiegte mich die göttliche Gegenwart in den Armen. Ich hatte mein Leben immer so geführt, daß ich auf diesen Augenblick vorbereitet war, und ich wußte, daß mir meine Sünden vergeben waren. Das ist ein kostbares Wissen, wenn das Ende nahe ist.

Es gab jedoch eine kurze Zeitspanne, in der mein Gottvertrauen abzubröckeln begann. Am Tag, bevor ich entlassen wurde, wurde bei mir ein Angiogramm gemacht, um festzustellen, wie es um meine Arterien bestellt war und wie weit mein Herzschaden sich ausgebreitet hatte. Der erste Befund, den dieses Verfahren ergab, war weitaus beunruhigender, als sich späterhin bestätigen sollte, und ich bemerkte natürlich, daß die Ergebnisse etwas Bedrohliches an sich hatten. Ich sah die Sorge auf den Gesichtern der Labortechniker. Ich hörte, wie eine japanische Krankenschwester den Bericht durchlas und in gebrochenem Englisch vor sich hinmurmelte: »Oh, daß ist nicht gut.« Sie hätte genauso gut sagen können: »Daß wird Sie umbringen.«

Ich wurde in mein Zimmer zurückgebracht und konnte darüber nachdenken, was da eigentlich vor sich ging. Zum erstenmal im

Verlauf der langen Leidenszeit überschwemmte mich eine Welle der Angst. Die moderne Medizin kann denjenigen, denen sie dienen will, zum Alptraum werden, wenn die Ergebnisse von Laboruntersuchungen und erste Diagnoseversuche zum Vorschein kommen. Man kann sich an alles gewöhnen, wenn man nur Zeit genug hat. Die Ungewißheit ist es, die an den Nerven zerrt. Ich machte diese Schrekkenszeit durch, während ich darauf wartete, daß mein Kardiologe nach mir sah. Damals entrang sich mir ein kurzes, stammelndes Gebet aus den Tiefen meiner Seele. Ich sagte: »Herr, Du weißt, wie es im Augenblick um mich steht. Und Du weißt auch, daß ich aufgeregt und sehr einsam bin. Könntest Du jemand vorbeischicken, der mir hilft?«

Wenig später kam mein guter Freund Dr. Jack Hayford, der Pastor der »Kirche am Wege« in Los Angeles, ganz unerwartet zur Tür herein. Wir begrüßten einander aufs herzlichste, und dann sagte ich: »Jack, deine Kirche liegt doch am anderen Ende der Stadt. Warum bist du gerade heute zu Besuch gekommen?« Ich erzählte ihm nichts von meinem Gebet.

Ich werde seine Antwort niemals vergessen. Er sagte: »Weil der Herr mich wissen ließ, daß du einsam bist.«

Das ist der Gott, dem wir dienen. Er sandte mir voll Liebe diesen guten Freund, noch bevor ich überhaupt daran dachte, um Hilfe zu bitten. Nun müssen wir zugeben, daß der Herr nicht immer alle unsere Probleme an Ort und Stelle löst, und manchmal läßt Er zu, daß wir durch das Tal der Todesschatten gehen. Eines Tages werden wir alle diese Reise antreten. Aber Er ist dort bei uns, selbst in den schwärzesten Stunden, und wir können Seiner allumfassenden Liebe niemals entgehen. Ich fühlte ihre warme Umarmung während meiner Zeit im Spital – selbst in der dunkelsten Stunde dort.

Der 73. Psalm (V. 23-26) bedeutete mir in der Zeit meiner Genesung sehr viel. Ich glaube, Sie werden verstehen, warum. Wir lesen dort:

> *Dennoch bleibe ich stets an dir, denn du hältst mich bei meiner rechten Hand; du leitest mich nach deinem Rat und nimmst mich am Ende mit Ehren an. Wenn ich nur dich habe, so frage ich nichts*

nach Himmel und Erde. Wenn mir gleich Leib und Seele verschmachtet, so bist du doch, Gott, allezeit meines Herzens Trost und mein Teil.

5. Glauben Sie daran, daß der Herr auch heute noch Wunder wirkt, oder ist die Zeit übernatürlicher Eingriffe vorbei?

Ich habe nicht den geringsten Zweifel daran, daß auch heute noch jeden Tag Wunder geschehen. Allerdings bin ich, wie ich schon zuvor gesagt habe, mißtrauisch, wenn gewisse Leute sie auf Wunsch zu produzieren versuchen. Ich hatte das Privileg, Zeuge einiger ganz erstaunlicher Beweise für Gottes Kraft in meinem Leben und den Erfahrungen der Menschen, die mir nahestehen, zu sein. Eines der wunderbarsten Ereignisse widerfuhr meinem Freund, Jim David, als er und seine Familie im Jahre 1970 den Yellowstone-Nationalpark besuchten. Jim war kurz darauf Gastredner in einer Rundfundsendung von »Brennpunkt Familie«, und er tauschte sich über sein Erlebnis mit unseren Zuhörern aus. Ich gebe seine Rede hier sinngemäß wieder:

Meine Frau und ich wuchsen beide in christlichen Familien auf und lernten schon früh die Macht des Gebets kennen. Aber wir führten beide kein sehr gottgefälliges Leben. Wir beteten weder zusammen, noch hatten wir einen Hausaltar in unserem Heim. Schließlich übergab meine Frau auf wunderbare Weise ihr Leben dem Herrn und begann für mich zu beten. Sie kaufte mir eine Studienbibel, und ich begann, mich intensiv mit dem Wort Gottes zu beschäftigen. In meinem Herzen begann sich einiges zu verändern, aber ich war immer noch nicht geistlich erwachsen geworden.
In diesem Sommer fuhren wir gemeinsam mit vier anderen Ehepaaren in Urlaub in den Yellowstone-Nationalpark. Einige dieser Freunde fuhren am nächsten Tag in einem Aluminiumboot zum Fischen hinaus, und eine der Damen bekam eine Forelle an die Angel. Sie beugte sich vor, um den Fisch ins Netz zu bekommen, und dabei fiel ihre Brille herunter und sank augenblicklich auf den Grund des Sees. Sie war sehr aufgeregt über den Verlust, denn sie

hatten ihren Urlaub eben erst angetreten, und ohne die Brille konnte sie weder autofahren noch lesen. Sie bekam auch immer sehr heftige Kopfschmerzen, wenn sie ihre Brille nicht trug.

An diesem Abend redeten alle über die Brille und was für ein Unglück es doch war, daß sie verlorengegangen war. Dann sagte meine Frau: »Nur keine Panik. Jim ist ein großartiger Taucher. Er wird auf den See hinausfahren und die Brille zurückholen.«

»He, du bist ja witzig«, sagte ich darauf. »Weißt du eigentlich, daß das Ufer des Yellowstone-Sees 172 Meilen lang ist, und daß die Bäume am Ufer alle gleich aussehen? Ich wüßte nicht einmal, wie ich feststellen soll, wo ihr wart, als die Brille ins Wasser gefallen ist. Außerdem ist das Wasser eiskalt. Man darf dort nicht einmal Wasserski fahren. Und ich habe auch keinen Taucheranzug mit – bloß ein Paar Flossen und ein Schnorchel.«

Meine Einwände stießen auf taube Ohren. Sie sagte mir unter vier Augen, sie würde dafür beten, daß der Herr mir helfen würde, diese Brille zu finden.

Ja, klar, und sonst noch was, dachte ich.

Am nächsten Morgen stiegen wir ins Boot und fuhren etwa eine halbe Meile weit auf den See hinaus.

»Also, wo habt ihr sie verloren?« fragte ich.

»Irgendwo hier in der Gegend«, sagte jemand.

Ich sprang also ins Wasser. Es war eisig kalt. Ich hielt mich an einem Seil fest, und das Boot zog mich hinter sich her, während ich durch die Taucherbrille den Boden des Sees absuchte. Das Wasser war etwa zehn Fuß tief und kristallklar. Wir fuhren einen Bogen von rund 50 Fuß Länge und kehrten dann um und machten uns auf den Rückweg. Nach etwa zwanzig Minuten Suche war ich bis auf die Knochen durchgefroren. Ich murmelte ein kleines Gebet vor mich hin. Herr, wenn Du weißt, wo diese Brille ist, dann wäre ich Dir mächtig dankbar, wenn Du es mich wissen ließest. Ich war keineswegs überzeugt, daß Er es wußte. Der See ist von beträchtlicher Größe.

Aber eine kleine Stimme in meinem Inneren sagte: Ich weiß sehr wohl, wo die Brille ist. Steig ins Boot, und ich werde doch dorthin bringen. Ich sagte niemand etwas von dieser Botschaft; mir war

die Sache einfach zu peinlich, als daß ich darüber reden wollte. Aber 20 Minuten später bibberte ich dermaßen vor Kälte, daß ich sagte: Herr, wenn Du immer noch weißt, wo die Brille ist, dann steige ich jetzt ins Boot.
Ich rief meinen Freunden zu: »Wir sind an der falschen Stelle. Sie liegt dort drüben.«
Ich stieg ins Boot und deutete auf eine Stelle, die mir der Herr meiner Meinung nach gezeigt hatte. Der Bootsführer sagte: »Nein, so weit draußen waren wir nicht.« Aber wir fuhren weiter, und ich sagte: »Haltet an. Genau hier. Hier muß es sein.«
Ich sprang wieder ins Wasser und sah nach unten. Wir befanden uns genau oberhalb der Brille. Ich tauchte zum Grund hinunter und kam mit der heißersehnten Beute nach oben. Es war eine der klarsten Antworten auf ein Gebet, die ich jemals gehört habe, und sie entzündete ein geistliches Feuer in mir. Es war auch ein unglaubliches Zeugnis für meine Frau und alle meine Freunde. Ich werde niemals vergessen, wie ich diese glitzernde Brille auf dem Grund des Yellowstone Lake liegen sah.

So dramatisch diese Geschichte auch klingt, ich verbürge mich persönlich dafür, daß sie genauso ablief, wie Jim sie erzählte. Es gibt eine ganze Anzahl von Zeugen, die sich an diesen bemerkenswerten Tag auf dem Yellowstone Lake erinnern. Eines weiß ich freilich nicht: Warum es dem Herrn gefiel, sich in dieser Weise zu offenbaren, und warum Er dergleichen nicht öfter tut. Ganz offenkundig hat Er Pläne und Absichten, in die wir nicht eingeweiht sind.

Ich kann der Versuchung nicht widerstehen, noch ein weiteres Ereignis zu berichten, das als eines der erstaunlichsten Exempel von Gottes direktem Eingreifen gelten kann. Es geschah 1945, kurz nach dem Ende des Zweiten Weltkriegs. Ein junger Hilfsgeistlicher namens Cliff und seine Verlobte Billie wollten so bald wie möglich heiraten, obwohl sie nur sehr wenig Geld hatten. Sie schafften es, das Geld für eine schlichte Hochzeit zusammenzukratzen und kauften zwei Bahnkarten in eine Stadt, wo man Cliff gebeten hatte, gemeinsam mit einem Freund eine Erweckungsversammlung abzuhalten. Indem sie diese Aufgabe mit ihrer Hochzeitsreise kombinierten, konnten sie es schaffen. Sie planten, in einem Ferienhotel in der Nähe Quartier zu nehmen.

Das junge Paar stieg aus dem Zug und nahm einen Bus zum Hotel. Dort teilte man ihnen jedoch mit, daß es jetzt unter Militärverwaltung stand und als Genesungsheim für verwundete Soldaten diente. Gäste wurden dort nicht mehr aufgenommen. Da standen sie nun, verloren in einer fremden Stadt, mit nicht mehr als ein paar Dollar in der Tasche. Sie konnten nicht viel mehr tun, als daß sie versuchten, per Anhalter auf dem nahegelegenen Highway weiterzukommen. Bald hielt ein Wagen an, und der Fahrer fragte sie, wo sie hinwollten.

»Das wissen wir nicht«, sagten sie und berichteten ihm von ihrer mißlichen Lage. Der Mann zeigte sich mitfühlend und sagte, er könnte ihnen vielleicht einen Vorschlag machen. Ein paar Meilen weiter an der Straße befinde sich ein Tante-Emma-Laden, der einer Bekannten von ihm gehörte. Sie hätte ein paar leerstehende Zimmer im Oberstock und würde sie vielleicht für wenig Geld dort wohnen lassen. Die beiden konnten nicht wählerisch sein und sagten zu.

Die Frau vermietete ihnen ein Zimmer für fünf Dollar, und sie zogen ein. Während des ersten Tages, an dem sie dort wohnten, verbrachte die frischgebackene Ehefrau den Tag damit, Klavier zu üben, und Cliff spielte die Posaune, die er mitgebracht hatte. Die Ladenbesitzerin saß in ihrem Schaukelstuhl und hörte ihnen zu. Als sie hörte, daß beide Christen waren, verwies sie sie an einen Freund, der sie einlud, den Rest ihrer Hochzeitsreise in seinem Haus zu verbringen. Einige Tage später erwähnte der Gastgeber, daß ein junger Evangelist auf einem Jugendtreffen in einem christlichen Konferenzzentrum in der Nähe sprechen würde. Sie wurden herzlich eingeladen, die Predigt anzuhören.

An diesem Abend fügte es sich, daß der Vorsänger erkrankte, und Cliff wurde eingeladen, den musikalischen Teil des Gottesdienstes zu leiten. Was für ein historisches Ereignis! Wie sich herausstellte, war der Evangelist der – damals noch sehr junge – Reverend Billy Graham. Der Bräutigam war Cliff Barrows. Sie begegneten einander an diesem Abend zum ersten Mal, und eine lebenslange Partnerschaft wurde begründet. Wie die ganze christliche Welt weiß, sind

Cliff und seine Frau Billie seit damals Mitarbeiter der Billy Graham Evangelistic Association und dienten dem Herrn bei Tausenden von Feldzügen in aller Welt.

Ist es nicht erstaunlich, auf welch verschlungenen Wegen der Herr diese unzertrennlichen Teammitglieder zusammenbrachte? Es mag Leute geben, die ihr Zusammentreffen einen Zufall nennen, aber da bin ich nicht ihrer Meinung. Ich sehe die Hand Gottes darin.

Gibt es heute noch Wunder wie in biblischen Zeiten? Ja, aber für gewöhnlich finden sie in einer Art und Weise statt, daß man sie nicht notwendigerweise für solche halten muß. Selbst diejenigen, die Zeugen eines Wunders werden, müssen die Wahl treffen, ob sie daran glauben wollen oder nicht. Ich wähle den Glauben!

6. So oft Christen über Schmerz und Leid sprechen, kann man sich darauf verlassen, daß irgend jemand Römer 8,28 zitiert: »Wir wissen aber, daß denen, die Gott lieben, alle Dinge zum Besten dienen; denen, die nach seinem Ratschluß berufen sind.« Aber wie kann das buchstäblich wahr sein? Sie haben zugegeben, daß Christen dieselben Leiden und Mühen durchmachen wie ungläubige Menschen. Wie kann man also sagen, daß ihnen alle ihre Schwierigkeiten »zum Besten dienen«?

Zum ersten müssen wir beim Betrachten dieser Schriftstelle festhalten, daß Paulus damit nicht sagt, alle Dinge seien gut. Er sagte nicht, daß es sich bei Todesfällen, Krankheit und Kummer um gute Dinge handelt, an denen wir das Gute nur erkennen müßten. Aber er sagte uns, daß Gott uns verheißen hat, diese Mühsale und Plagen uns zum Besten zu gebrauchen. So lange alles, was mit mir geschieht, vollkommen dem Willen des Vaters entspricht, habe ich keinen Grund, mich zu fürchten – selbst wenn es mich das Leben kosten sollte. Es ist ein Glaubensgrundsatz, daß wir Ihm vertrauen können, immer unser Bestes zu wollen, selbst wenn es unseren Wünschen widerspricht oder im Gegensatz zum Zeitgeist steht.

Ich möchte diese Frage von einem anderen Ansatz her beantworten. Die Gesetze der Physik sagen uns, daß Energie im Universum niemals verloren geht. Sie wird nur einfach von einem Zustand in den anderen transformiert. Nichts davon geht jemals völlig verloren. Ebenso kann Gott jedes Ereignis gebrauchen, um Seine göttlichen Ziele zu verwirklichen. Erinnern Sie sich, wie ich im ersten Kapitel von Jim Elliot und seinen Gefährten erzählte, die von den Waorani-Indianern in Ecuador getötet wurden? Ihr Opfer erschien als eine sinnlose Tragödie und eine völlige Verschwendung menschlichen Lebens. In Gottes Plan jedoch hatte es Sinn und Zweck. Jeder dieser Indianer lernte in den darauffolgenden Jahren Jesus Christus als seinen persönlichen Heiland kennen. Das Evangelium fiel auf fruchtbaren Boden bei den Leuten dieses Stammes. So werden Elliot und die Missionare, die mit ihm starben, in alle Ewigkeit mit den Männern, die ihnen das Leben nahmen, gemeinsam Gott lobpreisen. Das ist »gut«. Römer 8, 28 muß also aus dem Blickpunkt der Ewigkeit interpretiert werden, nicht aus einem zeitbedingten, ans Irdische gebundenen Blickwinkel.

Es gibt zahllose weitere Beispiele. Erinnern Sie sich an den Tod des Stephanus, des ersten Gläubigen, der nach der Kreuzigung Jesu den Märtyrertod erlitt! Was wollte Gott mit der schrecklichen Steinigung dieses getreuen Apostels erreichen? Nun, die Folge war, daß die frühen Christen vor der Verfolgung durch die Römer flohen. Und auf der Flucht trugen sie die Nachricht von Jesu Tod und Auferstehung bis an die Grenzen der antiken Welt. Die »Kirche« wurde in zahllosen Ortschaften und Städten begründet, wo man die Frohe Botschaft sonst niemals gehört hätte.

Aber wir können auch ein Beispiel aus unserer vertrauten Umwelt zitieren. Vor einigen Monaten erhielten wir hier im Büro von »Brennpunkt Familie« einen Anruf von einem Mr. Greg Krebs. Er wollte mir eine Nachricht übermitteln und erzählte unserer Telefonistin die folgende Begebenheit. Mr. Krebs und seine Frau haben einen 21jährigen behinderten Sohn namens Chris. Man hatte ihnen den Rat gegeben, das Kind abtreiben zu lassen. Sie beschlossen jedoch, ihm das Leben zu schenken, und er wurde mit einem Hirnschaden geboren. Er ist geistig schwer behindert. Seine Eltern bedauern die Entscheidung, ihn zur Welt gebracht zu haben, nicht, denn sie sind überzeugt, daß alles Leben kostbar ist. Sie sind dankbar für diesen Sohn, der viel Warmes und Wunderbares in ihr Leben gebracht hat.

»Gott kann ihn gebrauchen, wie er ist«, sagte Mr. Krebs.

Dann schilderte er uns eine Begebenheit, die sich zutrug, als Chris erst sieben Jahre alt war.

Er sagte:

Meine Frau arbeitete damals in einem Krankenhaus, und ich hatte Chris mitgenommen, als ich hinfuhr, um sie von der Arbeit abzuholen. Sie brauchte länger als erwartet, also warteten Chris und ich in einem Wartezimmer auf sie. Dort saß auch noch ein weiterer Mann, der nicht gerade ordentlich gekleidet war und, um ehrlich zu sein, ein bißchen komisch roch. Ich ging ins Schwesternzimmer hinüber, um zu fragen, wie lange es noch dauern würde, bis meine Frau käme, und als ich zurückkehrte, sah ich Chris neben dem Mann sitzen. Der Mann schluchzte, und ich fragte mich erschrokken, was Chris ihm angetan haben konnte, daß er so verstört war. Ich begann mich zu entschuldigen.

»Es tut mir leid, wenn mein Sohn Sie belästigt hat«, sagte ich.

Der Mann erwiderte: »Belästigt? Belästigt? Ihr Sohn ist der erste Mensch, der mich seit zwanzig Jahren umarmt hat!«

Ich begriff in diesem Augenblick, daß Chris mehr christliche Liebe für diesen Mann empfand als ich.

Ich danke Mr. und Mrs. Krebs, daß Sie ihren Sohn trotz seiner Beschränkungen lieben und schätzen. Ich stimme ihnen von ganzem Herzen zu, daß es in Gottes Wertsystem kein minderwertiges Leben gibt. Er liebt jeden von uns gleichermaßen, und Er gebraucht jeden von uns – selbst die geistig Schwerstbehinderten – um irgendeinen Teil Seines Planes zu verwirklichen. Er wird auch ihren Schmerz zu gebrauchen wissen, obwohl es nicht immer sofort möglich ist, Seine Handlungsweise zu verstehen.

Lassen Sie mich meinen Grundsatz noch einmal wiederholen: Wenn wir uns dem souveränen Willen Gottes unterordnen, dann können wir voll Vertrauen sagen, daß Gott alle Dinge – jawohl, wirklich alle Dinge – jenen zum Besten gedeihen läßt, die Ihn lieben, die nach Seinem Ratschluß berufen sind.

Das Prinzip des Leidens

Wir wollen nun gewissermaßen einen Haken schlagen und dieses wichtige Thema, »Feuerprobe des Glaubens«, von einer anderen Richtung her angehen.

Seit ich zehn Jahre alt war und mein erstes Buch über die Sterne und Planeten las, war ich von der Astronomie fasziniert. Was meine Fantasie vor allem fesselte, waren die Größenverhältnisse dieser funkelnden Lichtlein über unseren Häuptern. Die Erde, entdeckte ich, war eine bloße Erdnuß im Vergleich zu den größeren Himmelskörpern in unserer Nachbarschaft. Ich bin immer noch von Ehrfurcht erfüllt, wenn ich an die unglaublichen Dimensionen von Gottes Schöpfung denke. Wie kann man die Bedeutung eines sichtbaren Universums erfassen, das mindestens 30 Milliarden Lichtjahre im Durchmesser mißt und aus vielleicht hundert Milliarden Milchstraßen besteht, von denen wieder jede Hunderte von Milliarden von Sternen enthält? Es ist atemberaubend, darüber nachzudenken, was da draußen im schweigenden Himmel alles existiert. Einer der Himmelskörper, der sich relativ nahe an der Erde befindet, ein Stern namens Epsilon, ist tatsächlich größer als die gesamte Umlaufbahn des Planeten Pluto in unserem Sonnensystem! Wäre er hohl, so könnte er mehr als 2,3 Milliarden unserer Sonnen in sich beherbergen!

König David, der von der modernen Astronomie nichts gewußt haben kann, hatte eine gute Antenne für das wunderbare Schöpfungswerk des Herrn. Er schrieb: »Die Himmel erzählen die Ehre Gottes, und die Feste verkündigt seiner Hände Werk. Ein Tag sagt's dem anderen, und eine Nacht tut's kund der anderen« (Ps 19,1-2). Genau so ist es! Ich nehme an, das ist ein Grund, warum das Studium der Astronomie mich nach wie vor fasziniert. Wie keine andere

Wissenschaft verkündet sie die Ehre Gottes. Wenn ich nachgeforscht habe, was der Schöpfer getan hat und wie Er die ungeheuren Räume des Kosmos unter Kontrolle hält, finde ich es nicht mehr schwierig, Ihm die Kümmernisse meines Lebens anzuvertrauen. Irgendwie habe ich das Gefühl, Er könnte es schaffen, damit zurechtzukommen.

Ich erinnere mich voll Sympathie an eine Geschichte, die man sich über Albert Einstein und seine Spekulationen über Zeit und Raum erzählt. Eines Tages debattierte er mit einigen seiner besten Studenten über die Frage, ob Gott existiere oder nicht. Einstein stellte ihnen daraufhin die provokante Frage: »Was meinen Sie, über wieviel Prozent des gesamten Wissens über das Universum verfügen wir zur Zeit?« Sie gaben verschiedene Schätzungen ab, die sich im Durchschnitt um die zwei Prozent bewegten. Der alte Physiker antwortete: »Ich halte Ihre Schätzungen für sehr hoch, aber ich will diese zwei Prozent gelten lassen. Und jetzt sagen Sie mir – wie groß ist die Wahrscheinlichkeit, daß Gott in den restlichen 98 Prozent existiert?« Eine gute Frage, meinen Sie nicht auch?

Als ich vor einigen Jahren meine Astronomiekenntnisse vertiefte, stieß ich auf die Arbeiten eines Mannes namens Dr. Stephen Hawking. Er ist Astrophysiker an der Universität Cambridge und vielleicht der intelligenteste Mensch, der zur Zeit auf Erden lebt. Er ist ein Nachfolger Einsteins. Er ist in der Erforschung der Relativitätstheorie weiter vorangekommen als jeder andere, seit der große alte Mann starb. Dr. Hawking kommt auch das Verdienst zu, mathematische Berechnungen angestellt zu haben, die auf die Existenz schwarzer Löcher und anderer geheimnisvoller Phänomene im kosmischen Raum schließen lassen.

Unglücklicherweise leidet Dr. Hawking an einer seltenen Form von Muskelschwund, die als ALS-Syndrom oder Lou Gehring'sche Krankheit bekannt ist. Eines Tages wird er daran sterben. Er ist seit Jahren auf den Rollstuhl angewiesen und kann nicht viel mehr tun, als stillsitzen und nachdenken. Er kann nicht einmal die mathematischen Formeln niederschreiben, an denen sich der Gang seiner Gedanken orientiert. Das Magazin *Omni* schrieb über Hawking: »Sein Gehirn ist wie eine Schultafel. Er berechnet die langen Serien von

Gleichungen, die seinen Theorien Leben einhauchen, im Kopf und diktiert das Ergebnis dann seinen Kollegen oder einer Sekretärin – eine Leistung, die nur mit der Beethovens vergleichbar ist, der eine ganze Symphonie im Kopf komponierte, oder der Miltons, als er *Das verlorene Paradies* seiner Tochter diktierte.«

Vor einigen Jahren verlor Hawking selbst die Fähigkeit zu sprechen, und nun kann er sich seiner Umwelt nur mehr mit Hilfe eines Computers verständlich machen, den er mit winzigen Bewegungen seiner Fingerspitzen bedient. Lassen wir noch einmal *Omni* zu Wort kommen: »Er ist zu schwach, um zu schreiben, selbständig zu essen, sein Haar zu kämmen, seine Brille zurechtzurücken – all das muß jemand anderer für ihn tun. Und dennoch ist dieser Mann, der wie kaum ein anderer von fremder Hilfe abhängig ist, kein Krüppel. Seine Persönlichkeit strahlt durch den Zusammenbruch seiner körperlichen Existenz.«

Diese Hinnahme einer katastrophalen Krankheit ist der Grund, warum Stephen Hawking im Rahmen dieser Diskussion für uns interessant ist, obwohl er nicht an den Gott der Bibel glaubt. Er mag ein Theist sein, obwohl er 1988 ein Buch schrieb, *Eine kurze Geschichte der Zeit*, in dem er sich alle Mühe gab, die Notwendigkeit eines Schöpfers wegzuerklären. Dennoch: Was Hawking von seinem Gebrechen lernte, ist bemerkenswert und kann denjenigen von uns, die aus dem Glauben leben, neue Erkenntnisse schenken.

Er sagte, daß er vor seiner Erkrankung nur mäßig am Leben interessiert gewesen sei. Er bezeichnete es als eine »ziellose Existenz«, die von Langeweile geprägt war. Er trank zuviel und arbeitete nur wenig. Dann erfuhr er, daß er am ALS-Syndrom litt und die Ärzte ihm nur wenig mehr als zwei Jahre gaben. Der letztendliche Effekt dieser Diagnose war – nachdem er den anfänglichen Schock überwunden hatte – durchaus positiv. Er behauptete, er sei nach dem Ausbruch der Krankheit glücklicher gewesen als zuvor. Wie ist das zu verstehen? Hawking selbst gibt uns die Antwort.

Er sagte: »Wenn die Erwartungen, die man an das Leben hat, auf Null zurückgeschraubt werden, dann schätzt man erst alles, was man hat.« Dasselbe habe ich im ersten Kapitel dieses Buches gesagt. Um es anders zu formulieren: Die Zufriedenheit im Leben hängt zumindest teilweise davon ab, was sich ein Mensch von ihm erwartet. Für einen Mann wie Hawking, der sich auf einen baldigen Tod gefaßt macht, bekommt plötzlich alles eine ganz besondere Bedeutung – ein Sonnenaufgang oder ein Spaziergang im Park oder ein Kinderlachen. Plötzlich wird jede kleine Freude zu einer Kostbarkeit. Im Gegensatz dazu sind diejenigen, die der Meinung sind, das Leben müßte sie auf Rosen betten, oft von seinen schönsten Geschenken enttäuscht.

Hawking sagte über seine körperliche Behinderung: »Wenn Sie verkrüppelt sind, dann sollten Sie Ihre Energien auf die Bereiche konzentrieren, in denen Sie keine Handicaps haben. Sie sollten sich darauf konzentrieren, was Sie wirklich gut können, und nicht den Dingen nachweinen, die Sie nicht tun können. Und es ist sehr wichtig, sich nicht in Selbstmitleid versinken zu lassen. Ein körperbehinderter Mensch kann es sich jedenfalls nicht leisten, auch noch seelisch krank zu sein.«

Man könnte Hawkings Standpunkt auch so formulieren: Ein Mensch, der sich außergewöhnlichen Härten ausgesetzt sieht, muß sich dazu zwingen, hart zu werden. Gejammer und Selbstmitleid mögen logisch erscheinen, sind aber tödliche Schwächen. Ein Mensch in der Krise wird entweder stärker, oder er wird völlig demoralisiert. Mißgeschicke können – natürlich nur in gewissen Grenzen – eine positive Wirkung auf Menschen haben, indem sie mithelfen, den Charakter zu stählen. Was uns Christen angeht, so sagt uns die Bibel, daß Widerwärtigkeiten jenen kostbaren Charakterzug entwickeln und fördern, den wir Glauben nennen (Jak 1, 2-4).

Biologen haben dieses Konzept, das wir das Prinzip der Mühsal nennen wollen, schon lange erkannt. Sie finden es überall in der Welt der Pflanzen und Tiere am Werk. So merkwürdig es klingen mag – gewohnheitsmäßiges Wohlbefinden ist kein Vorteil für eine Spezies. Eine Existenz ohne Herausforderung fordert ihren Tribut von praktisch jedem lebendigen Wesen. Sehen Sie beispielsweise nur einmal die schlappen Tiere in einem Zoo an. Das Futter wird ihnen jeden Tag vor die Nase gestellt, und sie haben nichts weiter zu tun, als faul herumzuliegen und zu gähnen. Oder sehen Sie sich einen der Bäume in einem Regenwald an. Weil Wasser dort leicht erhältlich ist, brauchen die Bäume ihre Wurzeln nicht weiter als ein paar Fuß unter die Oberfläche zu strecken. In der Folge sind sie oft ungenügend verwurzelt, und schon ein kleiner Sturm kann sie umstürzen. Ein Baum wie eine Kriechföhre jedoch, der in feindlichen und wasserlosen Regionen wächst, schickt seine Wurzeln auf der Suche nach Wasser bis zu dreißig Fuß tief ins Erdreich. Nicht einmal ein Orkan kann sie umwehen. Die unfreundliche Umgebung trägt tatsächlich zur Stabilität und Lebenskraft der Pflanze bei.

Dasselbe gilt für den Menschen. Einige der vornehmsten Beispiele für persönlichen Mut haben sich in den Ländern ereignet, die unter massivem Druck standen. Die zerschmetterten Nationen Europas in den 40er Jahren kommen mir in diesem Zusammenhang in den Sinn. Alle Kriege sind grauenhaft, und ich will hier das Leiden, das sie verursachen, keineswegs verniedlichen. Der Zweite Weltkrieg forderte 50 Millionen Menschenleben und zerstörte buchstäblich einen ganzen Kontinent, bevor er endlich vorüber war. Dennoch: Die Überlebenden mußten sich anpassen, um unter den schrecklichen Umständen zu überleben. Sehen Sie sich die Resultate dieser Anpassung an.

Die Deutschen waren gegen Kriegsende nicht weniger furchtbaren Verwüstungen ausgesetzt, als sie über andere Völker gebracht hatten. Einige ihrer größeren Städte wurden Tag und Nacht bombardiert – von den Amerikanern bei Tag und von den Engländern bei Nacht. Tod und Zerstörung waren allgegenwärtig. Nahrungsmittel waren kaum zu bekommen, ebensowenig wie andere lebensnotwendige Güter. Gegen Ende des Krieges waren 80 Prozent der Männer des Jahrgangs 1922 tot. Leid und Schmerz herrschten im Land. Diese Tragödien waren die direkte Folge der Aggressionspolitik der Nazis, daran besteht kein Zweifel, aber das Leiden der einzelnen deutschen Familien war deshalb nicht weniger Realität. Was vom heutigen Standpunkt aus gesehen so bemerkenswert ist, ist die Zähigkeit der Überlebenden. Sie zerbrachen nicht. Selbst im Winter des Jahres 1945, als Fabriken bombardiert, Züge zerstört und Brücken mit Dynamit hochgejagt wurden, lag die Produktionsrate der Nation noch immer bei rund 80 Prozent der Leistungsfähigkeit vor dem Krieg. Die Arbeitsmoral war immer noch hoch. Selbst als die Armeen der Alliierten bereits die Schlinge um Berlin zuzogen, wurden noch Kriegsanleihen gezeichnet.

Das Verhalten der Engländer während des Krieges war nicht weniger eindrucksvoll. Churchill rief die Menschen zu persönlichem Heldentum auf. Er begann seine Rede damit, daß er sie auf ihre Erwartungen hin ansprach und ihnen sagte, er könne ihnen nichts anderes bieten als: »Blut, Mühe, Schweiß und Tränen.« Das half ihnen, sich gegen die Härten des Krieges zu wappnen. In den schwärzesten Tagen des Blitzkrieges, als ihr geliebtes Heimatland unmittelbar von einer deutschen Invasion bedroht war, waren die Briten noch guten Muts. Niemand wußte, ob Hitler und seine Helfershelfer zurückgeschlagen werden konnten oder nicht. Englands populärstes Lied damals sprach von Hoffnung – nicht von Furcht. Es hieß »Die Weißen Klippen von Dover«. Gemeint war ein Küstenstrich, der von Kanonen, Flugzeugen und Radarstationen nur so starrte. Ich erinnere mich noch aus Kindertagen an den Text:

Warte nur, morgen, da wirst du es sehen
Die Schwalben, sie ziehen
Über den weißen Klippen von Dover dahin.
Lachen und Liebe
und allezeit Friede
Morgen, da ist unsere Welt wieder frei.
Da geht der Schäfer mit seinen Schafen
und Jimmy schläft wieder
in seinem eigenen Zimmer.
Warte nur, morgen, da wirst du es sehen:
Die Schwalben, sie ziehen
über den weißen Klippen von Dover dahin.

Das Lied wurde zum Symbol für den Lebensmut eines Volkes, das über Tod und Opfer hinaus ein besseres Morgen vor sich sah. Churchill nannte jene Zeit »ihre vornehmste Stunde«.

Dieser selbe unbezwingbare Geist war in vielen der vom Kriege zerrissenen Länder in jener Epoche zu fühlen. Seinen Höhepunkt erreichte er in der Stadt Leningrad (die nun wieder St. Petersburg heißt), wo das russische Volk im Verlauf einer 872 Tage andauernden Belagerung durch deutsche und finnische Armeen furchtbare Not litt. Mehr als 650.000 Leningrader Bürger starben allein im Jahr 1942, die meisten an Hunger, Krankheiten und den Granatsplittern, die die ferne Artillerie in die Stadt schoß. Aber die Überlebenden weigerten sich, sich den Tyrannen zu ergeben. Ihre Reaktion auf unvorstellbare Schrecknisse ist bis heute eines der eindrucksvollsten Beispiele für menschlichen Mut. St. Petersburg wird heute die »Stadt der Helden« genannt.

Wenn die Behauptung zutrifft, daß schwere Zeiten oft zu emotionaler und körperlicher Zähigkeit führen, dann muß das Gegenteil ebenso wahr sein. Und das ist es tatsächlich. Ein bequemes Leben und Überfluß sind oft die Ursache einer gewissen unterschwelligen Schwäche. Bei allem Respekt vor meinen Mitbürgern hier in den Vereinigten Staaten: Ich glaube, wir sind durch Materialismus und Bequemlichkeit verweichlicht und verwundbar geworden. Langfristiger Wohlstand – jedenfalls im Vergleich zum Rest der Welt – hat uns eine verführerische Liebe zum Wohlleben eingeflößt. Ich frage mich zuweilen, ob wir Mangel, wie er für den Großteil der Menschheitsfamilie charakteristisch ist, überhaupt überleben könnten. Anscheinend haben wir schon genug Probleme damit, mit dem alltäglichen Streß fertigzuwerden.

Der russische Philosoph und Autor Alexander Solschenizyn erkannte diese nationale Schwachstelle schon kurz nachdem er die damalige Sowjetunion verlassen hatte und in den USA ins Exil gegangen war. In einer inzwischen berühmt gewordenen Rede, die er am 8. Juni 1978 an der Universität Harvard hielt, wies er auf die Schwäche hin, die die Demokratien prägte. Er sagte, es sei ihm klar geworden, daß die Nationen des Westens nicht so sicher und stabil seien, wie sie nach außen hin wirkten. Verräterische Zeichen sozialen Zerfalls seien in der Kultur offenkundig. Er bezog sich vor allem auf das Fehlen großer Staatsmänner und auf gesetzloses Verhalten wie das Randalieren und Plündern, das augenblicklich einsetzte, als ein Stromausfall einmal kurzfristig unsere Städte in Dunkelheit versinken ließ. Solschenizyn brachte eine beträchtliche Anzahl weiterer Beispiele, ehe er zu dem Schluß kam: »Der Lack an der Oberfläche muß wohl sehr dünn sein, (denn) das soziale System (ist) ganz unstabil und ungesund.«

Solschenizyns Bemerkungen treffen auf das heutige Amerika noch weit mehr zu. Es braucht nicht viel, damit uns die Sicherungen durchbrennen. Autofahrer auf dem Los Angeles Freeway erschießen einander zuweilen wegen völlig unbedeutender Beleidigungen. Gewalttätigkeit aller Art durchdringt die Gesellschaft. Die Aufstände des Jahres 1992 in Los Angeles und anderen Städten schockierten die Welt mit ihrer willkürlichen Gewalttätigkeit und ihrem Vandalismus. Alkoholismus, Sittenlosigkeit, Drogenmißbrauch, Zerfall der Familien, Mißbrauch von Kindern, Pornographie, Verbrechen, Homosexualität und Glücksspiel sind weiter verbreitet als je zuvor. Die ganze Kultur scheint dicht unter dem Siedepunkt dahinzubrodeln. Es braucht nicht mehr viel, daß der Topf überkocht. Und das alles geschieht in relativ *guten* Zeiten. Man könnte fast meinen, Wohlstand sei ein härterer Charaktertest als sein Gegenteil.

Gilt dieses Prinzip auch in einem christlichen Umfeld? Zweifellos ja. Betrachten Sie die Kirchen in Osteuropa im Vergleich mit Westeuropa. Vor dem Zusammenbruch des Kommunismus und der Öffnung der Grenzen war die christliche Gemeinde dort unter dem totalitären Regime weitaus lebensfähiger als in der Wärme der Freiheit. Diese Tatsache überraschte mich. Die Kirche war lebendig und aktiv in Polen, in der CSSR, in Rumänien und Ostdeutschland, wo es keine Seminare gab, keine christlichen Konferenzen, nur wenige Bibeln und unterstützende Literatur und keine religiösen Sendungen im Radio oder Fernsehen, keine christlichen Filme im Kino. Pastoren und Priester mußten sich um sechs oder acht Gemeinden kümmern, weil großer Mangel an ausgebildeten Hirten herrschte. Ein Christ zu sein, bedeutete, einen hohen Preis zahlen zu müssen. Aber der Glaube überlebte nicht nur in dieser unfreundlichen Umwelt. Er blühte und gedieh.

Im Gegensatz dazu erschlaffte das religiöse Engagement in der Freiheit Westeuropas. Vor allem in den Ländern, in denen die Kirche mit Staatsgeldern unterhalten wurde, war eine deutliche Apathie zu bemerken, wie beispielsweise in Dänemark, Schweden, Norwegen und Griechenland. Man könnte aus diesen Ereignissen der neueren Geschichte den Schluß ziehen, daß der einfachste Weg, die Kirche zu vernichten oder wenigstens zu schwächen, darin besteht, ihr alle Steine aus dem Weg zu räumen.

Sehen wir uns nun einmal an, wie das Prinzip der Mühsal in unserem eigenen Leben wirksam wird. Wie läßt sich all das auf Sie und mich anwenden? Könnte es sein, daß unser himmlischer Vater es zuläßt, daß Seine Kinder kämpfen müssen, um sich fit zu halten? Ich glaube fest daran, daß es so ist. Es ist genau dasselbe, was Jakobus den Judenchristen des ersten Jahrhunderts zu sagen hatte: »Meine lieben Brüder, erachtet es für lauter Freude, wenn ihr in mancherlei Anfechtungen fallt, und wißt, daß euer Glaube, wenn er bewährt ist, Geduld wirkt« (Jak 1, 2-3). Paulus griff dieses Thema in seinem Brief an die Römer auf: »Wir rühmen uns auch der Bedrängnisse, weil wir wissen, daß Bedrängnis Geduld bringt, Geduld aber Bewährung, Bewährung aber Hoffnung« (Röm 5, 3-4).

Jesus drückte sich noch deutlicher aus: »Will jemand mir nachfolgen, der verleugne sich selbst und nehme sein Kreuz auf sich und folge mir« (Mt 16, 24). Er sagte auch: »Denn wer sein Leben erhalten will, der wird's verlieren, wer aber sein Leben verliert um meinetwillen, der wird's finden« (V. 25). Diese Worte lassen wohl kaum einen Raum für Zweifel. Jesus will, daß wir pflichtbewußt und diszipliniert und zäh sind. Er warnte auch vor den Gefahren eines weichlichen Lebens. Ich glaube, das ist es, was Er meinte, als Er sagte: »Es ist leichter, daß ein Kamel durch ein Nadelöhr gehe, als daß ein Reicher ins Reich Gottes komme« (Mk 10, 25). Er meinte damit nicht, daß Gott die Reichen nach einem eigenen – und anspruchsvolleren – Maßstab richtet. Er stellte vielmehr die Tatsache fest, daß Überfluß uns von Bequemlichkeit und Gemütlichkeit abhängig machen kann. So wird er zu einer Quelle der Versuchungen. Ein Mensch, der sich an die guten Dinge des Lebens gewöhnt hat, wird sich nicht von Natur aus zum opfervollen Weg des Kreuzes hingezogen fühlen. Wie der reiche Jüngling, der Jesus den Rücken kehrte, mag es ein wohlhabender Mensch schwerer finden, diesem Herrn zu folgen, der uns dazu aufruft, das äußerste Opfer zu bringen.

Nicht nur Überfluß ist gefährlich, sondern auch die Bewunderung unserer Mitmenschen. Wenn Sie herausfinden wollen, was wirklich in einem Menschen steckt, dann versetzen Sie ihn in eine hohe Stellung in der Öffentlichkeit mitsamt der dazugehörigen Lobhudelei. Sein innerstes Wesen wird sehr bald für alle sichtbar werden.

Salomo schrieb: »Ein Mann bewährt sich in seinem Ruf wie das Silber im Tiegel und das Gold im Ofen« (Spr 27, 21).

Von diesen Schriftstellen und vielen anderen her sollte es ganz offenkundig sein, daß das christliche Leben niemals als ein Spaziergang durch einen Rosengarten geplant war. Diese idyllische Existenz fand ein Ende, als Adam und Eva aus dem Garten Eden vertrieben wurden. Seit damals bedeutet das Leben für uns alle eine Herausforderung. Ich wette, das ist Ihnen bereits klar geworden.

Vor einigen Jahren machte ich eine Periode intensiver Anfechtungen durch, als die Frustrationen nur so auf mich einstürmten. Mir war zumute wie Hiob, als die Unglücksboten Schlange standen, um ihre Nachrichten zu überbringen. Eines Nachts, als Shirley in die Stadt gefahren war, um an einer Konferenz teilzunehmen, beschloß ich, mein Lieblingsrestaurant aufzusuchen – eine Hamburger-Bude mit Drive in-Service. (Das war noch vor der Zeit, wo mein Herzspezialist und meine Frau sich zusammentaten und mir eine der schönsten Freuden im Leben zerstörten.)

Ich stieg in den Honda meines Sohnes und vergaß dabei ganz, daß ich die Versicherung für seinen Wagen abgemeldet hatte, als er ins College zurückgefahren war. Ich war etwa drei Straßenecken weit gefahren, als mir einfiel, daß ich ohne Versicherungsschutz unterwegs war. *Ein einziger dämlicher Fehler und wir könnten unser Haus verlieren,* dachte ich. Ich war nur noch zwei Straßenecken von dem Drive-in entfernt, also fuhr ich im Schrittempo. Ich hielt buchstäblich an jeder Ecke an und sah mich nach allen Seiten um, bevor ich im Schneckentempo die Straße entlangkroch. Ich bin überzeugt, die Leute dachten, ich sei entweder senil oder verschroben – oder beides.

Ich kam sicher und wohlbehalten bei meinem geliebten Hamburger IN'N'OUT an und stieß einen tiefen Seufzer der Erleichterung aus. »Sie wünschen?« fragte eine gedämpfte Jungenstimme aus der kleinen schwarzen Kiste. Ich sagte dem Burschen, was ich haben wollte, und fuhr dann weiter zu dem Schalter, bei dem ich meine Bestellung ausgehändigt bekam. Bald darauf wurde mir eine köstlich duftende Papiertüte gereicht, und ich streckte die Hand danach aus. Ich lehnte mich gerade lässig aus dem Fenster – da verlor eine alte Dame hinter mir die Kontrolle über ihren Wagen. Ihr Fuß rutschte von der Bremse und krachte voll ins Gaspedal. Es war, als stürzte sich ein Sherman-Panzer auf einen Kinderwagen! Plötzlich wurden Ryans Honda und ich die Fahrbahn entlanggeschleudert und landeten im Ungewissen. Ich fand meine Hamburger nie wieder.

Als das Auto schließlich stehenblieb, war ich so benommen, daß ich mich kaum rühren konnte. Dann kam diese entzückende, 81jährige Dame an mein Fenster geeilt, um nachzusehen, ob mit mir alles in Ordnung war, und mich zu bitten, ich möge nicht die Polizei verständigen. »Es tut mir furchtbar leid«, sagte sie. »Ich habe das schon vor zwei Wochen jemand anderem angetan. Bitte machen Sie keine Anzeige! Ich bringe Ihr Auto wieder in Ordnung.«

Ich weiß, ich hätte einen Bericht über den Unfall machen sollen, aber ich hatte einfach nicht das Herz dazu. Die Dame im Sherman-Tank und ich hatten offenbar gleichzeitig eine Pechsträhne!

Es gibt Zeiten, da ist einem zumute, als hätte sich der gesamte Kosmos verschworen, einem ein Bein zu stellen.

Das Leben ist also eine Herausforderung. Offensichtlich soll es das auch sein. Sehen Sie sich einmal an, wie Jesus zu Seinen Jüngern über Sein Wirken auf Erden sprach. Man kann Ihm wohl kaum vorwerfen, daß Er diese rauhbeinigen Männer verhätschelt hätte. Stellen Sie sich einmal vor, wie sie eines Abends spät in einem kleinen Boot sitzen. Sie kennen ja die Geschichte. Jesus legte sich auf einem Kissen zum Schlaf nieder, und während Er schlief, zog ein »gewaltiger Sturm« auf. Denken Sie daran, daß einige der Jünger von Berufs wegen Fischer waren und genau wußten, was ein Sturm einem kleinen Fahrzeug und seiner Mannschaft antun kann. Sie hatten Angst – wie Sie oder ich auch Angst gehabt hätten. Aber da war der Meister, sorglos und gleichgültig, der fest schlafend im Bug des Schiffchens lag. Die Wellen schlugen über die Bordwände herein und drohten das Schiffchen zu versenken. Die angsterfüllten Männer hielten es nicht mehr aus. Sie weckten Jesus und sagten: »Herr, rette uns! Wir ertrinken!« Bevor Er den Sturm stillte, sagte Er zu Seinen Jüngern: »Ihr Kleingläubigen, warum seid ihr so furchtsam?«

Wenn ich es nicht besser wüßte, wären meine Sympathien in diesem Fall auf seiten der Jünger. Wer kann ihnen einen Vorwurf daraus machen, daß ihnen inmitten des Sturms angst und bang wurde? Damals gab es keine Küstenwache und keinen Helikopter-Rettungsdienst, der sie aus den tobenden Wellen gefischt hätte. Wenn sie in diesem »gewaltigen Sturm« über Bord gingen, dann gute Nacht. Dennoch war Jesus enttäuscht über ihre Panik. Warum? Weil Furcht und Glaube nicht im selben Boot sitzen können. Und weil Er wollte, daß sie Ihm selbst angesichts des Todes vertrauten. Sie würden dieses Vertrauen in einigen Monaten brauchen!

Beobachten wir Jesus und die Jünger bei einem anderen Zwischenfall auf dem See. Nach dem Evangelium des Markus (6, 45-50) hatte Er ihnen den Auftrag erteilt, in ihr Boot zu steigen und Ihm voranzufahren in die Stadt Bethsaida. Dann begab Er sich auf einen nahegelegenen Berg, um zu beten. Offenbar konnte Jesus von der Stelle aus, wo Er saß, den ganzen See überblicken, und Er bemerkte, daß Seine Jünger »sich abplagten beim Rudern, denn der Wind stand ihnen entgegen« (V. 48). Vom frühen Abend bis zur vierten Wache mühten sie sich ab – das ist eine Zeitspanne von *sieben Stunden.* Sieben Stunden lang also sah Jesus zu, wie die Jünger gegen einen steifen Wind ankämpften, ehe Er ihnen zu Hilfe kam. Dennoch waren sie die ganze Nacht in Seinem Blickfeld und standen unter Seinem Schutz. Offenkundig ließ Er zu, daß sie erst einmal erkannten, wie sehr sie Ihn brauchten, bevor Er ihnen zu Hilfe kam.

Manchmal sieht Er zu, wie Sie und ich uns »mit den Rudern abplagen«, bis wir unsere Abhängigkeit von Ihm erkennen. Damit gibt Er unserem Glauben eine Chance, zu wachsen und zu reifen. Aber eines ist gewiß: Wir sind immer in Seinem Blickfeld. Wenn Seine Absichten erfüllt sind und der rechte Zeitpunkt gekommen ist, wird Er dem stürmischen See befehlen, still zu werden, und uns sicher ans entfernte Ufer bringen.

Ich möchte hier noch einmal einen Seitenhieb auf die christlichen Schriftsteller und Prediger anbringen, die uns glauben machen wollen, der christliche Wandel sei ein gemütlicher Spaziergang. Sie wollen uns einreden, daß die Jünger Jesu von den Frustrationen und Prüfungen verschont bleiben, die die Heiden durchmachen müssen. Einige von ihnen sind mit solchem Eifer dabei, uns zu erzählen, was wir gerne hören wollen, daß sie die Wahrheiten der Bibel verdrehen. Sie wollen uns glauben machen, der Herr eile uns zu Hilfe, sobald uns irgendeine Mühsal begegnet, und befreie uns augenblicklich von jeglicher Unbequemlichkeit und Not. Nun, manchmal tut Er das tatsächlich. Manchmal tut Er es auch nicht. Aber wie auch immer, Er ist da und hält die Zügel unseres Lebens in der Hand.

Betrachten wir ein weiteres Beispiel von Jesu Beziehung zu seinen unzureichend abgehärteten Jüngern. Es war in der Nacht vor Seiner Kreuzigung. Petrus, Jakobus und Johannes waren im Garten Gethsemane bei Ihm. Im Lauf der Nacht wurde Jesus angesichts des Kommenden von Schmerz überwältigt. Er bat die drei Männer, Wache zu halten, während Er beiseite ging, um zu beten. Dreimal in dieser Stunde kam Er zurück und fand sie schlafend, weil »ihre Augen voller Schlaf waren« (Mt 26,43). Wie schon zuvor schalt Er sie wegen ihrer Schwäche.

Wir müssen bedenken, daß diese Männer in den vorhergehenden Tagen ebenfalls unter beachtlichem Streß gestanden waren. Sie wußten, daß sie wegen ihres Nahverhältnisses zu Jesus ebenfalls hingerichtet werden konnten. Diese Gefahrensituation führt zu Erschöpfung – vor allem, wenn man bis in die frühen Morgenstunden wach geblieben ist. Es war also durchaus erklärlich, daß es den Jüngern schwerfiel, dazusitzen und in die Nacht hinauszustarren, ohne einzunicken. Dennoch erwartete Jesus von ihnen, daß sie wach bleiben sollten. Er sagte: »Wachet und betet, daß ihr nicht in Anfechtung fallt! Der Geist ist willig, aber das Fleisch ist schwach« (Mt 26,41). Da haben wir es wieder. Jesus drängte Seine Jünger, sich zusammenzureißen – sich um mehr Selbstbeherrschung zu bemühen. Warum? Weil schwaches Fleisch leichter der Versuchung zum Opfer fällt.

Wir finden hier ein Muster, das sich durch die ganze Bibel zieht. Der Herr will ein starkes Volk. Lesen Sie noch einmal die Geschichte der Kinder Israel, wie sie in der Wüste herumwanderten – verloren, durstig, dreckig und heimatlos. Sie wurden es müde, immer dieselbe eintönige Nahrung zu essen – Manna – und sehnten sich nach der vertrauten Umgebung in Ägypten. Ich hätte wahrscheinlich über jede dieser Mißhelligkeiten genauso gejammert, wäre ich in einer vergleichbaren Situation. Aber beachten Sie, was in 4. Mose 11,1 geschrieben steht:

Und das Volk klagte vor den Ohren des Herrn, daß es ihm schlecht gehe. Und als es der Herr hörte, entbrannte sein Zorn, und das Feuer des Herrn loderte auf unter ihnen und fraß am Rande des Lagers.

Das mag uns grausam erscheinen; aber erinnern wir uns daran, daß Gott sich dieses Volk als Sein Eigentum auserwählt hatte und ein mächtiges Werk im Leben dieser Menschen tat. Er hatte sie aus der 400jährigen äyptischen Gefangenschaft befreit. Er hatte sogar das Rote Meer zurückweichen lassen, um ihnen die Flucht zu ermöglichen. Er hatte für alle ihre Bedürfnisse gesorgt, aber sie taten nichts weiter als jammern und klagen. Die Bibel sagt uns, daß Gott langmütig ist und langsam zum Zorn – aber schließlich reichte es Ihm, sich das pausenlose Gemaule von Leuten anzuhören, die sich nur für den eigenen Bauch interessierten.

Soll das nun heißen – so könnte man es ja interpretieren – daß wir unsere tiefsten Wünsche und Frustrationen nicht mehr vor den Herrn bringen dürfen? Ist Er so fordernd und fern, daß wir unsere Ängste vor Ihm verbergen oder gute Miene zum bösen Spiel machen müßten? Sollen wir ein gefrorenes Grinsen aufsetzen, während jede Faser in unserem Körper vor Jammer schmerzt? Müssen wir es wie die Enten machen, die anscheinend still auf einem Teich treiben, aber unter der Oberfläche wie verrückt mit den Füßen paddeln? Nein! Mindestens hundert Bibelstellen widersprechen der Vorstellung von einem gefühllosen Gott. Jesus sagte: »Kommt her zu mir, alle, die ihr mühselig und beladen seid; ich will euch erquicken« (Mt 11, 28). Wir hören, daß Er »weiß, was für ein Gebilde wir sind; er gedenkt daran, daß wir Staub sind« (Ps 103, 14). Er hat auch Verständnis dafür, daß einige von uns von unserem Temperament her stark und selbstbewußt sind. Andere sind von Natur aus eher ängstlich. Das sollte den, der uns geschaffen hat, gewiß nicht überraschen.

Ich tröste mich auch mit Gottes Mitleid gegenüber David, als dieser seine Ängste und Frustrationen vor Ihm ausbreitete. Wir hören nichts davon, daß der Herr sich verdrießlich gezeigt hätte, als David seine vielerlei Sorgen und Ängste vor Ihn brachte. Was war also der Unterschied zwischen diesen akzeptablen Klagen und dem

»Murren« des Volkes Israel so viele Jahre früher? Wir finden die Antwort im Wesen der Klagen, die David aussprach. Sie waren eingebettet in einen Kontext des Glaubens und der Abhängigkeit von Gott. Noch in seiner Depression war ihm offenkundig klar, wer sein Herr war und wem er seine Treue geschworen hatte. Aber die Kinder Israel waren treulos und trotzig in ihrem Murren. Wir sehen wieder einmal, daß das Herz der Bibel in diesem lebenswichtigen kleinen Wort *Glauben* schlägt.

Fassen wir zusammen: Wir wissen nun, daß Glaube eine gewisse Härte voraussetzt, aber warum? Gibt es einen logischen Grund dafür, warum der Herr uns auffordert, unseren Willen zu stählen und unseren Schwierigkeiten kühnen Mutes entgegenzutreten? Ich glaube, es hängt mit der engen Verbindung zwischen Körper, Geist und Seele zusammen, die wir bereits früher erwähnt haben. Wir können nicht gleichzeitig geistlich gefestigt und emotional wankelmütig sein. Wir befinden uns inmitten eines geistlichen Krieges mit einem tödlichen Feind, der uns jede Stunde des Tages auf den Fersen ist. Wir müssen in Hochform sein, um die Pfeile und Schleudern abzuwehren, mit denen er uns bombardiert. Schlappe, verweichlichte, verwöhnte Christen haben einfach nicht genug Rückgrat, um diesen Kampf zu kämpfen. Deshalb setzt uns der Herr hin und wieder in eine geistliche Tretmühle, um uns in guter Kondition für den Kampf zu halten.

Das ist das »Prinzip der Mühsal«, und es betrifft uns alle auf die eine oder andere Weise.

Der Glaube erfordert Stärke

Wir haben das letzte Kapitel damit beendet, daß wir von der nötigen »Kampfkondition« der Christen sprachen. Diese Analogie ist keineswegs weit hergeholt. Interessanterweise gebrauchte der Apostel Paulus eine militärische Terminologie, um den Dienst, zu dem wir berufen sind, zu beschreiben. Er schrieb in 2. Timotheus 2,3-4: »Leide mit *[hier haben wir das Wort wieder]*, als ein guter Streiter Christi Jesu. Wer in den Krieg zieht, verwickelt sich nicht in Geschäfte des täglichen Lebens, damit er dem gefalle, der ihn angeworben hat.« Das führt uns zu der Frage: was bedeutet dieser Hinweis tatsächlich? Inwiefern ist die Ausbildung eines Soldaten relevant für das Leben eines Gläubigen? Und was bedeutet »leide mit ... als ein guter Streiter?«

Wir haben alle die John-Wayne-Filme gesehen, in denen eine Schlacht aussieht wie ein romantischer Spaziergang im Park. Männer, die wirklich im Krieg waren, wissen anderes zu berichten. Die bildhafteste Schilderung einer Schlacht, die ich jemals gelesen habe, stammt aus Bruce Cattons ausgezeichneten Büchern über den amerikanischen Bürgerkrieg. Nachdem ich mehrere dieser Texte gelesen hatte, schrieb ich die folgende Schilderung eines Soldatenlebens im 19. Jahrhundert und was die Soldaten im Lauf des Krieges zwischen den Bürgerkriegsstaaten erdulden mußten. Während Sie das lesen, sollten Sie über den Vergleich des Paulus zwischen guten Christen und kampferprobten Truppen nachdenken:

»Die Potomac-Armee« und andere Bücher von Catton bieten uns eine ausgezeichnete Möglichkeit, die Kampftüchtigkeit sowohl der Yankees wie auch der Rebellenarmee zu begreifen. Ihr Leben war

in einem Ausmaß, das uns heute kaum noch faßbar erscheint, von Not und Gefahr erfüllt. Es war nicht ungewöhnlich, daß diese Truppen einen zweiwöchigen Gewaltmarsch zurücklegten, während dessen die Offiziere den Nachzüglern die blanke Säbelspitze an den Hals setzten. Oft wurden sie mitten in den heißesten Kampf geworfen, nachdem sie erst wenige Minuten zuvor die Front erreicht hatten. Sie standen Tag um Tag im zermürbenden Kampf, nur von schlaflosen Nächten auf nackter Erde – manchmal im eiskalten Regen oder im Schnee – unterbrochen. Während der Schlacht aßen sie eine trockene, harte Zwiebacksorte, die »Hardtack« genannt wurde, und nur wenig anderes. In weniger kämpferischen Zeitläuften durften sie ihre Nahrung mit ein wenig gesalzenem Schweinefleisch und Kaffee ergänzen. Das war's aber auch schon! Wie zu erwarten war, wurden ihre Eingeweide immer wieder von Durchfall, Ruhr und ähnlichen Krankheiten zerrissen, die zahlreichen Männern das Leben kostete. Die Unionsarmee registrierte mehr als 200.000 Mann Verluste infolge von Krankheiten, die oft 50 Prozent der Soldaten kampfunfähig machten. Die Konföderierten erlitten ein ähnliches Schicksal.

Der Kampf selbst war in jenen Tagen unglaublich brutal. Tausende Männer standen einander von Angesicht zu Angesicht gegenüber und schlachteten einander ab wie die Fliegen. Nach einer besonders blutigen Schlacht im Jahre 1862 bedeckten 5000 gefallene Soldaten ein Gebiet von nur zwei Quadratmeilen. 20.000 weitere waren verwundet. Ein Augenzeuge sagte, man hätte 100 Yards weit über die Leichen gehen können, ohne einmal den Fuß auf den Boden zu setzen. Viele der Verwundeten brachen zwischen den toten Männern und Pferden zusammen und blieben dort oft 12 bis 14 Stunden liegen, während ihr Stöhnen und Schreien über das Schlachtfeld hallte.

Jemand schickte mir kürzlich eine Musketenkugel, die man auf einem historischen Schlachtfeld gefunden hatte. Ich war überrascht, wie groß und schwer die aus Blei gegossene Kugel war. Kein Wunder, daß den Männern, die von einem solchen Geschoß getroffen wurden, nachher für gewöhnlich die Gliedmaßen amputiert werden mußten. Sie zerrissen das Fleisch und zerschmetterten die Knochen auf eine Weise, die Heilung undenkbar machte. Die chirurgischen Eingriffe wurden für gewöhnlich ohne Betäubung durchgeführt; die Sägen und Messer, die durch Fleisch und Bein schnitten, waren nicht sterilisiert. Nach jeder großen Schlacht häufte sich ein mächtiger Hügel aus abgetrennten Armen und Beinen vor dem Zelt des Feldschers. Die Männer wurden auf Karren von der Front zurückgebracht und hielten die blutigen Stümpfe in die Höhe, um den Schmerz zu lindern. Es gab damals noch keine Antibiotika, und oft beendete der Wundbrand, was die Kugel eines Scharfschützen begonnen hatte.

So beeindruckend der Wille der Männer ist, diese körperlichen Qualen zu erdulden, so bewundernswert ist auch die emotionale Hingabe der Truppen. Sie glaubten an die Sache, für die sie kämpften, seien sie nun Unionssoldaten oder Konföderierte, und sie setzten ihr Leben dafür aufs Spiel. Die meisten waren überzeugt, daß sie den Krieg nicht überleben würden, aber das bedeutete ihnen nur wenig.

Bitte verstehen Sie mich recht: Ich sehe in den heroischen Visionen dieser vergangenen Tage nicht nur reine Tugend. Tatsächlich waren viele Männer beklagenswert willig, ihr Leben in einem Krieg zu riskieren, dessen Ursachen und Ziele sie viel zu wenig verstanden. Aber ihre Hingabe und ihre persönliche Opferbereitschaft ist bis heute ein Denkmal ihrer Zeit geblieben.

Es gibt vielleicht keine bessere Illustration dieser Hingabe an Prinzipien und Ehre als den Brief, den Major Sullivan Ballou, ein Soldat der Unionsarmee, an seine Frau Sarah schrieb – am 14. Juli 1861, eine Woche vor der Schlacht bei Bull Run. Sie waren erst sechs Jahre verheiratet. Diese machtvollen Worte rühren mir immer noch zutiefst an die Seele:

Meine liebste Sarah,

es gibt zahlreiche Anzeichen, daß wir in ein paar Tagen weitermarschieren werden – vielleicht morgen schon. Falls ich nicht mehr in der Lage sein sollte, Dir noch einmal zu schreiben, fühle ich mich gedrängt, Dir ein paar Zeilen zu schicken. Vielleicht

kommen sie Dir unter die Augen, wenn ich bereits von dieser Welt abgeschieden bin.
Ich empfinde keine Zweifel und keinen Mangel an Vertrauen, was die Sache angeht, der ich mich verschrieben habe, und mein Mut wankt nicht. Ich weiß, wie sehr die gesamte amerikanische Zivilisation nun von einem triumphalen Sieg der Regierung abhängt, und welch große Dankesschuld wir jenen gegenüber tragen, die vor uns durch das Blut und Leid der Revolution schritten. Und ich bin willens, ja, vollkommen willens, all meine Freuden im Leben fahren zu lassen, um diese Regierung zu erhalten und diese Schuld zu bezahlen …
Sarah, meine Liebe zu Dir wird den Tod überdauern: es scheint, als fesselte sie mich mit gewaltigen Stricken, die nur der Allmächtige selbst zerreißen kann, und dennoch überkommt mich die Liebe zu meinem Land wie ein mächtiger Sturm und trägt mich unwiderstehlich auf ihren Flügeln dahin, dem Schlachtfeld entgegen.
Die Erinnerung an all die gesegneten Augenblicke, die ich mit Dir zusammen verbracht habe, stiehlt sich an mich heran, und ich fühle tiefe Dankbarkeit Gott gegenüber, und Dir gegenüber, daß ich so lange daran Freude haben durfte. Und wie schwer fällt es mir, sie aufzugeben, und die Hoffnung auf kommende Jahre zu Asche zu verbrennen, wenn wir mit Gottes Willen hätten leben und lieben können und zusehen, wie unsere Söhne um uns zu ehrbarer Mannbarkeit heranwachsen.
Wenn ich nicht zurückkehre, liebste Sarah, dann vergiß niemals, wie sehr ich Dich liebe, und wenn mir mein letzter Atemzug auf dem Schlachtfeld entweicht, so will ich Deinen Namen flüstern. Vergib mir meine zahlreichen Fehler und die vielen Schmerzen, die ich Dir verursacht habe. Wie gedankenlos, wie töricht bin ich doch oft gewesen …
O Sarah, wenn die Toten auf diese Erde zurückkehren können, und wenn sie die Lebenden, die sie geliebt haben, unsichtbar umschweben, so will ich Dir allezeit nahe sein, an Deinen glücklichsten Tagen und in Deinen dunkelsten Nächten, in Deinem innigsten Glück und Deiner tiefsten Trübsal – allezeit, allezeit, und

wenn ein Windhauch Deine Wange streift, so soll es mein Atem sein, und wenn ein kühler Hauch Deine pochende Schläfe kühlt, so soll es mein Geist sein, der an Dir vorübergleitet.
Sarah, beklage mich nicht als einen Toten: stell Dir vor, ich sei verreist, und warte auf mich, denn wir werden uns wiedersehen …
Sullivan

Major Ballou fiel eine Woche später in der ersten Schlacht bei Bull Run. Ich frage mich – Sie nicht? – ob er wirklich Sarahs Namen flüsterte, als er sterbend auf dem Schlachtfeld lag. Zweifellos litt sie während der Nachwehen dieses schrecklichen Krieges mehr als ihr Mann.

Ist dies das Niveau von Hingabe und Opferbereitschaft, zu dem uns der Apostel Paulus in 2. Timotheus 2 beruft? Ich glaube daran. Aber die Vorstellung erscheint uns fast unvernünftig in diesen Tagen anspruchsvoller Individualität und Selbstverwirklichung. Wie lange ist es schon her, seit wir uns das letzte Mal als hochtrainierte Soldaten in der Armee des Herrn gesehen haben? In vergangenen Jahren war das ein sehr vertrautes Thema. »Vorwärts, christliche Soldaten«, war eines der beliebtesten Kirchenlieder. Die Christen, so verkündete das Lied, »ziehen in den Krieg, das Kreuz Jesu zieht voran«. Wir sangen auch: »Steht auf, ihr Kreuzsoldaten, steht auf für unsern Herrn.« Dann gab es das Lied: »Wer ist es, der's wie Daniel wagt? Steh auf und steh allein. Bekenn getreulich, was du bist, und wag's, ein Christ zu sein.« So sahen die Christen der Vergangenheit ihre Berufung. Nun, seit der Zeit hat sich einiges verändert, meine Lieben, nicht wahr? Nun liegt die Betonung auf den Möglichkeiten, die sich uns bieten, die Allmacht Gottes vor den Karren eines erfolgreichen (und finanziell ertragreichen) Lebens zu spannen. Haben wir hier irgend etwas falsch übersetzt, oder was ist passiert?

Eine der beliebtesten Hymnen unserer Zeit bringt uns diesen freudigen Gedanken nahe: »Etwas Gutes naht sich hier, etwas Gutes, etwas Gutes naht sich hier – siehe, Jesus kommt zu dir.« Ich hege eine heftige Abneigung gegen dieses wohlgemeinte Liedchen, denn es basiert auf schlechter Theologie. Ich begreife durchaus, wie der Text verstanden sein will, aber man könnte heraushören, daß der christliche Glaube seinen Anhängern ausschließlich »etwas Gutes« garantiere. Das stimmt einfach nicht. Lassen Sie uns ehrlich sein. Noch heute könnte Ihnen etwas Schreckliches widerfahren. Christen werden krank und sterben genau wie der Rest der Welt. Sie verlieren ihre Arbeitsplätze wie andere Leute, und sie haben Totalschaden und Zahnweh und kranke Kinder. Ein anderes Evangelium predigen heißt, eine Fallgrube graben, aus der viele junge Gläubige – und ein paar weniger alte – nie wieder entkommen.

Es gibt einen Grund, warum die großen alten Hymnen der Kirche die Jahrhunderte überdauert haben. Sie basieren nicht auf glatten Worten, nach denen uns die Ohren jucken, sondern auf soliden theologischen Wahrheiten. Mag sein, daß einer modernen Welt der Sinn nicht nach diesen Wahrheiten steht. Aber sie sind biblisch fundiert, und Sie können ein Fundament des Glaubens darauf bauen, das so zuverlässig wie ein Felsen ist. Damit können Sie allem trotzen, was das Leben Ihnen entgegenschleudert, selbst wenn Gott absolut keinen Sinn zu ergeben scheint. Sie werden festen Halt haben, wenn Sie durch das Tal der Todesschatten wandern, denn Sie brauchen kein Unheil zu fürchten. Das Leben kann Sie niemals wieder aus dem Hinterhalt überfallen. Alles liegt in Seiner Hand, ob Sie die Umstände nun verstehen oder nicht. Er ist derjenige, der Ihnen gibt und Ihnen nimmt. Mit diesem biblischen Verständnis und einem kraftvollen, gut gewappneten Glauben verliert das »ehrfurchtgebietende Warum« seine furchteinflößende Bedeutung. Die bessere Frage heißt: »Warum ist die Sache von Bedeutung?« Es ist nicht Ihre Aufgabe zu erklären, was Gott mit Ihrem Leben tut. Er hat Ihnen nicht genug Vorinformationen gegeben, daß Sie zu einem vernünftigen Schluß kommen könnten. Statt dessen wird von Ihnen verlangt, daß Sie alles aus der Hand geben und Gott Gott sein lassen. Darin liegt das Geheimnis des »Friedens, der alle Vernunft übersteigt«.

Diese theologische Interpretation ist vielleicht nicht das, was Sie, lieber Leser, hören wollten – vor allem, wenn Sie bereits geweint haben, bis Sie keine Tränen mehr hatten. Wenn Sie sich in einer solchen Lage befinden, dann verstehen Sie hoffentlich, daß es nicht meine Absicht war, Ihren Verlust zu bagatellisieren. Mir blutet das Herz für alle, die schweres Leid durchgemacht haben. Erst letzte

Woche erhielt ich einen Brief von einem Vater, dessen Tochter vor 18 Monaten bei einem Autounfall getötet wurde. Er schrieb, um mir mitzuteilen, wie schmerzhaft seine Frau und er immer noch den Verlust fühlen – einen Schmerz, den nur wenige seiner christlichen Freunde zu begreifen scheinen. Als ich seine Worte las und an meine eigene Tochter dachte, die nur wenige Monate älter ist, da litt ich mit diesem vom Schmerz gebeugten Vater. Das Leben kann unglaublich grausam zu denen sein, die geliebt und den geliebten Menschen verloren haben. Ein solcher Mensch braucht die innige Freundschaft und die Gebete eines christlichen Bruders oder einer Schwester, die einfach da ist und sagt: »Ich fühle mit dir.« Und was noch wichtiger ist: Er oder sie muß wissen, daß auch Gott mitfühlt.

Ich bin überzeugt, daß das Herz des Herrn sich zu jenen hingezogen fühlt, die in solchen Zeiten der Verzweiflung an ihrem Glauben festhalten. Wie zärtlich blickt Er auf jene herab, die einen geliebten Sohn oder eine Tochter verloren haben. Welches Mitleid fühlt Er mit denen, die mit lebenslangen körperlichen Mißbildungen und Leiden geschlagen sind! Dieses Mitleiden mit dem Elend der Menschheit ist eines der wichtigsten Themen der Bibel.

Ich denke oft an einen jungen Mann, den Dr. Tony Campolo in einer seiner Botschaften schilderte. Der Junge hieß Jerry und litt seit seiner Geburt an einem Hirnschaden. Jerry hatte große Schwierigkeiten beim Gehen und Sprechen; dennoch nahm er an einem christlichen Sommerlager teil, auf dem Dr. Campolo der wichtigste Redner war. Vom ersten Tag an war es offenkundig, daß Jerry von den anderen Jugendlichen abgelehnt wurde. Sie hatten eben angefangen, eine hierarchische soziale Ordnung aufzubauen. Eine Gruppe von »Alphapersonen« entstand, die sich – wie immer – aus den gutaussehenden Jungen und den tollsten Mädchen zusammensetzte. Sie waren viel zu eingebildet und selbstsüchtig, um sich mit einem Krüppel abzugeben – einem Verlierer wie Jerry. Sie waren genauso grob zu den anderen Außenseitern – den Kids, die seelische Verletzungen erlitten hatten und kein Selbstbewußtsein mehr aufbrachten. Die hatten einfach keine Chance mehr.

Die ganze Woche hindurch beobachtete Dr. Campolo, wie Jerry versuchte, seinen Platz in der Gruppe zu finden. Es waren grausame

Szenen, die er mitansehen mußte. Die beliebten Kids machten sich lustig über die Art, wie er ging und sprach. Sie äfften seine holprige Sprechweise nach, indem sie ihn fragten: »Wiiieee – ssspäääat ... isss ... esss?« Dann kreischten sie vor Lachen, als wäre Jerry taub. Bei anderen Gelegenheiten gingen sie ihm aus dem Weg wie einem Aussätzigen. Dr. Campolo sagte, er hätte in seinem Leben noch keinen Menschen gehaßt, aber damals sei er nahe dran gewesen – als er zusehen mußte, was gefühllose und grausame Teenager der Seele eines Jungen antaten, der bereits mehr als sein Teil an Leiden abbekommen hatte.

Am Morgen des letzten Tages des Sommerlagers wurde ein Gottesdienst abgehalten. Die Schüler waren eingeladen, Zeugnis abzulegen, was Jesus Christus für sie bedeutete. Einer nach dem anderen kamen die Superstars auf die Bühne – die Sportstypen, die Starlets und all die anderen Insider. Sie sagten ihre kleinen, wohleinstudierten Sprüchlein auf, aber in ihrem Zeugnis lag keine Kraft. Ihre Worte klangen hohl.

Dann sah Dr. Campolo plötzlich, während er vorne auf der Bühne saß, wie Jerry sich mühsam den Gang zwischen den Sitzreihen entlangkämpfte. Die anderen Studenten sahen ihn ebenfalls, und sie begannen zu zischeln und mit den Fingern zu deuten. Dann ging eine Welle des Gelächters durch die Menge. Jerry kam unendlich langsam an die Bühne heran und kletterte dann sorgsam und mühselig die drei Treppenstufen an der Seite hinauf. Schließlich erreichte er das Mikrophon. Einen Augenblick lang stand er da, blickte seine Altersgenossen an, und stammelte dann mit großer Anstrengung: »Ich ... liieebe ... Jessuss ... und ... Jeeessuss ... liiiebt mich.« Dann wandte Jerry sich um und machte sich auf den langwierigen Rückweg zu seinem Sitz.

Campolo sagte, Jerrys schlichtes Zeugnis habe diese Schar von Teenagern getroffen wie ein Blitzschlag. Wie er seine Liebe zu Gott ausdrückte, trotz seiner körperlichen Handicaps und des Spottes, den er hatte hinnehmen müssen, warf ein grelles Licht auf die Sünde und Selbstsucht in ihrem Leben. Sie begannen, den Gang zwischen den Sitzreihen herabzuströmen und sich in einer Gebetsecke zu versammeln. Der Herr hatte den unfähigsten Sprecher unter all den jungen Leuten dazu ausersehen, Seine Absichten zu verwirklichen. Warum? Weil Jerry die nötige Härte hatte, Sein Werkzeug zu sein.

Wie belastbar ist Ihr Glaube? Wie zuverlässig ist der meine? Werden wir dem Herrn gestatten, unsere Schwächen zu gebrauchen, unsere Unzulänglichkeit, unsere Enttäuschung, unsere Behinderung, um Seine Ziele zu erreichen? Werden Sie und ich bereit sein, wie Jerry dem Herrn auch unter Schmerzen zu dienen? Lassen unsere »Erwartungen« als Nachfolger Jesu noch Raum für Frustration und Unzulänglichkeit? Hat die Bibel uns hier wirklich etwas zu sagen, wie wir unser Leben gestalten und was uns Anlaß zum Klagen gibt? Aber gewiß!

Meine Lieblingsverse beziehen sich speziell auf dieses Thema – Ausdauer im Glauben – und wir wollen dieses Kapitel mit dieser machtvollen Einsicht abschließen. Sie finden die Textstelle im Brief an die Philipper, den der Apostel Paulus aus Rom schrieb, wo er in Gefangenschaft saß und schließlich – wie wir vermuten – um seines Glaubens an Jesus Christus willen hingerichtet wurde. Paulus hatte in dieser Phase seines Lebens gute Gründe, betrübt zu sein. Was ihm widerfahren war, war einfach nicht fair! Es war noch nicht lange her, daß man ihn öffentlich ausgepeitscht hatte; er hatte Hunger und Mangel gelitten; er war gesteinigt und als tot liegengelassen worden. Er hätte sich bitter bei Gott beklagen können, daß Er ihn zu einer so schwierigen Aufgabe berufen und dann im Stich gelassen hatte. Das »ehrfurchtgebietende Warum« hätte ihm auf der Zunge liegen können. Aber daran dachte Paulus eben nicht.

Er schrieb an die Gläubigen in Philippi:

Freuet euch in dem Herrn allewege, und abermals sage ich: Freuet euch! Eure Güte laßt kundsein allen Menschen! Der Herr ist nahe! Sorgt euch um nichts, sondern in allen Dingen laßt eure Bitten in Gebet und Flehen mit Danksagung vor Gott kundwerden! Und der Friede Gottes, der höher ist als alle Vernunft, bewahre eure Herzen und Sinne in Christus Jesus (Phil 4,4-7).

Dann kommt Paulus direkt auf das Thema der Erwartungen zu sprechen:

Ich kann niedrig sein und kann hoch sein; mir ist alles und jedes vertraut; beides, satt sein und hungern, beides, Überfluß haben und Mangel leiden. Ich vermag alles durch den, der mich mächtig macht (Phil 4,12-13).

Das Geheimnis der Gelassenheit, die Paulus an den Tag legt, entspringt einem universalen Grundsatz der menschlichen Natur. Er besteht darin, Gott unter allen Lebensumständen zu vertrauen und nicht zu viel Vollkommenheit von diesem Leben zu erwarten. Diejenigen, die ihre Hoffnung auf Zufriedenheit auf die Person Jesu Christi gründen, haben ein strahlendes Morgen vor Augen.

Der Sünde Sold

Wir haben bereits über all jene Gelegenheiten gesprochen, bei denen Schwierigkeiten und Mühsal anscheinend ohne jeden Grund über unser Leben hereinbrechen. Unfälle, Krankheit, Todesfälle, Erdbeben, Brände, Gewalttaten etc. bringen die Überlebenden automatisch auf die Frage: »Womit haben wir das verdient?« Ihre Unfähigkeit, diese unerklärliche »höhere Gewalt« mit ihrem eigenen schlechten Wandel in Beziehung zu setzen, schafft ein Gefühl des Betrogenseins und Ausgeliefertseins. Es erscheint einfach nicht fair.

Es gibt jedoch noch eine weitere Quelle von Schmerz und Leiden in unserem Leben, die wir bedenken müssen. Dr. Karl Menninger beschreibt sie in seinem Buch *Was ist eigentlich aus der Sünde geworden?* Er schreibt über den beinahe in Vergessenheit geratenen Begriff des Ungehorsams gegen Gott und wie er unser Wohlbefinden untergräbt. Und tatsächlich, ein Großteil des Schmerzes, an dem wir Gott die Schuld geben, ist das Resultat dieser altmodischen Sünde. Ich spreche jetzt nicht von dem Fluch von Adams Sünde, sondern von dem persönlichen sündhaften Verhalten, das die menschliche Gesellschaft verwüstet.

Die Bibel spricht in ganz klaren Worten davon, daß es eine direkte Verbindung zwischen dem Ungehorsam gegenüber Gott und dem Tod gibt. Jakobus beschreibt diese Verbindung folgendermaßen: »Sondern ein jeder, der versucht wird, wird von seinen eigenen Begierden gereizt und gelockt. Danach, wenn die Begierde empfangen hat, gebiert sie die Sünde; die Sünde aber, wenn sie vollendet ist, gebiert den Tod« (Jak 1,14-15).

Jede Sünde trägt die Züge des Todes an sich. Es ist nicht so, daß Gott oben im Himmel säße und beschlossen hätte, diejenigen zu strafen, die Fehler machen. Aber er hat gewisse Verhaltensweisen verboten, weil er wußte, daß sie letztendlich ihre Opfer zerstören würden. Es ist nicht Gott, der uns in den Tod führt, sondern die Sünde. Und die Sünde entwickelt sich zu einem Krebsgeschwür, das diejenigen verzehrt, die es an sich dulden.

Der Apostel Paulus gebrauchte die folgenden Worte, um die bösartige Natur der Sünde in seinem eigenen Leben und das wunderbare Heilmittel für den Gläubigen zu beschreiben: »Ich elender Mensch! Wer wird mich erlösen von diesem todverfallenen Leib? Dank sei Gott durch Jesus Christus, unseren Herrn!« (Röm 7, 24 - 25)

Was ist dieser »todverfallene Leib«, von dem Paulus hier spricht? Der Begriff beschreibt eine grauenhafte Hinrichtungsmethode, die bei den Römern jener Zeit in Gebrauch stand. Ein Leichnam wurde so an einem Verurteilten befestigt, daß dieser sich nicht davon befreien konnte. Nach einer Weile begann dann das faulende Fleisch des Kadavers den Leib des Gefangenen zu vergiften. Die unweigerlichen Folgen waren schreckliche Krankheiten und Infektionen, die zu einem langsamen und qualvollen Tod führten. Das, sagte Paulus, ist die Wirkung der Sünde auf einen unbekehrten Menschen. Sie klammert sich an ihr Opfer und verseucht alles, was es berührt. Ohne das reinigende Blut Jesu Christi sind wir alle hoffnungslos von dieser Pest des Bösen durchdrungen.

Die Verbindung zwischen Sünde und Tod betrifft nicht nur individuelle Menschen, sondern ganze Völker. Im 18. Jahrhundert beispielsweise machten amerikanische Plantagenbesitzer und Geschäftsleute von der Sklaverei als einer Quelle billiger und bequemer Arbeitskräfte Gebrauch. Zweifellos wußten sie von allem Anfang an, daß sie sich auf etwas Böses einließen. Sklavenhändler entführten friedliche afrikanische Dorfleute und schleppten sie in Ketten gefesselt fort. Sie wurden so dicht in schmutzige, von Krankheiten verseuchte Schiffe gepfercht, daß rund 50 Prozent unterwegs starben. Jeder dieser Todesfälle war nichts anderes als Mord, dennoch gab es in Amerika einen florierenden Markt für die Überlebenden. Sie wurden gekauft und verkauft wie Tiere. Familien wurden rücksichtslos auseinandergerissen. Kinder wurden von der Seite ihrer Eltern gerissen, Eheleute wurden voneinander getrennt. Einige wurden geschlagen, andere wurden vergewaltigt, und einige mußten sich zu Tode arbeiten. Das ganze System war abscheulich, dennoch konnte es in einer Gesellschaft gedeihen, die sich als gottesfürchtig bezeichnete. Die Saat der Zerstörung sollte bald aufgehen.

Wenn die Sünde vollendet ist, sagt Jakobus, gebiert sie den Tod. Gott sei's geklagt, die schreckliche Sünde der Sklaverei erreichte ihre Vollendung im Jahre 1860, als sie zu einem schändlichen und das ganze Land verwüstenden Bürgerkrieg beitrug. Eine ganze Nation badete in ihrem eigenen Blut. Mehr Amerikaner wurden in diesem Kampf getötet als in allen anderen kriegerischen Auseinandersetzungen zusammen, einschließlich der Revolution, den beiden Weltkriegen, Korea, Vietnam und sämtlichen Scharmützeln dazwischen. 600.000 Gatten, Väter und Söhne zahlten mit ihrem Leben für die Gier und Torheit einer Nation.

Heute haben wir eine ähnliche Situation. Mehr als 30 Millionen ungeborene Kinder wurden getötet, seit der Oberste Gerichtshof im Jahre 1973 die abscheuliche Entscheidung im Fall Roe gegen Wade traf. Diese Zahl steht für mehr als zehn Prozent der Bevölkerung der USA, und sie wächst täglich um 4, 110. Ein solches Blutvergießen, das sich nun über die ganze Welt verbreitet hat, hat es noch nie in der Geschichte der Menschheit gegeben, und dennoch haben wir erst den Anfang gesehen. Sagen Sie mir nicht, dieses Verbrechen gegen die Menschlichkeit würde ungestraft bleiben! Diese kleinen Menschen, die noch keine Stimme haben, schreien zum Allmächtigen aus den Krematoriumsöfen und Mülldeponien, auf denen sie entsorgt worden sind. Eines Tages wird dieser »Holocaust an den Ungeborenen« Tod und Zerstörung über unser Volk regnen lassen. Warten Sie nur ab! Sie werden es erleben. Es liegt in der Natur des Universums. Die Sünde zerstört unweigerlich jeden, der sich mit ihr einläßt.

Lesen Sie die Worte des Herrn, die vor fast 4000 Jahren zu den Kindern Israel gesprochen wurden: »Ich nehme Himmel und Erde heute über euch zu Zeugen: Ich habe euch Leben und Tod, Segen und Fluch vorgelegt, damit du das Leben erwählst und am Leben bleibst, du und deine Nachkommen« (5. Mose 30,19).

Gestatten Sie mir ein weiteres Beispiel. Seit tausenden Jahren ist sich die Menschheit dessen bewußt, daß voreheliche und außereheliche Beziehungen gefährlich sind. Diejenigen, die diese Regel brachen, setzten sich dem Risiko von Syphilis, Gonorrhoe, unerwünschten Schwangerschaften und sozialer Ächtung aus. Frauen erfaßten die Gefahren der Promiskuität besser als Männer und versuchten sich dagegen zu schützen. Es gab natürlich Ausnahmen, aber im allgemeinen anerkannte und unterstützte die westliche Kultur die christlichen Moralvorschriften. Und Sie können sich dessen gewiß sein, daß diese Prinzipien vor allem im Interesse der Teenager unseres Volkes leidenschaftlich verteidigt wurden. Noch 1956 erhob sich ein Proteststurm unter den Eltern, als Elvis Presley auf offener Bühne bedeutungsvolle Hüftbewegungen machte, die freilich nach heutigen Begriffen noch zahm waren. Man wußte, wohin das noch führen würde.

Diese Verpflichtung zu vorehelicher Keuschheit und ehelicher Treue fand in unserer Gesellschaft zwischen 1620 und 1967 volle Unterstützung. Dann wurde plötzlich der biblische Standard fallengelassen. Man sagt, noch nie zuvor in der Geschichte habe eine Kultur ihr grundlegendes Wertsystem rascher abgestoßen als in den späten 60er Jahren. Promiskuöses Verhalten wurde als »neue Moral« bekannt, obwohl es weder neu noch moralisch war. Aber es machte Spaß. Die jungen Leute jener Tage zeigten sich erstaunlich trotzig gegenüber Konventionen und Traditionen. Nun, sie haben den Preis dafür bezahlt.

Das Tragische am plötzlichen Zusammenbruch der Sexualmoral in den späten 60er und frühen 70er Jahren war die schwächliche Nachgiebigkeit des Hauptstroms der protestantischen Kirchen. Zu einer Zeit, wo es nötig gewesen wäre, daß alle Christen Schulter an Schulter stehen und die biblische Ordnung verteidigen, hegten viele Denominationen selbst Zweifel an deren Gültigkeit. Eine gewaltige interne Diskussion tobte, ob die alten Verbote immer noch sinnvoll seien. Über diese Periode in der Geschichte der Kirche berichtete das Time Magazin am 13. Dezember 1971 in einem Artikel mit dem Titel: »Das neue Gebot: Du sollst nicht – vielleicht«:

Auf dem Berg Sinai machte Gott keinen Hehl aus Seiner Absicht: »Du sollst nicht ehebrechen«. Traditionsgemäß haben die frömm-

sten Christen dieses hebräische Gebot so ausgelegt, daß es sich auf alle sexuellen Beziehungen außerhalb der Ehe erstreckte. Jesus verurteilte sogar lüsterne Gedanken und sagte, der Mann, der sich ihnen hingebe, habe bereits »in seinem Herzen die Ehe gebrochen«. Aber in der letzten Zeit haben die Kirchen unter dem Druck eines veränderten Sexualverhaltens und liberaler Theologen widerwillig Frieden geschlossen mit der »neuen Moral«, die die Frage aufwirft, ob irgendeine »Sünde« – einschließlich des Ehebruchs und außerehelicher sexueller Beziehungen – unter allen Umständen verwerflich sei.

Die Bewegung begann in den 60er Jahren mit einer Gruppe von Autoren, die eine sogenannte »Situationsethik« entwarfen. Gemäß den Definitionen in einem vielgelesenen Buch von Joseph Fletcher, einem Mitglied der Episkopalkirche, gibt es immer Umstände, in denen die absoluten Verhaltensregeln ihre Gültigkeit verlieren. Der einzig wirklich gültige ethische Maßstab besteht darin, nachzufragen, was Gottes Liebe in jeder speziellen Situation verlangt.

Der Artikel schildert dann vier bedeutende Denominationen, die bereit waren, die Moralvorschriften für ihre Mitglieder zu lokkern. Sie alle hatten Berichte von internen Komittees erhalten, die eine neue Definition unmoralischen Verhaltens verlangten. Eine der größeren Kirchen zog in Erwägung, eine Resolution herauszugeben, in der der geschlechtliche Verkehr zwischen Unverheirateten, Homosexuellen und in »anderen persönlichen Arrangements« lebenden Personen geduldet wurde. Eine andere Denomination erwog einen Bericht, der besagte, voreheliche sexuelle Beziehungen seien nicht prinzipiell zu verurteilen, es sei denn, sie seien von selbstsüchtiger oder ausbeuterischer Natur. Wieder eine andere Kirche empfahl einen »gleitenden Maßstab für akzeptable voreheliche Beziehung, der sich an der Dauer, Tiefe und menschlichen Reife der Beziehung orientierte«. Dieser Bericht schilderte diverse »Ausnahmesituationen«, in denen Ehebruch gerechtfertigt sein könnte. Die vierte Denomination hatte ein Statement erhalten, in dem sechs christliche Erziehungsfachleute die Ansicht vertraten, »Sex sei moralisch gerechtfertigt, solange die Partner sich gegenseitig der Verwirklichung ihrer Persönlichkeit widmen« – wobei die Ehe als Voraussetzung bezeichnenderweise keine Erwähnung fand.

Der Artikel im *Time Magazine* endete mit dem folgenden Statement:

> *Im Gegensatz zu dem traditionellen Konzept, daß Gott von den Menschen verlangt, sich an ein vorgegebenes göttliches Verhaltensmuster anzupassen, hat die neue Moral die Idee auf ihre Fahnen geschrieben, daß Gott es lieber sähe, wenn die Menschen eigenverantwortlich ihre Entscheidungen träfen.*

Was für eine Verzerrung der biblischen Ordnung! Nirgends in der Heiligen Schrift – in keinem einzigen von 66 Büchern – gibt es auch nur den leisesten Hinweis, daß Gott damit einverstanden ist, daß wir unsere eigenen Regeln aufstellen. Das war jedoch die vorherrschende Meinung zu jener Zeit.

Jetzt, mehr als zwei Jahrzehnte später, müssen wir feststellen, daß die 1971 eingeführten radikalen Ideen in weiten Kreisen Eingang in die Gesellschaft gefunden haben. Traditionelle Moralvorstellungen haben massive Einbußen hinnehmen müssen, und ein freizügigeres Verhalten ist an ihre Stelle getreten. Einige Kirchen sind so weit gegangen, daß sie homosexuelle Beziehungen und in einigen Fällen sogar die Ordination von homosexuellen Geistlichen tolerieren. Teenager sind sogar in den konservativen Kirchen nur geringfügig weniger »sexuell aktiv« als jene außerhalb der Kirchen. Amerika und die meisten westlichen Nationen haben die Fesseln der Gesetzlichkeit erfolgreich abgeschüttelt. Eine neue Zeit ist angebrochen! Aber bevor wir uns vor Begeisterung überschlagen, sollten wir uns angemessenerweise fragen, was uns die »neue Moral« bislang eingebracht hat. Was war die Folge des Revisionismus, der Anfang der 70er Jahre so lebhaft diskutiert wurde?

Nun, Sie kennen die Antwort auf diese Frage. Der Krebs der Sünde ist herangereift und bringt eine atemberaubende Ernte des Todes ein. Lesen Sie die Statistiken – und trauern Sie:

– Eine Million Amerikaner sind HIV-positiv (in der ganzen Welt sind es 110 Millionen). Jeder dieser Unglücklichen wird früher oder später an AIDS sterben, es sei denn, es kommt zu der – allerdings unwahrscheinlichen – Entwicklung eines Heilmittels.

– Jährlich treten eine Million neue Fälle von Unterleibsentzündungen auf.

– Jährlich treten 1,3 Millionen neue Fälle von Gonorrhoe auf. Neue Bazillenstämme haben sich als resistent gegen Penicillin erwiesen.

– Syphilis hat den höchsten Verbreitungsgrad seit 40 Jahren erreicht; jährlich treten 134.000 Neuinfektionen auf.

– 500.000 Neuinfektionen mit Herpes treten jährlich auf. Man schätzt, daß 16,4 Prozent der Bevölkerung der USA im Alter zwischen 15 und 74 Jahren infiziert sind, das sind insgesamt mehr als 25 Millionen Amerikaner – bei bestimmten Bevölkerungsgruppen liegt die Infektionsrate sogar bei 60 Prozent.

– Die hauptsächliche Todesursache bei Frauen innerhalb der Gruppe der sexuell übertragbaren Krankheiten ist nicht AIDS, wie weithin angenommen wird. Es ist der HPV-Virus, der Gebärmutterkrebs hervorrufen kann. 6000 Frauen sterben jährlich in den USA an dieser Krankheit. 24 Millionen amerikanische Frauen sind bereits mit HPV infiziert.

– Eineinhalb Millionen ungeborene Babies werden jedes Jahr abgetrieben.

– Bis zu 20 Prozent der Bräute treten schwanger vor den Altar.

– Die Scheidungsrate in Amerika ist die höchste in der zivilisierten Welt.

Wir sind ein krankes Volk mit schwachen Familien, die ihre Aufgabe nicht mehr wahrnehmen können. Das Zentrum für Seuchenkontrolle der Vereinigten Staaten berichtete kürzlich, daß 43 Millionen unserer Bürger (fast ein Fünftel also) mit einer sexuell übertragbaren Krankheit behaftet sind. Einige werden daran sterben. Andere werden den Rest ihres Lebens dahinsiechen. Kann es da noch Zweifel geben, daß die sexuelle Befreiung eine soziale, geistliche und physiologische Katastrophe war?

Wir hätten darauf gefaßt sein sollen. Die Menschheit hat seit den Tagen, als die Schlange Eva im Garten Eden in Versuchung führte, schon immer versucht, ungestraft zu sündigen. Sie sagte zu ihr: »Keineswegs wirst du sterben.« Sie log. Die Täuschung dauert bis heute an. Sexualwissenschaftler und Familienberater wollen unseren Kindern immer noch einreden, sie könnten der Strafe entgehen, indem sie Kondome benutzen. Beklagenswerterweise hat die Bundesregierung zwei Milliarden Dollar dafür ausgegeben, um die Vorstellung zu fördern, voreheliche Sexualbeziehungen seien ganz in Ordnung, wenn man es nur »richtig mache«. Aber ihr Programm hat ein klägliches Ende genommen. Warum? Weil die Ordnung des Universums Ausdruck von Gottes ureigenstem Wesen ist, und *alles* Seiner lenkenden Hand unterliegt. Die da versuchen, zu sündigen, ohne die Folgen erleiden zu müssen, werden kläglich scheitern!

Manchmal frage ich die Leute, ob sie sich daran erinnern können, was Gott als erstes erschaffen hat, als Er die Welten an ihren Ort stellte. Sie versuchen sich anhand von Genesis 1 zu erinnern, ob Er als erstes das Licht schuf oder das Firmament oder die Himmel. Keine dieser Antworten ist richtig. Wir finden in Sprüche 8 einen Hinweis, daß der Erschaffung des physikalischen Universums etwas anderes vorausging. In dieser Textstelle spricht Gottes Wertsystem – Seine »Weisheit« – in der ersten Person. Lassen Sie uns die Stelle gemeinsam lesen:

> *Der Herr hat mich schon gehabt im Anfang seiner Wege, ehe er etwas schuf, von Anbeginn her. Ich bin eingesetzt von Ewigkeit her, im Anfang, ehe die Erde war. Als die Meere noch nicht waren, ward ich geboren, als die Quellen noch nicht waren, die vom Wasser fließen. Ehe denn die Berge eingesenkt wurden, vor den Hügeln ward ich geboren, als er die Erde noch nicht gemacht hatte noch die Fluren darauf noch die Schollen des Erdbodens. Als er die Himmel bereitete, war ich da, als er den Kreis zog über den Fluten der Tiefe, als er die Wolken droben mächtig machte, als er stark machte die Quellen der Tiefe, als er dem Meer seine Grenze setzte und den Wassern, daß sie nicht überschreiten seinen Befehl; als er die Grundfesten der Erde legte, da war ich als sein Liebling bei ihm, ich war seine Lust täglich und spielte vor ihm allezeit; ich spielte auf seinem Erdkreis und hatte meine Lust an den Menschenkindern. So hört nun auf mich, meine Söhne! Wohl denen, die meine Wege einhalten! Höret die Mahnungen und werdet weise*

und schlagt sie nicht in den Wind! Wohl dem Menschen, der mir gehorcht, daß er wache an meiner Tür täglich, daß er hüte die Pfosten meiner Tore! Wer mich findet, der findet das Leben und erlangt Wohlgefallen vom Herrn. Wer aber mich verfehlt, zerstört sein Leben; alle, die mich hassen, lieben den Tod (Spr 8,22-36).

Was für eine klare Schilderung des göttlichen Wesens! Die Richtlinien für die Menschen waren kein verspäteter Einfall, der Gott nach der Erschaffung der Menschheit gekommen wäre. Die Zehn Gebote fielen dem Herrn nicht erst ein, nachdem Er den Ungehorsam der Kinder Israel in der Wüste beobachtet hatte. Nein, die Bedeutung von Recht und Unrecht entsprang Gottes eigenem Wesen und hat immer schon existiert. Zweifellos ging sie dem Werk der Schöpfung voraus, wie es in Genesis 1 beschrieben wird.

Was bedeutet das für Sie und mich? Es illustriert, welche Autorität hinter den Geboten der Heiligen Schrift steht! Sie sind tatsächlich weitaus bedeutender als die physikalischen Gesetze. Das physikalische Universum wird eines Tages vergehen und durch ein anderes ersetzt werden, aber Gottes Wesen besteht ewiglich. Und jeder, der sich ihm widersetzt, »liebt den Tod«.

Nun, warum habe ich diese Erklärung in einer Diskussion über Gottes Eingreifen in unser Leben herangezogen? Weil ich daran glaube, daß wir viele der Prüfungen und Heimsuchungen, die uns begegnen, selbst verschuldet haben. Einige sind die direkte Konsequenz der Sünde, wie wir bereits gesehen haben. In anderen Fällen ist der Schmerz, den wir erleiden, das Resultat unkluger Entscheidungen. Wir schaffen oft durch unsere eigene Dummheit und Verantwortungslosigkeit ein solches Chaos in unserem Leben. Wenn man überlegt, in welchem Ausmaß die Menschheit schiere Narreteien produziert, dann versteht man, wie der Autor Mark Twain die Bemerkung machen konnte: »Manchmal erscheint es einem wirklich als eine Schande, daß Noah und seine Leute nicht ihr Boot verpaßt haben.«

Ich denke da an eine Ausfahrt zum Fischen auf hoher See, die ich gemeinsam mit meinem Sohn Ryan unternahm, als er etwa zehn Jahre alt war. Der Kapitän unseres Schiffes entdeckte einen mächtigen Fischschwarm, der 25 Wochenendfischer in helle Aufregung versetzte. Wir fingen an, wie verrückt die Angeln auszuwerfen. Ich selbst war so beschäftigt mit einem Thunfisch, daß ich gar nicht bemerkte, was mein unerfahrener Sohn tat. Dann warf ich einen Blick zu ihm hinüber und sah, daß er bis an die Ellbogen in einem Wirrwarr aus Angelschnur steckte, das seinesgleichen noch nicht gesehen hatte. Mir ist bis heute nicht klar, wie dieser Junge es geschafft haben kann, eine perfekt aufgerollte Länge Schnur in ein solches Durcheinander zu verwandeln. Es war ein hoffnungsloser Fall. Houdini persönlich hätte es nicht mehr entwirren können. Ich mußte etwa 150 Yards »Schnur«, wie Ryan es nannte, abschneiden und wegwerfen, um ihn aus dem Zeug zu befreien.

Diese verknotete, verwirrte Angelschnur ist ein Symbol dafür, was viele von uns mit ihrem Leben anfangen. Wir trinken zuviel oder sind zwanghafte Glücksspieler oder gestatten pornographischen Bildern, unsere Gedanken zu beherrschen. Wir fahren zu schnell und arbeiten, als gebe es kein Morgen. Wir fordern den Chef respektlos heraus und gehen dann hoch, wenn er zurückschlägt. Wir verjubeln Geld, das wir nicht haben und niemals zurückzahlen können. Wir streiten und zanken in der Familie und machen uns und unseren Familien das Leben zur Hölle. Wir machen uns geradezu auf die Suche nach Ärger. Wir spielen mit dem Drachen der ehelichen Untreue. Wir brechen die Gesetze Gottes und glauben dann allen Ernstes, wir könnten damit davonkommen. Wenn dann der »Sold« dieser Sünden und Torheiten fällig wird, wenden wir entsetzte Gesichter zum Himmel und schreien auf: »Warum gerade ich, Herr?« In Wirklichkeit erleiden wir nur die natürlichen Folgen eines gefährlichen Lebenswandels, der unweigerlich zu Schmerz und Leid führen muß.

Ich will nun natürlich nicht behaupten, daß jedes körperliche Leiden und jeder Kummer die Folge einer Sünde sei – diese Fallgrube haben wir bereits im 5. Kapitel besprochen. Es gibt jedoch Situationen, wo eine Verbindung nicht zu leugnen ist. Ich denke an die Krankheiten, die aus dem Mißbrauch des eigenen Körpers entstehen, wie Lungenkrebs als Folge von Zigarettenrauch oder Leberzirrhose als Folge von Alkoholismus oder Geisteskrankheit, der massiver Drogenmißbrauch vorangegangen ist. Dies sind Wunden, die wir uns selbst zufügen.

Ein Beispiel, das heute besonders relevant ist, ist das Phänomen der HIV-Infektion. Die Frage wird oft gestellt: Hat Gott die AIDS-Epidemie als Strafe für homosexuelle Beziehungen gesandt? Ich glaube von ganzem Herzen, daß die Antwort hier Nein heißen muß! Viele unschuldige Opfer, einschließlich neugeborener Kinder, leiden und sterben an dieser Krankheit. Ein Fluch Gottes würde nur den Schuldigen allein treffen. Die HIV-Infektion wird jedoch unbestreitbar durch Sodomie, Drogenkonsum und Promiskuität verbreitet, also trägt ein sündhafter Lebenswandel dazu bei, die Epidemie zu schaffen, die nun die ganze menschliche Familie bedroht.

Stellen Sie sich die Sache so vor. Wenn ich mich entschließe, aus einem zehn Stockwerke hohen Gebäude zu springen, dann bin ich tot, sobald mein Körper auf den Boden unten aufschlägt. Das ist unvermeidlich. Aber die Schwerkraft wurde nicht von Gott erfunden, um mich für meine Selbstmordabsichten zu bestrafen. Er hat physikalische Gesetze erlassen, die nicht ohne Gefahr verletzt werden dürfen. Dasselbe gilt für Seine Gebote für unser Leben. Sie sind so real und vorhersehbar wie die Prinzipien, die das physikalische Universum in Gang halten. Deshalb wußte Er auch (und wir hätten es ebenfalls wissen müssen), daß mit dem Ausbruch der sexuellen Revolution im Jahre 1967 dieser Tag der Krankheit und Promiskuität herannahen würde. Jetzt ist er da, und was wir mit unserer Situation anfangen, wird mit dazu beitragen, wie sehr wir selbst und unsere Kinder in Zukunft leiden werden.

Vielleicht kann uns eine abschließende Geschichte dabei helfen, diese Diskussion abzuschließen und uns ein Bild davon geben, wohin uns meiner Meinung nach dieser Kampf zwischen Gut und Böse führen wird.

Ich hörte von einem Missionar in Afrika, der eines nachmittags zu seiner Hütte zurückkehrte. Als er zur Vordertüre hineinging, entdeckte er eine mächtige Pythonschlange auf dem Boden. Er rannte zurück zu seinem Lastwagen und holte eine Pistole Kaliber 45. Unglücklicherweise hatte er nur eine Kugel im Lauf und keine zusätzliche Munition. Er zielte sorgfältig und sandte einen einzigen Schuß in den Kopf der Schlange. Sie war tödlich getroffen, aber sie starb nicht sofort. Sie begann sich wie rasend auf dem Boden zu krümmen und um sich zu schlagen. Der Missionar floh in den Hof hinaus. Er konnte hören, wie drinnen Möbel zerbrachen und Lampen zerschellten. Schließlich war alles still, und der Mann betrat vorsichtig sein Zuhause. Er fand die Schlange tot, aber die gesamte Inneneinrichtung der Hütte war zerschmettert. In ihrem Todeskampf hatte die Schlange all ihre gewaltige Kraft entfesselt und in ihrer Wut alles im Umkreis zerstört.

Später zog der Missionar einen Vergleich zwischen dieser Python und der großen Schlange, die Satan genannt wird. Unser Gegner ist bereits tödlich verwundet durch den Tod und die Auferstehung Jesu Christi (in Genesis 3,15 sagte der Herr zu der Schlange: »Und ich will Feindschaft setzen zwischen dir und dem Weibe und zwischen deinem Nachkommen und ihrem Nachkommen; der soll dir den Kopf zertreten, und du wirst ihn in die Ferse stechen.«) Die Tage der Schlange sind gezählt und sie weiß es. In einer letzten verzweifelten Anstrengung, den Willen Gottes zunichte zu machen und Sein Volk irrezuführen, hat der Satan all seine Wut entfesselt. Er nährt Haß und Täuschung und Aggression, wo immer menschliche Interessen einander ins Gehege geraten. Vor allem verachtet er die Institution der Familie, die die Beziehung zwischen Jesus Christus und Seiner Gemeinde symbolisiert.

Wie können wir in einer so gefährlichen Umgebung überleben? Wie können wir der Wut des Satans in diesen letzten Tagen entgegentreten? Zugegeben: Wären wir auf uns selbst gestellt, wir hätten keine Chance. Aber hören Sie, was Jesus über Seine Nachfolger sagte: »Meine Schafe hören meine Stimme, und ich kenne sie, und sie folgen mir; und ich gebe ihnen das ewige Leben, und sie werden nimmermehr umkommen, *und niemand wird sie aus meiner Hand reißen*« (Joh 10,27-29).

Weil wir einen Erlöser haben, brauchen wir den großen Betrüger nicht zu fürchten – den Vater der Lüge. Wir finden an vielen Stellen der Bibel das Versprechen, daß wir unsere Kämpfe niemals allein ausfechten müssen. Johannes, der Jünger, den Jesus liebte, schrieb diese Worte der Ermutigung nach einem Leben im Dienst seines Herrn: »Meine Kinder, dies schreibe ich euch, damit ihr nicht sündigt. Und wenn jemand sündigt, so haben wir einen Fürsprecher bei dem Vater, Jesus Christus, der gerecht ist. Und er ist die Versöhnung für unsere Sünden, nicht allein aber für die unseren, sondern auch für die der ganzen Welt« (1. Joh 2, 1-2).

Der Apostel Paulus bestätigte uns, daß die Sünde keine Gewalt über uns haben muß. Er schrieb:

> *Da wir nun gerecht geworden sind durch den Glauben, haben wir Frieden mit Gott durch unseren Herrn Jesus Christus; durch ihn haben wir auch den Zugang im Glauben zu dieser Gnade, in der wir stehen, und rühmen uns der Hoffnung der zukünftigen Herrlichkeit, die Gott geben wird (Röm 5,1-2).*

Das ist eine frohe Botschaft für alle, die müde und von den Anforderungen des Lebens niedergedrückt sind. Wir können alles in einem einfachen Satz zusammenfassen: Gott steht nicht gegen uns wegen unserer Sünden. Er steht auf unserer Seite gegen unsere Sünden. Das ist der Unterschied!

Weitere Fragen und Antworten

Kehren wir zu unseren Fragen zurück und sehen wir uns einige zusätzliche Fragen ein wenig näher an.

1. Für unsere drei Kinder wurde bereits gebetet, bevor sie empfangen waren, und wir haben ihre Namen fast jeden Tag ihres Lebens vor den Herrn gebracht. Aber unsere mittlere Tochter hat sich entschlossen, unseren Glauben zurückzuweisen und tut Dinge, von denen sie genau weiß, daß sie falsch sind. Sie lebt mit einem Mann zusammen, der zweimal geschieden ist und hat offenbar nicht die geringste Absicht, ihn zu heiraten. Sie hat unseres Wissens zumindest zweimal abtreiben lassen, und ihre Sprache ist einfach schauderhaft. Meine Frau und ich haben bis zur Erschöpfung gebetet, und dennoch hat sie nicht das geringste Interesse daran gezeigt, in die Gemeinde zurückzukehren. Zuweilen werde ich sehr zornig auf Gott, daß Er das so zugelassen hat. Ich habe mir die Augen ausgeweint. Können Sie uns ein Wort der Ermutigung schenken?

Ich kann Ihren Schmerz nur zu gut verstehen. Ich glaube, daß ein vom rechten Wege abgeirrtes Kind einer der Hauptgründe ist, warum Menschen sich von Gott enttäuscht fühlen. Christlichen Eltern ist *nichts* wichtiger als das ewige Heil ihrer Kinder. Jedes andere Ziel, jeder andere Erfolg im Leben erscheint leer und bedeutungslos im Vergleich zu der Aufgabe, den Glauben an die Kinder weiterzugeben. Es ist der einzige Weg, wie eine Familie in alle Ewigkeit zusammensein kann, und diese Menschen haben wie Sie Tag und Nacht um ein geistliches Erwachen ihrer Kinder gebetet. Unglücklicherweise besteht die Neigung, Gott die Schuld zu geben, wenn Er diese Gebete nicht erhört, und viele haben mit einem intensiven Gefühl der Bitterkeit zu kämpfen. Die »Barriere des Betrogenseins« fordert ein weiteres Opfer!

Oft resultiert dieser Groll gegen den Herrn aus einem Mißverständnis dessen, was Er in den Leben derjenigen, für die wir eintreten, tun wird – und was Er nicht tun wird. Die Schlüsselfrage hier heißt: Wird Gott von unseren Kindern verlangen, daß sie Ihm dienen, wenn sie den Weg der Rebellion wählen? Das ist eine ganz entscheidende Frage.

Die Antwort, die ich von Dr. John White und anderen Theologen erhalten habe, heißt: Gott drängt sich niemandem gewaltsam auf. Wäre das Seine Absicht, würde kein Mensch jemals verlorengehen. »Der Herr ... hat Geduld mit euch und will nicht, daß jemand verloren werde, sondern daß jedermann zur Buße finde« (2. Petr 3, 9). Um diese großartige Erlösung in Anspruch nehmen zu können, gibt es jedoch eine Bedingung. Ein Mensch muß die Hand ausstrecken und sie ergreifen. Er oder sie muß ihre Sünden bereuen und an den Namen des Herrn Jesus Christus glauben. Ohne diesen Schritt des Glaubens ist das Geschenk der Vergebung und des ewigen Lebens unmöglich.

Was erreicht unser Gebet dann, wenn es einen Bereich gibt, in den der Vater nicht eindringen will? Ich zitiere Dr. Whites Buch – ein Buch voll tiefer Einsichten – mit dem Titel *Leidende Eltern:*

> *Hier liegt der Schlüssel zum Verständnis, wie wir für unsere eigenen Kinder oder sonst jemand beten sollten. Wir dürfen voll Vertrauen bitten, daß Gott die Augen der geistlich Blinden öffnen möge. Wir dürfen darum bitten, daß die Selbsttäuschungen, hinter denen sich die Sünder verstecken, im harten Licht der Wahrheit hinweggebrannt werden mögen, daß dunkle Höhlen zerbersten mögen, damit einem Mann, einer Frau die Hülle der Selbsttäuschung herabgerissen werden möge, um das Grauen ihrer Nacktheit im heiligen Licht Gottes zu enthüllen. Wir dürfen vor allem darum bitten, daß die Glorie des Antlitzes Jesu Christi die geistliche Blindheit durchleuchten möge, die der Fürst dieser Welt auf*

ihre Augen gelegt hat (2. Kor 4,4). All dies dürfen wir erbitten und volle Gewißheit haben, daß Gott uns nicht nur hören, sondern uns auch mit Freuden antworten wird.
Aber wir dürfen Ihn nicht bitten, daß Er einen Mann, eine Frau, ein Kind zwingen möge, Ihn zu lieben und Ihm zu vertrauen. Sie aus den Fängen überwältigender Versuchung zu befreien: Ja. Ihnen jede nur denkbare Möglichkeit zur Bekehrung zu bieten: Ja. Seine Schönheit, Seine Zärtlichkeit, Seine Vergebung zu enthüllen: Ja. Aber einen Menschen gegen seinen Willen zu zwingen, daß er das Knie vor Ihm beuge: nie und nimmer. Und daß Er einen Menschen zwingen möge, Ihm zu vertrauen: niemals.

In anderen Worten: Der Herr wird keinen Menschen gegen seinen Willen erretten, aber Er hat tausend Wege zur Verfügung, wie Er ihn williger machen kann. Unsere Gebete entfesseln die Macht Gottes im Leben eines anderen Menschen. Uns wurde das Privileg geschenkt, in das fürbittende Gebet für unsere Lieben einzutreten und ihre Namen und Gesichter vor den Vater zu bringen. Als Antwort darauf stellt Er die alles entscheidende Alternative diesem Menschen kristallklar vor Augen und bringt positive Einflüsse in ihrem oder seinem Leben zum Tragen, um die Wahrscheinlichkeit, daß er oder sie das Rechte tut, zu verstärken. Darüber hinaus wird Er nicht gehen.

Zugegeben, wir begeben uns hier, theologisch gesehen, in tiefes Wasser. Wer weiß schon genau, wie Gott auf Fürbitten reagiert und wie Er an einem irrenden Herzen handelt? Wie kann ich die Gebete meines Urgroßvaters mütterlicherseits erklären, der im Jahr vor meiner Geburt starb? Dieser wundervolle Mann Gottes, G.W. McCluskey, nahm es auf sich, die Stunde zwischen 11 und 12 Uhr jeden Mittag im Gebet für das geistliche Wohlergehen seiner Familie zu verbringen. Er sprach mit dem Herrn nicht nur über jene Lieben, die damals am Leben waren. McCluskey betete auch für Generationen von Ungeborenen. Dieser gottesfürchtige Mann brachte mich vor den Herrn, noch bevor ich empfangen war.

Gegen Ende seines Lebens machte mein Urgroßvater eine verblüffende Ankündigung. Er sagte, Gott habe ihm zugesagt, daß jedes einzelne Mitglied von vier Generationen – die bereits Lebenden und die noch Ungeborenen – Gläubige sein würden. Nun, ich gehöre der vierten Generation nach seiner eigenen an, und die Sache hat sich weit interessanter entwickelt, als er sich jemals hätte träumen lassen.

Die McCluskeys hatten zwei Mädchen, wovon die eine meine Großmutter und die andere meine Großtante war. Beide wuchsen heran und heirateten Geistliche der Denomination, der ihr Vater und ihre Mutter angehörten. Die beiden Frauen schenkten insgesamt fünf Mädchen und einem Jungen das Leben. Eines dieser Mädchen war meine Mutter. Alle fünf Mädchen heirateten Geistliche der Denomination ihres Großvaters, und der Junge wurde Pastor. Mein Cousin H. B. London und ich waren die ersten, die aufs College gingen, und wir waren Zimmerkameraden. Bald darauf erklärte er mir, Gott habe ihn zum Prediger berufen. Ich kann Ihnen versichern, allmählich machte mich die Familientradition nervös!

Ich hatte niemals das Gefühl, daß Gott von mir verlangte, Geistlicher zu werden, also ging ich auf die Universität und wurde Psychologe. Und dennoch habe ich mein ganzes Berufsleben damit verbracht, über die Bedeutung des Glaubens an Jesus Christus zu sprechen, zu lehren und zu schreiben. Manchmal sitze ich auch auf dem Podium und warte darauf, vor einer Kirche voll Christen eine Rede zu halten. Dann frage ich mich, ob mich mein Großvater nicht von irgendwoher anlächelt. Seine Gebete haben über vier Generationen hinweg ihre Kraft entfaltet und beeinflussen mein heutiges Leben.

Was sagt uns das über den freien moralischen Willen und das Recht, seinen Weg selbst zu wählen? Ich habe keine Ahnung. Ich weiß nur, daß Gott die Gebete Seiner gerechten Anhänger in Ehren annimmt, und wir sollten vor Ihm bleiben, bis jedes unserer Kinder jede Möglichkeit zur Buße bekommen hat. Wir müssen uns jedoch vor Augen halten, daß Gott den Willen des einzelnen nicht niedertrampeln wird. Er geht respektvoll mit jedem Menschen um und versucht, ihn oder sie an sich zu ziehen. Wir dürfen daher nicht Gott die Schuld geben, wenn sich dieser Prozeß über Jahre hinzieht – oder niemals ein erfolgreiches Ende findet. Das ist der Preis der Freiheit.

2. Ihre Antwort deutet an, daß wir weiterhin für unsere Tochter beten sollen, Jahr um Jahr, bis sie zu ihrem Glauben zurückkehrt. Soll das heißen, daß Gott nicht beleidigt ist, wenn wir immer wieder mit derselben Bitte vor Ihn treten? Ist es das, was Er um ihretwillen von uns erwartet?

Ja. Wenn das, was Sie erbitten, zweifellos der Wille Gottes ist, wie das Gebet für die Errettung Ihrer Tochter, dann sollten Sie die Sache immer wieder vor Ihn bringen, bis Sie eine Antwort erhalten. Zur Zeit tobt eine spirituelle Schlacht um ihre Seele, und Ihre Gebete sind lebenswichtig, um diesen Kampf zu gewinnen. Paulus ermahnte uns, zu beten »ohne Unterlaß« (1. Thess 5, 17). Hat uns Jesus im Gleichnis vom Ungerechten Richter nicht dasselbe gelehrt? Wir wollen es gemeinsam im Evangelium nach Lukas nachlesen:

> *Er sagte ihnen aber ein Gleichnis darüber, daß sie allezeit beten und nicht nachlassen sollten, und sprach: Es war ein Richter in einer Stadt, der fürchtete sich nicht vor Gott und scheute sich vor keinem Menschen. Es war aber eine Witwe in derselben Stadt, die kam zu ihm und sprach: Schaffe mir Recht gegen meinen Widersacher!*
> *Und er wollte lange nicht. Danach aber dachte er bei sich selbst: Wenn ich mich schon vor Gott nicht fürchte noch vor keinem Menschen scheue, will ich doch dieser Witwe, weil sie mir so viel Mühe macht, Recht schaffen, damit sie nicht zuletzt komme und mir ins Gesicht schlage.*
> *Da sprach der Herr: Hört, was der ungerechte Richter sagt! Sollte Gott nicht auch Recht schaffen seinen Auserwählten, die zu ihm Tag und Nacht rufen, und sollte er's bei ihnen lange hinziehen? Ich sage euch: Er wird ihnen Recht schaffen in Kürze (Lk 18,1-8).*

Ich liebe diese Schriftstelle, weil sie uns sagt, daß Gott uns unsere Beharrlichkeit im Gebet nicht übelnimmt. Er drängt uns dazu, nicht aufzugeben, sondern den Himmel mit den Sehnsüchten unseres Herzen zu bestürmen. Das ist Ermutigung genug für mich, daß ich ein Leben lang beten wollte.

Ich habe Ihnen bereits eine Geschichte über meinen Urgroßvater mütterlicherseits erzählt. Wenn Sie gestatten, erzähle ich Ihnen auch noch ein Ereignis aus dem Leben meiner Großmutter väterlicherseits, Juanita Dobson. Sie verstand, was es bedeutet, »ohne Unterlaß« zu beten, selbst wenn sie nur wenig Ermutigung fand. Sie war eine tiefgläubige Christin, die mit einem ungläubigen Mann verheiratet war. Da er ein anständiger und zutiefst moralischer Mensch war, sah er keine Notwendigkeit für eine persönliche Entscheidung für Jesus Christus. Dieser Umstand hätte ihn beinahe verdammt.

Er hatte nichts dagegen, daß seine Frau zur Kirche ging und »ihren religiösen Kram machte«, aber er wollte nichts damit zu tun haben. Vor allem wehrte er sich gegen jeden Versuch, ihn hineinzuziehen. Diese Türe wurde regelmäßig zugeschlagen. Statt zu versuchen, ihren Mann zu einer Entscheidung für Christus zu drängen, begann Juanita einen Gebetsfeldzug, der sich über Jahrzehnte hinzog. Sie fastete jahrelang regelmäßig für seine Errettung, obwohl kein Hinweis kam, daß ihr Flehen jemals erhört wurde!

Dennoch blieb das Herz meines Großvaters hart und kalt. Aber als er 69 Jahre alt war, erlitt er eine Serie von Schlaganfällen und blieb teilweise gelähmt. Er war ein mächtiger Mann gewesen, fast ein Meter und neunzig groß, Schaffner bei der Eisenbahn, und war nie einen Tag in seinem Leben krank gewesen. Es machte ihn völlig fertig, daß er nun hilflos war. Eines Nachmittags kümmerte sich seine Tochter um ihn und bereitete seine Medikamente vor. Als sie sich über ihn beugte, um sein Bett zu richten, sah sie, daß er weinte. Niemand hatte diesen stolzen, selbstbewußten Mann je eine Träne vergießen gesehen. Die Tochter war zutiefst erschrocken und fragte: »Papa, was ist nicht in Ordnung?«

Er antwortete: »Liebling, lauf und hol deine Mutter.«

Meine Großmutter kam die Treppe heraufgerannt und kniete neben dem Bett ihres Gatten nieder. Er ergriff ihre Hand und sagte: »Ich weiß, daß ich sterben muß, und ich habe keine Angst vor dem Tod. Aber es ist so dunkel. Würdest du für mich beten?«

Meine Großmutter sagte: »Ob ich für dich beten möchte?« Sie hatte mehr als vierzig Jahre darauf gewartet, daß er ihr diese Frage stellen würde! Sie begann den Himmel anzuflehen, er möge ihrem Mann gnädig sein, und er nahm dort auf seinem Krankenbett Jesus Christus in sein Leben auf. Meine Großmutter sagte, es sei gewesen, als hätten die himmlischen Heerscharen in ihrem Herzen zu singen begonnen. Großvater Dobson starb zwei Wochen später mit einem Zeugnis auf den Lippen. Ich bin überzeugt, daß er und meine Großmutter heute im Himmel sind, weil sie in ihrem Glauben niemals wankend wurde.

Winston Churchill sagte während des Zweiten Weltkriegs: »Gebt niemals auf. Gebt niemals, niemals, niemals auf!« Dieser Rat gilt nicht nur für Nationen, die von Feinden bedrängt werden, sondern auch für Gläubige, die mit dem Allmächtigen in Kontakt treten wollen. Ich sage es noch einmal: Väter und Mütter, eure höchste und wichtigste Aufgabe ist es, eure Kinder in die Herde zu führen. Hört nicht auf zu beten, bevor ihr dieses Ziel nicht erreicht habt!

3. Sie sprachen von menschlichem Stolz und der Beleidigung, die er für Gott bedeutet. Ich verstehe nicht ganz, was damit gemeint ist. Sollte die Menschheit nicht stolz sein dürfen auf ihre Errungenschaften und Entdeckungen? Empfinden Sie nicht Bewunderung dafür, was die moderne Wissenschaft, die Medizin und die Künste hervorgebracht haben? Was ist so schlimm an ein bißchen Selbstzufriedenheit und Selbstvertrauen? Wenn Gott überhaupt existiert, will Er dann, daß wir wie Bettler vor Ihm zu Kreuze kriechen?

Ich war früher Professor an der medizinischen Fakultät einer großen Universität und habe Gelegenheit genug gehabt, die Wunder zu bestaunen, die Forschung und wissenschaftlicher Fortschritt bewirkt haben. Ich bin dankbar dafür, daß wir in einer Zeit leben, in der jeder, der eine öffentliche Bücherei aufsuchen kann, sich ein gewaltiges Wissen verfügbar machen kann. Wir leben zweifellos in einer bemerkenswerten Zeitepoche, und wir haben allen Grund, uns über die Bemühungen zu freuen, die allseits gemacht werden, um menschliches Leid zu verringern und uns allen ein besseres Leben zu ermöglichen. Fortschritt an sich ist keine Beleidigung Gottes.

Aber es ist etwas Böses an der heute allgemein verbreiteten Vorstellung, daß der Mensch keinen Gott mehr braucht – daß wir ganz gut alleine zurechtkommen. Noch ekelhafter ist die Philosophie des New Age, die bloßen Sterblichen den Status von Göttern einräumen will. Ihre Anhänger vergötzen das menschliche Gehirn, als hätte dieses Pfund runzliger grauer Materie sich irgendwie von selbst aus dem Nichts erschaffen. Zahllose kleine Ableger von Shirley MacLaine verkünden: »Wir gebrauchen nur fünf Prozent unserer geistigen Kräfte. Stellen Sie sich einmal vor, was möglich wäre, wenn wir unser gesamtes Potential entfalten könnten.« Ich bin durchaus für eine gute Ausbildung, aber diese Vorstellung vom »menschlichen Potential« ist einfach unsinnig. Wenn es möglich wäre, unsere geistigen Fähigkeiten zu 95 Prozent zu gebrauchen, dann hätte wohl schon irgendein kluger Kopf unter den fünf Milliarden jetzt lebenden Menschen eine Methode entdeckt, es auch tatsächlich zu tun. Und selbst wenn es möglich wäre, würden wir immer noch sehr kleine Lichtlein im Vergleich zur Weisheit und Macht des Allmächtigen sein.

Das Wort *Arroganz* kommt mir in diesem Zusammenhang in den Sinn. Obwohl wir dank der Gnade eines liebenden Gottes existieren, versucht die Menschheit beständig, Ihn als die Autorität des Universums vom Thron zu stoßen. Wir haben Seine Gebote über Bord geworfen und sie durch unsere mickrigen Einfälle und Ideen ersetzt. Der Humanismus ist zu dem Schluß gekommen, daß es keine ewigen Wahrheiten, keine transzendenten Werte, keine ewig gültigen Begriffe von Recht und Unrecht gibt. Was einer gewissen Zeit richtig erscheinen mag, *ist* richtig. Die Moral wird durch Volksbefragung festgelegt, als würde die Summe aller Unwissenheit irgendwie die Wahrheit ergeben. Im Verlauf dieser Entwicklung haben wir den Glauben unserer Väter vergessen, der uns liebevoll von Generation zu Generation weitergereicht und unserer Fürsorge anvertraut wurde.

Arroganz ist natürlich keine neue Erscheinung in der menschlichen Geschichte. Jesus erzählt uns von einem reichen Kornbauern, der Gott nicht nötig hatte. Sein Leben war säuberlich geordnet. Er hatte in diesem Jahr eine so reiche Ernte eingebracht, daß seine Scheune nicht ausreichte, um sie unterzubringen. In einer Welt voll Leid und Hunger war das sein größtes Problem.

Und er dachte bei sich selbst und sprach: Was soll ich tun? Ich habe nichts, wohin ich meine Früchte sammle. Und sprach: Das will ich tun. Ich will meine Scheunen abbrechen und größere bauen, und will darin sammeln all mein Korn und meine Vorräte, und will sagen zu meiner Seele: Liebe Seele, du hast einen großen Vorrat für viele Jahre, habe nun Ruhe, iß, trink und habe guten Mut! Aber Gott sprach zu ihm: Du Narr! Diese Nacht wird man deine Seele von dir fordern, und wem wird dann gehören, was du angehäuft hast? (Lk 12,18-20).

Dieser reiche Bauer, der in seinem Überfluß schwelgte, erinnert mich an die heutigen Superstars und Gesellschaftslöwen. Nehmen Sie eine beliebige Ausgabe der Zeitschrift *People* zur Hand, und Sie werden merken, wie der Gestank menschlichen Stolzes Ihnen entgegenschlägt. Wenn ich an Arroganz und Verachtung Gottes denke, dann fällt mir beispielsweise immer der verstorbene Rockstar John Lennon ein. Er und die übrigen Beatles rebellierten gegen alles, was heilig und rein ist. Sie nahmen an den abscheulichsten homosexuellen und heterosexuellen Orgien teil, sie verbreiteten den Gebrauch von Marihuana und harten Drogen in einer Generation junger Menschen. Wir leiden heute noch an dieser Pest. Ein Teil ihrer Musik, so melodisch und raffiniert sie auch sein mag, spiegelte diese Dekadenz wieder und bereitete den Weg für die dämonischen Exzesse der heutigen Rockindustrie.

Lennon machte zudem keinen Hehl daraus, ein Atheist zu sein. Eine seiner bekanntesten Kompositionen ist ein Song mit dem Titel »Imagine«, der eine Welt schildert, in der keine Religion mehr die Menschheit verwüstet. Lennon hatte das Gefühl, daß Vaterlandsliebe und der Glaube an Gott für Kriege und andere soziale Übel verantwortlich seien. Er sagte 1966:

Das Christentum wird abtreten müssen. Es wird schrumpfen und dann vergehen. Da gibt es keine Debatte. Ich habe recht und es wird sich erweisen, daß ich recht habe. Wir sind heute populärer als Jesus; ich weiß nicht, wer von beiden früher zugrunde gehen wird – Rock'n'Roll oder das Christentum. Jesus war schon in Ord-

nung, aber seine Jünger waren vulgäre Klotzköpfe. Wie sie die Sache verdreht haben, das ruiniert sie für mich.

Wie es sich herausstellen sollte, war Lennon derjenige, der abtreten mußte. 1980 erlag er fünf Schüssen, die ein Psychopath auf den Straßen New Yorks auf ihn abfeuerte. Der Sünde Sold war der Tod. Jetzt muß er sich vor dem rechtfertigen, der sagte: »Die Rache ist mein; ich will vergelten, spricht der Herr« (Röm 12, 19).

Jedermann ist ein Narr, sei er noch so intelligent und erfolgreich, der meint, er könne den Gott des Universums links liegen lassen. So einfach ist das.

4. Wenn ich versuche, zu verstehen, warum Gott tut, was Er tut, dann denke ich oft über die geistliche Welt nach, die uns in der Bibel geschildert wird. Glauben Sie daran, daß ein solches unsichtbares Reich wirklich existiert?

Ja, daran glaube ich, obwohl ich nicht behaupten will, daß ich es verstehe. Ich weiß nur, daß die Bibel von einem geistlichen Kampf spricht, der sich in einer Dimension jenseits des menschlichen Begriffsvermögens abspielt. Dem Menschen ist es nicht gegeben, zu diesem Zeitpunkt in unserer Geschichte ein volles Verständnis für diesen Kampf zu gewinnen. Die Heilige Schrift läßt jedoch keinen Zweifel daran, daß er existiert und von Bedeutung ist.

Daniel öffnet uns ein Fenster in diese unsichtbare spirituelle Welt, in die er etwa 500 vor Christus einen Blick werfen durfte. Dieser geistig hochbegabte junge Mann war erst 16 Jahre alt, als Jerusalem von den Babyloniern erobert wurde, und er wurde gemeinsam mit seinen überlebenden Landsleuten noch Babylon deportiert. Dort stieg er zu politischer Bedeutung auf und wurde bald Gottes Sprachrohr für Sein Volk.

Einige Jahre später hatte Daniel eine schreckenerregende Vision, in der er von einem himmlischen Boten aufgesucht wurde. Viele Bibelkenner glauben, daß dieser Besucher Christus selbst gewesen sei. Die ersten paar Verse von Daniels Erzählung lassen uns wie durch ein Schlüsselloch in diese Geisterwelt blicken, die wir nicht sehen können, und den Kampf zwischen Gut und Böse, der dort tobt:

> *Ich ... hob meine Augen auf und sah, und siehe, da stand ein Mann, der hatte leinene Kleider an und einen goldenen Gürtel um seine Lenden. Sein Leib war wie ein Türkis, sein Anlitz sah aus wie ein Blitz, seine Augen wie feurige Fackeln, seine Arme und Füße wie helles, glattes Kupfer, und seine Rede war wie ein großes Brausen.*
> *Aber ich, Daniel, sah dies Gesicht allein, und die Männer, die bei mir waren, sahen's nicht; doch fiel ein großer Schrecken auf sie, so daß sie flohen und sich verkrochen.*
> *Ich blieb allein und sah dies große Gesicht. Es blieb aber keine Kraft in mir, jede Farbe wich aus meinem Antlitz, und ich hatte keine Kraft mehr. Und ich hörte seine Rede, und während ich sie hörte, sank ich ohnmächtig auf mein Angesicht zur Erde. Und siehe, eine Hand rührte mich an und half mir auf die Knie und auf die Hände, und er sprach zu mir: Daniel, du von Gott Geliebter, merk auf die Worte, die ich mit dir rede, und richte dich auf, denn ich bin jetzt zu dir gesandt. Und als er dies mit mir redete, richtete ich mich zitternd auf.*
> *Und er sprach zu mir: Fürchte dich nicht, Daniel; denn von dem ersten Tag an, als du von Herzen begehrtest zu verstehen und anfingst, dich zu demütigen vor deinem Gott, wurden deine Worte erhört, und ich wollte kommen um deiner Worte willen. Aber der Engelfürst des Königreichs Persien hat mir einundzwanzig Tage widerstanden; und siehe, Michael, einer der Ersten unter den Engelfürsten, kam mir zu Hilfe, und ihm überließ ich den Kampf mit dem Engelfürsten des Königreichs Persien (Dan 10,5-13).*

Dieser Bericht weist mehrere faszinierende und zum Nachdenken anregende Aspekte auf. Zum ersten ist es überraschend, daß ein Mann von Daniels Bedeutung (ein »von Gott Geliebter«) nicht augenblicklich Antwort auf seine Gebete erhielt. Er mußte drei Wochen lang warten, bevor die Antwort des Herrn den Weg zu ihm fand. Noch interessanter aber ist der Grund dieser Verzögerung.

Obwohl Daniels Gebet augenblicklich erhört wurde, brauchte der »Bote« 21 Tage, um sich an den satanischen Wesen vorbeizukämpfen. Wenn der Bote tatsächlich Jesus Christus war, was sagt uns das über die Macht, die die Kräfte des Bösen zeitweilig in Händen halten?

Schlußendlich wünsche ich, wir wüßten mehr über den himmlischen Krieg, auf den der Bote hinweist. Später sagte er im Gespräch mit Daniel: »Und jetzt muß ich wieder hin und mit dem Engelfürsten von Persien kämpfen, und wenn ich das hinter mich gebracht habe, siehe, dann wird der Engelfürst von Griechenland kommen« (V. 20). Die Bedeutung dieser Textstelle ist erschütternd. Wir gewinnen daraus die Vorstellung, daß die gegenwärtige Erde in Territorien und Herrschaftsbereiche mächtiger Wesen aufgeteilt ist, deren erklärtes Ziel es ist, sich dem Willen Gottes zu widersetzen. Vielleicht ist tatsächlich jeder Kirche und jedem christlichen College ein hochrangiger Dämon zugeteilt, wie Frank Peretti in seinem Buch *This Present Darkness* andeutete.

Wenn das weit hergeholt erscheint, so erinnern Sie sich an die Warnung von Paulus. Er schrieb: »Denn wir haben nicht mit Fleisch und Blut zu kämpfen, sondern mit Mächtigen und Gewaltigen, nämlich mit den Herren der Welt, die in dieser Finsternis herrschen, mit den bösen Geistern unter dem Himmel« (Eph 6, 12).

Wie können wir einem so gefährlichen und mächtigen Feind geistlich standhalten? Wir können es gewiß nicht aus eigener Kraft, aber dem Herrn sei Dank, Er kann es. Die Bibel gibt uns Gewißheit: »Der in euch ist, ist größer, als der in der Welt ist« (1. Joh 4, 4). Auch andere Bibelstellen, die sich auf das Thema beziehen, sind voll ermutigender Worte. Wir wollen uns eine besonders aufbauende Stelle näher ansehen.

Wir haben bereits früher von Elia gesprochen, den Gott sandte, sich beim Bach Krit zu verbergen. Sehen wir uns nun Elias Nachfolger, Elisa, an, von dem im 6. Kapitel des 2. Buches der Könige berichtet wird. Der böse König von Syrien haßte Elisa und hörte, daß er in Dotan wohnte. Eines Nachts sandte er eine große Armee mit vielen Pferden und Streitwagen aus, um den Propheten gefangenzunehmen. Die Soldaten schlugen ihr Lager rund um die Stadt bis zur Dämmerung auf, weil sie wußten, daß sie ihren Feind in der Falle hatten. Am nächsten Morgen erwachte Elisas Diener früh am Tage und entdeckte die Horden, die sich gegen sie versammelt hatten. Er lief zurück zu dem Propheten und fragte angstvoll: »Oh weh, mein Herr! Was sollen wir nun tun?«

Der große Mann Gottes sagte: »Fürchte dich nicht, denn derer sind mehr, die bei uns sind, als derer, die bei ihnen sind!« (V. 16)

Sein Diener muß völlig verblüfft gewesen sein. Es standen doch nur sie beide da. Dann bat Elisa den Herrn, dem jungen Mann die Augen zu öffnen, und plötzlich sah er den Berg voll Pferde und feuriger Wagen. Eine ganze Armee himmlischer Wesen stand bereit, um sich für den Herrn in die Schlacht zu werfen.

Wie aufregend ist es doch, zu wissen, daß unsichtbare Krieger uns in Zeiten satanischer Attacken umringen. Gilt das auch heute noch? Nun, der achte Vers des 34. Psalms sagt uns: »Der Engel des Herrn lagert sich um die her, die ihn fürchten, und hilft ihnen heraus.« Der 91. Psalm, Vers 11, sagt: »Denn er hat seinen Engeln befohlen, daß sie dich behüten auf allen deinen Wegen.« Hebräer 12, 1 sagt uns, daß wir von »einer Wolke von Zeugen« umringt sind. Es ist ein großer Trost, zu wissen, daß wir nicht allein sind, selbst mitten in einem geistlichen Kampf. Darüber hinaus sollten wir nicht vergessen, daß alle Engel, diejenigen eingeschlossen, die sich um unsere Bedürfnisse kümmern, vor Tagesanbruch der Schöpfung in einen himmlischen Krieg verwickelt waren. Wir kennen die Details dieses Konflikts nicht, aber wir wissen, daß Satan und seine Dämonen von Gott und Seinen Engeln vernichtend geschlagen wurden. Deshalb können wir vernünftigerweise annehmen, daß die Engelwesen, die »um uns lagern« Erfahrung im Umgang mit den Mächten des Bösen haben. Und wenn sie Hilfe brauchen, dann können sie sich immer noch an Ihn wenden, von dem geschrieben steht: »Ist Gott für uns, wer kann wider uns sein?« (Röm 8, 31).

5. Was meinen Sie, wie diese unsichtbare spirituelle Welt auf unseren täglichen Wandel als Christen Einfluß nimmt?

Ich weiß es nicht, aber der Gedanke gibt Anlaß zu interessanten Spekulationen. Ich möchte Ihnen ein persönliches Erlebnis erzählen, einfach um darüber nachzudenken, was für Möglichkeiten es da gäbe. Vor einigen Jahren war ich mit einer Forschungsaufgabe beschäftigt, für die ich jährlich 16 verschiedene medizinische Zentren aufsuchen mußte. Eine dieser Reisen führte mich nach New York, wo ich erst meine Verpflichtungen am Krankenhaus erfüllte und mir dann ein paar Stunden für eine Stadtrundfahrt freinahm. Zwei Kollegen gesellten sich bei dieser improvisierten Besichtigung des »Big Apple« zu mir. Es war ein freundlicher Tag, und wir plauderten angeregt miteinander, während wir uns per Untergrundbahn die Stadt ansahen.

Plötzlich sagte einer meiner Gefährten: »He! Seht euch einmal den sonderbaren Burschen an, der dort auf dem Bahnsteig steht! Ist der nicht auch in den letzten beiden Zügen mit uns gefahren?«

Wir erinnerten uns alle daran, daß der Mann sich während der letzten halben Stunde ganz eindeutig in unserer Nähe befunden hatte. Jetzt stand er in einer Entfernung von etwa zehn Metern und starrte uns durchdringend an. Bevor wir noch herausfinden konnten, was er im Schilde führte, fuhr unser nächster Zug in die Station ein. Wir sprangen in letzter Sekunde hinein und die Türen schlossen sich hinter uns. Der schmierige Kerl stürzte auf uns zu, schaffte es aber nicht mehr. Er benahm sich wie rasend, als er die automatischen Türen nicht mehr öffnen konnte. Er sprang an der Flanke des Wagens hoch und kreischte Obszönitäten und Flüche. Dann mußte er loslassen, als der Zug Tempo zulegte. Das letzte, was ich von ihm sah, war, wie er dastand und mit den Armen fuchtelte, während wir aus der Station hinausfuhren.

Meine Freunde und ich debattierten lange über das schockierende Benehmen des Mannes und fragten uns, was er wohl für Absichten gehabt hatte. Was hatte er vorgehabt? Waren wir einem gewalttätigen Angriff entgangen, indem wir den Zug bestiegen hatten? Wer weiß? Das einzige, was wir mit Sicherheit wußten, war: Dieser Mann hatte vorgehabt, uns eine Überraschung zu bereiten – höchstwahrscheinlich eine unerfreuliche. Vielleicht waren wir durch ein Ereignis, das wie bloßer Zufall aussehen mag, einer lebensbedrohlichen Erfahrung entgangen.

Natürlich ist es auch möglich, daß der Herr ganz gezielt eingegriffen hat, um uns in der Untergrundbahn zu beschützen. Wir waren völlig überrumpelt und den geheimen Plänen dieses mutmaßlichen Psychopathen oder Drogensüchtigen oder Mörders hilflos ausgeliefert. Wenn wir darüber nachdenken, was hätte sein können, stoßen wir natürlich rasch auf die viel tiefergehende Frage, wie oft im Leben wir vor gefährlichen Konsequenzen bewahrt worden sind, die wir niemals bemerkt haben. Der Gedanke ist interessant. Wer weiß schon, wie oft der Herr im stillen Seine Hand über uns gehalten hat und uns auf sichere Pfade geführt hat?

Es gibt Gelegenheiten, bei denen uns eine Tragödie geradezu vorherbestimmt erscheint. Ich erinnere mich, daß ich einen grauenhaften Unfall auf dem Los Angeles Freeway beobachtete, als ich eines Nachmittags von der Arbeit nach Hause fuhr. Das erste Unfallauto krachte durch die Leitplanke, die die beiden Fahrbahnen trennt, und kollidierte mit einem entgegenkommenden Pontiac. Beide Fahrer waren augenblicklich tot. Ich habe oft über das unglaubliche Timing nachgedacht, das erforderlich war, damit dieser Unfall zustandekommen konnte. Wenn die beiden Lenker jeder mit 60 Meilen pro Stunde fuhren, dann rasten sie mit einer Geschwindigkeit von insgesamt 120 Meilen aufeinander zu. Anders ausgedrückt: Ihre Autos näherten sich einander mit einer Geschwindigkeit von 176 Fuß in der Sekunde. Wäre der Mann im ersten Wagen nur eine Zehntelsekunde später dran gewesen, dann wäre der Fahrer des zweiten vermutlich beim Unfall bereits über den Punkt des ursprünglichen Zusammenstoßes hinausgewesen. Vielleicht wäre der Wagen hinter dem ersten Fahrer dann derjenige gewesen, der angefahren wurde. Wenn Sie darüber nachdenken, heißt das, daß eine winzige Veränderung im Tagesablauf jedes der beiden Männer dem zweiten Mann das Leben gerettet hätte. Die meisten tödlichen Unfälle kommen durch genau diese Art eines auf die Zehntelsekunde genauen Timings zustande.

Unsere Leben hängen an einem Faden, selbst wenn uns eine bestimmte Gefahr gar nicht bewußt ist. Wenn wir bedenken, was auf dem Spiel steht, ist es da nicht weise gehandelt, jeden Tag und jede Tätigkeit in Gebet zu hüllen? Jakobus sprach über diesen zögernden Zugriff auf das Leben, als er sagte: »Und nun ihr, die ihr sagt: Heute oder morgen wollen wir in die und die Stadt gehen und wollen ein Jahr dort zubringen und Handel treiben und Gewinn machen – und wißt nicht, was morgen sein wird. Was ist euer Leben? Ein Rauch seid ihr, der eine kleine Zeit bleibt und dann verschwindet. Dagegen solltet ihr sagen: Wenn der Herr will, werden wir leben und dies oder das tun« (Jak 4,13-15).

Fassen wir zusammen: Unser Wohlergehen wird von Kräften beeinflußt, die über das Fassungsvermögen unseres Intellekts hinausgehen. Wir sind gefangen in einem Kampf zwischen Gut und Böse, der eine bedeutende, wenn auch nicht greifbare Rolle in unserem Leben spielt. Unsere Aufgabe ist es daher nicht, aufs genaueste herauszufinden, wie diese Puzzleteilchen zusammenpassen und was das alles zu bedeuten hat, sondern im Glauben treu und Ihm gehorsam zu bleiben, der alle Geheimnisse kennt.

Jenseits des Gefühls des Betrogenseins

Wir kommen nun zu unseren Schlußbemerkungen zu diesem lebenswichtigen Thema: Wenn Gott keinen Sinn mehr ergibt. Unsere Botschaft läuft auf ein ganz einfaches Verständnis hinaus: Was der Herr von uns am meisten wünscht, ist unsere Übung im Glauben. Er wird nichts dazu tun, ihn zu untergraben, und wir können Ihm ohne Glauben nicht gefallen. Um den Begriff noch einmal zu definieren: *Glaube* heißt, ein Nichtzweifeln an Dingen, für die es keinen absoluten Beweis gibt (vgl. Hebr 11,1). Es heißt, durchhalten, wenn aller äußere Anschein uns veranlassen will, die Flinte ins Korn zu werfen. Es ist der Entschluß, Ihm zu vertrauen, auch wenn Er noch nicht alle Fragen beantwortet und uns keinen schmerzfreien Lebensweg garantiert hat.

Es gibt keine bessere Illustration dieser Glaubenstreue, als wir sie in der zweiten Hälfte des Herbräerbriefes, im 11. Kapitel, finden. Diese Bibelstelle, auf die wir uns bereits früher bezogen haben, wurde schon die »Ruhmeshalle der Glaubenshelden« genannt und ist von großer Bedeutung für unsere Diskussion. Dieser Bibeltext schildert uns die Männer und Frauen, die unter den schwierigsten Umständen ihrem Glauben treu blieben. Sie erlitten um des Kreuzes willen jede nur denkbare Mühsal und Gefahr. Einige wurden gefoltert, ins Gefängnis geworfen, gegeißelt, gesteinigt, in zwei Teile zersägt und mit dem Schwert hingerichtet. Sie waren elend, mißhandelt, verfolgt und hatten kaum Kleider genug, um sich zu bedecken. Sie irrten in der Wildnis herum, sie lebten in den Bergen, in Höhlen und in Erdlöchern. Und was das Wichtigste für unser Thema ist: Sie erhielten nichts von dem, was verheißen war. In anderen Worten: Sie hielten an ihrem Glauben bis an die Schwelle des Todes fest, obwohl Gott ihnen nicht erklärt hatte, was Er vorhatte (Hebr 11,35-40).

Ohne die Heiligkeit dieser Schriftstelle damit herabwürdigen zu wollen, möchte ich Sie doch einladen, sich meine eigene, moderne »Ruhmeshalle der Glaubenshelden« vor Augen zu führen. Unter diesen Giganten des Glaubens sind ein paar ganz ungewöhnliche Menschen, die in Gottes großem Herzen einen besonderen Platz einnehmen müssen.

An erster Stelle meiner Liste müßten einige der Jungen und Mädchen stehen, die ich in meiner vierzehnjährigen Dienstzeit am Kinderkrankenhaus in Los Angeles kennengelernt habe. Die meisten dieser Kinder litten an tödlich verlaufenden Krankheiten, andere erduldeten chronische Leiden, die ihre Kinderjahre zerrissen und entstellten. Einige von ihnen waren noch keine zehn Jahre alt, und dennoch war ihr Glaube an Jesus Christus unerschütterlich. Sie starben mit einem Bekenntnis für den Glauben auf den Lippen und legten Zeugnis ab für die Güte Gottes, während ihre kleinen Leiber dahinsiechten. Was für einen Empfang müssen sie erhalten haben, als sie vor Ihn traten, der gesagt hatte: »Lasset die Kindlein zu mir kommen« (Mk 10,14).

In meiner ersten Filmserie »Brennpunkt Familie« erzählte ich eine Geschichte von einem fünfjährigen afroamerikanischen Jungen, den alle, die ihn gekannt haben, wohl niemals vergessen werden. Eine Krankenschwester, mit der ich zusammenarbeitete, Gracie Schaeffler, hatte den Jungen in seinen letzten Lebenstagen betreut. Er starb an Lungenkrebs, einer Krankheit, die vor allem in ihren letzten Stadien grauenhaft ist. Die Lungen füllen sich mit Flüssigkeit, und der Patient leidet Atemnot. Es ist ein schreckliches Gefühl, vor allem für ein kleines Kind.

Dieser kleine Junge hatte eine christliche Mutter, die ihn liebte und während seiner langen Leidenszeit nicht von seiner Seite wich. Sie wiegte ihn auf dem Schoß und erzählte ihm mit leisen Worten vom Herrn. Instinktiv bereitete diese Frau ihren Sohn auf seine letzte Stunde vor. Gracie erzählte mir, daß sie eines Tages sein Zimmer betrat, als er bereits dem Tode nahe war, und sie hörte den Jungen davon reden, daß er Glocken läuten höre.

»Die Glocken läuten, Mama«, sagte er. »Ich kann sie hören.«

Gracie dachte, er litte an Halluzinationen, weil er bereits im Todeskampf lag. Sie ging hinaus und kehrte ein paar Minuten später zurück und hörte, wie er wieder davon redete, er hörte Glocken läuten.

Die Krankenschwester sagte zu seiner Mutter: »Sie wissen sicher, daß Ihr Kleiner Dinge hört, die gar nicht da sind. Er halluziniert infolge der Krankheit.«

Die Mutter zog ihren Sohn enger an sich, lächelte und sagte: »Nein, Miss Schaeffler. Er halluziniert nicht. Ich sagte ihm, wenn er Angst hätte – wenn er keine Luft bekäme – dann sollte er nur genau hinhören und er könnte die Glocken des Himmels für ihn läuten hören. Und jetzt redet er den ganzen Tag davon.«

Dieses wunderbare Kind starb später am Abend in den Armen seiner Mutter, und er sprach immer noch von den Glocken des Himmels, als die Engel ihn abholten. Was war er doch für ein tapferer kleiner Soldat. Sein Mut machte keine Schlagzeilen in den Zeitungen des nächsten Tages. Niemand verlas seine Geschichte in den Abendnachrichten. Aber er und seine Mutter gehören für immer in unsere »Ruhmeshalle der Glaubenshelden«.

Mein nächster Kandidat für Unsterblichkeit im Glauben ist ein Mann, den ich niemals persönlich kennenlernte, obwohl er starken Einfluß auf mein Leben ausübte, während er das seine verlor. Ich erfuhr von ihm durch ein Dokumentardrama, das ich vor vielen Jahren im Fernsehen sah. Der Produzent hatte die Erlaubnis eines Krebsspezialisten erhalten, in seiner Klinik zu filmen. Dann fing er – mit dem Einverständnis der Patienten, zweier Männer und einer Frau – den Augenblick ein, in dem sie erfuhren, daß bei ihnen bösartige Karzinome in fortgeschrittenem Stadium diagnostiziert worden waren. Ihr anfänglicher Schock, Unglauben, Furcht und Zorn wurden in anschaulichen Bildern eingefangen. Später folgte das Filmteam diesen drei Familien durch den Behandlungsprozeß mit seinem Auf und Ab, seinen Hoffnungen und Enttäuschungen, Schmerz und Entsetzen. Ich saß wie gebannt, als dieses Drama von Leben und Tod über den Fernsehschirm flimmerte. Letztendlich starben alle drei Patienten, und das Programm endete ohne Kommentar oder abschließende Worte.

Es hätte so viel zu sagen gegeben. Was mich besonders berührte, war, wie unterschiedlich diese drei Menschen auf ihre erschreckenden Lebensumstände reagierten. Die beiden, die anscheinend keinen Glauben hatten, reagierten mit Zorn und Bitterkeit. Sie kämpften nicht nur gegen ihre Krankheit an, sie schienen mit aller Welt im Streit zu liegen. Ihre persönlichen Beziehungen und sogar ihre Ehen wankten in den Grundfesten, vor allem, als das Ende näherrückte. Ich will sie jetzt nicht kritisieren, verstehen Sie mich recht. Die meisten von uns würden ziemlich ähnlich reagieren, wenn wir dem unmittelbar bevorstehenden Tod ins Auge blicken müßten. Aber gerade das war der Grund, warum der dritte zu einer Inspiration für mich wurde.

Er war ein bescheidener schwarzer Pastor einer kleinen Baptistenkirche in der Innenstadt. Er war hoch in den Sechzigern und war sein ganzes Erwachsenenleben hindurch Geistlicher gewesen. Seine Liebe zum Herrn war so umfassend, daß sie sich in allem widerspiegelte, was er sagte. Als er und seine Frau erfuhren, daß er nur noch einige wenige Monate zu leben hatte, zeigten sie keinerlei Panik. Sie fragten den Arzt mit leiser Stimme, was nun geschehen würde. Nachdem er ihnen die Behandlung erklärt und ihnen gesagt hatte, was sie davon erwarten konnten, dankten sie ihm höflich für seine Bemühungen und gingen. Die Kameras folgten diesem Paar zu ihrem alten Auto und die Mikrophone belauschten sie, als sie die Köpfe beugten und sich von neuem dem Herrn anvertrauten.

In den folgenden Monaten verlor der Pastor niemals die Haltung. Er nahm seine Krankheit auch nicht auf die leichte Schulter. Er verleugnete sie nicht. Er hatte sich einfach mit dem Krebs und seinem zu erwartenden Endergebnis abgefunden. Er wußte, daß der Herr alles in Händen hielt, und er weigerte sich, seinen Glauben erschüttern zu lassen.

Die Kameras waren bei seinem letzten Sonntag in seiner Kirche anwesend. Er hielt an diesem Morgen die Predigt und sprach offen über seinen kurz bevorstehenden Tod. Soweit ich mich erinnern kann, sagte er etwa folgendes:

»Einige von euch haben mich gefragt, ob ich Gott böse bin wegen dieser Krankheit, die meinen Körper in Besitz genommen hat. Ich sage euch ehrlich, daß ich in meinem Herzen nur Liebe für den Herrn hege. Er war es nicht, der mir das angetan hat. Wir leben in einer sündigen Welt, in der Krankheit und Tod ein Fluch sind, den die Menschen selbst über sich gebracht haben. Und ich gehe jetzt an einen besseren Ort, wo es keine Tränen mehr gibt, kein Leiden, und keinen Schmerz. Seid also meinetwegen nicht bekümmert.

Außerdem«, fuhr er fort, »hat unser Herr für unsere Sünden gelitten und ist gestorben. Warum sollte ich Seine Leiden nicht mit Ihm teilen?«

Ich brach in Tränen aus, als dieser sanftmütige Mann von seiner Liebe für Jesus sprach. Seine Stimme klang sehr schwach, und sein von der Krankheit gezeichnetes Gesicht war erschreckend mager. Aber seine Worte waren so kraftvoll, wie ich noch nie eine Predigt gehört habe. Soviel ich weiß, war es an diesem Morgen das letztemal, daß er von der Kanzel sprach. Er ging wenige Tage später in die Ewigkeit hinüber, wo er vor den Herrn trat, dem er ein Leben lang gedient hatte. Dieser namenlose Pastor und seine Frau haben einen Ehrenplatz unter meinen Glaubenshelden.

Ich möchte Ihnen noch von einer weiteren Kandidatin für meine Ruhmeshalle erzählen. Sie ist eine Frau mit Namen Marian Benedict Manwell und ist heute noch am Leben. Ich lernte sie durch einen Brief kennen, den sie mir 1979 schrieb, und werde nie vergessen, was sie sagte. Ich habe diesen Brief all diese Jahre hindurch aufbewahrt und sie erst letzte Woche wieder angerufen. Ich habe festgestellt, daß diese wunderbare Frau immer noch unerschütterlich an ihrem Glauben an Jesus Christus festhält. Aber lassen Sie mich mit Ihnen teilen, was sie mir in ihrem ersten Brief vor so vielen Jahren schrieb:

Lieber Dr. Dobson,
Ich möchte Ihnen von meinen Erfahrungen als ein »häßliches Entlein« erzählen. Ich war das erste Kind eines jungen Geistlichen und seiner Frau, einer Lehrerin. Sie waren etwa 30 Jahre alt, als ich geboren wurde. (Und jetzt halten Sie sich fest). Als ich acht Monate alt war, riß plötzlich die kräftige Feder des Trampolins, auf dem ich munter herumkrabbelte. Sie schnellte vorwärts und landete genau auf der noch nicht zugewachsenen Stelle am Scheitel.
Es gab keine Hilfe. Meine Eltern sowie ein Onkel und eine Tante (bei denen wir den Urlaub verbrachten) hielten mich für tot. Sie fanden schließlich einen Arzt, der mich in ein einige Kilometer

entferntes Spital brachte, aber dort konnten sie auch nicht mehr tun, als die Wunde zu reinigen und zu verbinden. Sie machten meinen Eltern nicht die geringste Hoffnung, daß ich überleben würde.
Sie waren gottesfürchtige Menschen und glaubten an die Macht des Gebets, wie übrigens alle unsere Verwandten und Freunde auch. Ihrem Glauben verdanke ich mein Leben. Durch die Gnade Gottes blieb ich am Leben, obwohl die Ärzte meiner Familie sagten, ich würde hoffnungslos verkrüppelt und geistig schwerbehindert bleiben. Dazu kam es zwar nicht, aber es gab viele Probleme.
Zum ersten war ich kein attraktives Kind. Ich sah ziemlich hausbacken aus, und tolpatschig war ich obendrein. Oh, ich konnte gehen. Der Herr hatte dafür gesorgt, als Er mich von der völligen Lähmung geheilt hatte. Ich war auch mit einer raschen Auffassungsgabe gesegnet. Dennoch, es stimmt, was Sie in Ihrem Buch geschrieben haben: Die Menschen erwarten von Kindern, daß sie hübsch aussehen. Mein jüngerer Bruder war so attraktiv wie alle in meiner Familie. Er sah unserem Vater ähnlich mit seinem kastanienbraunen Haar, und er war ein richtiger Charmeur. Ich konnte weder laufen, noch seilspringen, noch ballspielen, noch irgend etwas auffangen, das mir zugeworfen wurde. Meine ganze linke Körperseite war verkrüppelt. Ich nehme an, das ist der Grund, warum ich eine Einzelgängerin wurde. Ich entwickelte eine Vorstellungskraft, die mir ein wundervolles Leben in den hunderten Büchern erlaubte, die ich las, und in den Tagträumen, die ich für mich erfand.
Als ich meiner Mutter – die an Krebs starb, als ich zehn Jahre alt war – sagte, daß ich Krankenschwester und Missionarin werden wollte, sagte sie: »Das ist wunderbar.« Sie wußte, daß ich infolge meines Gebrechens weder das eine noch das andere werden konnte. Dann zogen wir in eine andere Kleinstadt um, wo unser Vater zwei Jahre nach dem Tod unserer Mutter ein zweites Mal heiratete. Das Leben wurde von da ab noch schwieriger. Ich war in der Schule nicht beliebt. Ich war ein »Pfaffenkind«. Und schon vor langer Zeit hatte ich mein Herz dem Herrn übergeben. Dieser Umstand, zusammen mit meiner verschlossenen Persönlichkeit,

trug nicht gerade dazu bei, daß man mich in den Cliquen unserer Kleinstadtschule mit offenen Armen aufgenommen hätte.
Eines Tages, als ich mühselig meinen Schulweg dahintrabte, kam ein halbwüchsiger Junge von hinten auf mich zu und fragte mit weithin schallender Stimme: »Was is'n mit dir los? Was hinkste denn so? Mit so einer wie dir möchte doch keiner gehen.«
Ich hatte viel Mühe damit, zu lernen, daß Christus mir die Kraft geben konnte, in einer solchen Situation ruhig und gefaßt zu bleiben.

Erlauben Sie mir, Mrs. Manwells Brief kurz zu unterbrechen, um auf die Umstände einzugehen, von denen sie uns berichtet hat. Dieses Kind litt vom Kleinkindalter an unter neurologischen Störungen und war unfähig, wie andere Jungen und Mädchen zu spielen. Die Ablehnung ihrer Altersgenossen zwang sie, ihre sozialen Bedürfnisse durch Phantasien zu befriedigen. Sie erwähnt fast beiläufig den Tod einer sehr einfühlsamen und fürsorglichen Mutter zu Beginn ihrer Teenagerjahre. Fügen Sie dem den Spott des anderen Geschlechts hinzu, als sie im Teenageralter war, und die zusätzliche Zurückweisung, weil sie ein »Pfaffenkind« war. Hier finden wir alle Voraussetzungen eines lebenslänglichen psychologischen Schadens, und bei den meisten Kindern wäre es zweifellos dazu gekommen. Aber dies war keine gewöhnliche junge Dame.

Kehren wir zu ihrem Brief zurück und sehen wir nach, wie der Herr in ihrem Leben gewirkt hat:

Später heiratete ich einen Schulkameraden, und der Herr hat mich mit sechs Söhnen und zwei Töchtern gesegnet! Sie alle sind mit wunderbaren christlichen Partnern verheiratet. Seit fast 40 Jahren hat Clinton mich beschützt und mich oft davor bewahrt, mehr auf den Löffel zu nehmen, als ich schlucken kann. Er hat mir das Selbstvertrauen gegeben, das ich brauchte, um die Vorstellungskraft, die ich als Kind entwickelte, sinnvoll zu gebrauchen (um Gedichte und Kurzgeschichten zu schreiben).
Es ist eine solche Bereicherung, zu sehen, wie unsere Kinder ein Leben als respektierte und geehrte Mitglieder ihrer Gemeinde und

liebende Mitglieder der Familien ihrer Ehepartner führen. Meine ältere Tochter kehrte vor zwei oder drei Jahren von einem Besuch bei einer früheren Schulfreundin zurück und war schockiert, wie viele ihrer früheren Klassenkameraden »Aussteiger« geworden waren – sie waren drogenabhängig oder schwere Trinker. Sie waren geschieden oder hatten ledige Kinder. Einige waren im Gefängnis gelandet.

Beth sagte zu mir: »Wenn ich mir unsere große Familie ansehe, die oft nichts von den schönen Dingen im Leben abbekommen hat und in der dennoch jeder ein anständiger, gesetzestreuer Bürger ist, dann gibt es so vieles, wofür ich zu Dank verpflichtet bin. Ich glaube, du hast sehr viel für uns gebetet.«

Ich mußte weinen, als ich das hörte. Das ist der lohnendste Aspekt der Mutter- und Vaterschaft in meinen Augen. Ich danke Ihnen, daß Sie mir so viel von Ihrer Zeit geschenkt haben, Dr. Dobson, und Gott segne Sie.

Marian Benedict Manwell

Danke auch dir, Marian, daß du deinen treuen Glauben mit uns geteilt hast. Du hättest Gott so leicht Vorwürfe machen können, daß Er dir das Leben so schwer gemacht hat. Selbst als Kind hast du doch gewiß verstanden, daß Er hätte verhindern können, daß diese Feder sich löste, oder daß Er sie von deinem Kopf hätte fernhalten können. Er hätte dir nicht deine Mutter wegnehmen müssen, als du sie so dringend gebraucht hast. Er hätte dich hübsch machen können oder beliebt oder sportlich. Es wäre nur zu verständlich gewesen, wenn du in Anbetracht all dieser Beschränkungen in deinem Leben bitter gegenüber dem Herrn geworden wärst. Es sah aus, als hättest du wirklich all die schlechten Karten bekommen. Aber nirgends in deinem Brief findet sich auch nur der leiseste Hinweis auf Ärger oder Enttäuschung. Und wir merken auch nichts von Selbstmitleid in deiner Schilderung deiner Leiden. Statt dessen sagtest du uns: »Schon lange vorher hatte ich mein Herz dem Herrn übergeben.«

Ich bewundere dich von ganzem Herzen, Marian Benedict Manwell. Der Herr tut es wohl auch. Obwohl Er sich in deiner Jugend nicht zu kümmern schien, war Er im Stillen hinter den Kulissen am Werk, um dir einen christlichen Ehemann zu schicken, der dich lieben und behüten würde. Dann hat Er dich mit acht Kindern gesegnet, von denen jedes in Seine Nachfolge trat. Was für ein krönender Schlußstein für ein Leben im Glauben! Hättest du dich der Bitterkeit wegen deiner Handicaps überlassen, so hätten es deine Söhne und Töchter zweifellos gemerkt. Ich danke dir, daß du an deinem Glauben festgehalten hast, selbst als Gott in den Angelegenheiten deines Lebens keinen Sinn mehr zu ergeben schien! Auch du, Marian, bist ein vielgeliebtes Mitglied in meiner Ruhmeshalle.

In meiner Liste erscheinen mehr Helden, als ich in vielen Büchern beschreiben könnte, aber ich werde der Versuchung widerstehen, sie alle beim Namen zu nennen. Unsere Absicht ist, wie Sie wissen, jenen zu helfen, deren Glaube nicht so zuverlässig gefestigt ist. Wäre jeder von uns mit der Hartnäckigkeit eines Bullterriers und der Glaubenstreue des Stammvaters Abraham ausgestattet, dann wären meine Ausführungen überflüssig. Aber die meisten von uns sind keine geistlichen Superstars. Deshalb sind diese Gedanken voll Zuneigung all jenen gewidmet, die durch unbegreifliche Erfahrungen geistlich verwundet wurden. Die Stückchen im Puzzle des Lebens haben einfach nicht zusammengepaßt, und die Betroffenen sind verwirrt, zornig und enttäuscht übriggeblieben.

Vielleicht gehören Sie zu den Menschen, die sich vergeblich abgekämpft haben, um mit irgendeinem speziellen Leid fertigzuwerden und Gottes Gründe dafür zu begreifen, daß Er es zugelassen hat. Tausend unbeantwortete Fragen kreisen in Ihrem Kopf – die meisten davon beginnen mit einem »Warum ...«. Sie wünschen sich verzweifelt, Sie könnten dem Vater vertrauen und an Seine Güte und Gnade glauben. Aber tief im Innersten hält Sie ein Gefühl des Betrogenseins und Verlassenseins gefangen. Der Herr hat ganz offenkundig zugelassen, daß Sie von Ihren Schwierigkeiten betroffen wurden. Warum hat Er sie nicht verhindert – und warum hat Er nicht den geringsten Versuch gemacht, sie zu erklären oder sich für sie zu entschuldigen? Die Unfähigkeit, diese grundlegenden Fragen zu beantworten, kann eine geistliche Schranke darstellen, die bis in den Himmel reicht, und es scheint, als gäbe es keinen Weg darum herum oder darüber hinweg.

Bei einigen von Ihnen ist dieser Kummer unmittelbar auf den Tod eines geliebten Sohnes oder einer Tochter zurückzuführen. Ihr Schmerz über diesen Verlust ist so intensiv, daß Sie sich gefragt haben, ob Sie ihn überstehen können. Was für eine Herzensfreude war er (oder sie) für Sie! Er rannte und hüpfte und kicherte und umarmte Sie. Sie liebten ihn mehr als Ihr eigenes Leben. Aber dann war da dieser schreckliche Morgen am Teich, oder die niederschmetternde Diagnose, oder der Unfall mit dem Fahrrad. Jetzt ist Ihr geliebtes Kind nicht mehr bei Ihnen, und die Absicht, die Gott mit seinem Tod verfolgte, ist in Dunkel gehüllt.

Für andere wird es niemals etwas so Schmerzliches geben wie die Zurückweisung, die Sie durch einen Ex-Gatten oder eine Ex-Ehefrau erfahren haben. Da war der Tag, an dem Sie den Seitensprung entdeckten, oder an dem die Post die Scheidungsurkunde brachte, oder diese Nacht voll Brutalität, die Sie nie wieder aus Ihrem Gedächtnis streichen können – das waren unbeschreibliche Augenblicke des Schmerzes. In mancher Hinsicht wäre es leichter gewesen, am Grab des Gatten zu stehen, als ihn oder sie in den Armen anderer zu sehen. Wie konnte dieser Mensch, für den Sie alles gegeben haben, so grausam sein? Viele Tränen wurden vergossen, als Gott gebeten wurde, einzugreifen. Als die Ehe weiterhin den Bach hinunterging, brachen Enttäuschung und Bitterkeit wie eine Flutwelle über Sie herein. Sie sagten, Sie würden niemals wieder irgend jemandem vertrauen – nicht einmal dem Allmächtigen.

Ich denke auch an die Witwen und Witwer, die sich jetzt alleine durchs Leben schlagen müssen. Wenn Sie einer dieser Menschen sind, dann wissen Sie wohl auch, daß nur wenige Ihrer Freunde Ihren Schmerz wirklich begreifen. Sie wollen, daß Sie über Ihren Verlust hinwegkommen und sich wieder dem Leben zuwenden. Aber Sie schaffen es einfach nicht. So viele Jahre lang war Ihre Ehe das Herzstück Ihrer Existenz. Zwei getrennte menschliche Wesen wurden buchstäblich »ein Fleisch«, wie Gottes Plan es vorsah. Ihre Liebe war so tief; sie hätte in alle Ewigkeit so weitergehen können. Und als Sie jung waren, da dachten Sie doch tatsächlich, es würde immer so weitergehen, nicht wahr? Aber plötzlich war alles vorbei. Und nun sind Sie zum ersten Mal in vielen Jahren wirklich mutterseelenallein. Läuft letzten Endes alles darauf hinaus?

Meine Mutter kam niemals über den Tod meines Vaters hinweg, er verstarb plötzlich am Familientisch an einem Sonntagnachmittag, erst 66 Jahre alt. Obwohl sie diesen Tag noch um elf Jahre überleben sollte, war ihr Herz gebrochen und wurde nie wieder heil. Sie hatte ihr ganzes Leben auf diesen Mann gebaut, der 1934 ihr Herz im Sturm erobert hatte, und sie konnte eine Zukunft ohne ihn einfach nicht ertragen. Meine Mutter gab nicht Gott die Schuld an seinem Hinscheiden, aber sie litt dennoch. Als sich der Todestag meines Vaters zum erstenmal jährte, schrieb sie in ihr Tagebuch:

> *Die Leute haben mir gesagt, das erste Jahr sei das schlimmste. Es sind jetzt ein Jahr und drei Tage vergangen, seit du gestorben bist, und heute abend bin ich wie von Sinnen vor Sehnsucht nach dir. Oh lieber Gott! Es ist mehr, als ich ertragen kann. Mein Herzschlag stolpert vom Weinen. Ich kann das Papier nicht mehr sehen. Mein Kopf dröhnt vor Schmerzen. Das Haus ist einsam und still. Ich sehe dich oft vor mir, so real, als wärst du hier und hättest mich nicht verlassen. Heute habe ich Gott dafür gedankt, daß Er einen Engel gesandt hat, der über mich wacht. Aber wie verzweifelt vermisse ich dich!*
>
> *Draußen ist es sehr kalt. Letzte Nacht bedeckte ein Graupelschauer die Erde mit Eis, das dann zu einer festen Kruste gefror. Die Straßen sind schlüpfrig und gefährlich. Ich hasse das. Ich fühle mich bei solchem Wetter traurig, verängstigt und einsam. Ich fürchte den herannahenden Winter. Er wird noch gute drei Monate dauern. Ich bin heute in das kleinere Schlafzimmer umgezogen. Ich wünschte, du wärest da und würdest dieses Zimmer mit mir teilen. Es ist voll kostbarer Erinnerungen. Als ich vor vier Jahren krank war, hast du in diesem Schlafzimmer zu mitternächtlicher Stunde für mich gebetet. Du lagst auf dem Boden, voll Todesangst in deinen Gebeten für mich. Wir wußten beide, daß der Heilige Geist durch dich betete. Später führte uns der Herr zu einem Arzt, der mir half, wieder gesund zu werden. Ach, wie sehr habe ich dich geliebt. Heute liebe ich die Erinnerung an dich.*

Was war meine Mutter doch für eine außergewöhnliche Frau, und wie innig liebte sie meinen Vater! Heute ist sie bei ihm im Himmel. Aber hier auf Erden sind andere Witwen und Witwer, die ebenso innig geliebt haben und nun einer einsamen Zukunft entgegensehen. Ich strecke meine Liebe und meine Gebete nach euch aus, die ihr euch Tag für Tag durchs Leben kämpft.

Es gibt noch so viele andere Quellen des Leidens. Ich denke an diejenigen unter meinen Lesern, die aus weniger katastrophalen Gründen leiden, wie die erwachsenen Kinder von Alkoholikern, die von Kindheit an Übergewichtigen, die in früher Kindheit Mißhandelten und Mißbrauchten, und all die Blinden, Querschnittgelähmten, chronisch Kranken usw. Ich fühle auch mit den alleinstehenden Müttern, die sich fragen, wie lange sie noch diese Last auf ihren Schultern tragen können. Eine Million verschiedener Szenerien, aber sie alle beinhalten dieselbe Frustration. Und die meisten von ihnen werfen theologisch weitreichende Fragen auf.

Wenn Sie zu den Menschen gehören, die ich hier beschrieben habe, wenn Sie darum gekämpft haben, die göttliche Vorsehung zu verstehen – dann bringe ich Ihnen heute Hoffnung! Nein, ich kann Ihnen keine säuberlichen kleinen Lösungen für all die nervenzermürbenden Widersprüche des Lebens anbieten. Eine Lösung wird es erst geben, wenn wir dem Herrn von Angesicht zu Angesicht gegenübertreten. Aber Er ist ganz besonders den Zertretenen und Geschlagenen ein liebender Vater. Er kennt Ihren Namen und hat jede Träne gesehen, die Sie vergossen haben. Er war jedesmal da, wenn Ihr Leben ins Abseits geriet. Und was Ihnen als göttliches Desinteresse oder gar als Grausamkeit erscheinen mag, ist im günstigsten Fall ein Mißverständnis und im ungünstigsten eine satanische Lüge.

Wieso weiß ich, daß das so ist? Weil die Bibel es uns mit allem Nachdruck sagt. Fangen wir mit David an, der da schrieb: »Der Herr ist nahe denen, die zerbrochenen Herzens sind, und hilft denen, die ein zerschlagenes Gemüt haben« (Ps 34,19).

Ist das nicht ein wunderschöner Vers? Wie ermutigend ist es doch, zu wissen, daß die Gegenwart des Königs – des Schöpfers des Himmels und der Erde – denen nahe ist, die verwundet und entmutigt sind. Wenn Sie nur begreifen könnten, wie innig Sie geliebt werden, würden Sie sich niemals mehr allein fühlen. David kehrte zu diesem Gedanken im 103. Psalm zurück: »Denn so hoch der Himmel über der Erde ist, läßt er seine Gnade walten über denen, die ihn fürchten.«

Eine weitere meiner Lieblingstextstellen ist Römer 8, 26, wo wir hören, daß der Heilige Geist tatsächlich für Sie und mich betet, mit einer solchen Leidenschaft, daß die menschliche Sprache nicht imstande ist, sie zu beschreiben. Der Vers sagt uns: »Desgleichen hilft auch der Geist unserer Schwachheit auf. Denn wir wissen nicht, was wir beten sollen, wie sich's gebührt, sondern der Geist selbst vertritt uns mit unaussprechlichem Seufzen.« Welchen Trost sollten wir aus diesem Verständnis beziehen! Er ruft Ihren Namen heute vor dem Vater aus, vertritt Ihre Sache und schildert Ihm Ihre Not. Wie falsch ist es daher, die Schuld für Ihre Schwierigkeiten dem besten Freund zu geben, den die Menschheit jemals hatte! Welche Schlüsse Sie auch ziehen mögen, bitte glauben Sie mir eines: Er ist nicht die Quelle Ihrer Schmerzen!

Wenn Sie mir in diesem Augenblick gegenübersäßen, würden Sie sich wahrscheinlich in der Stimmung fühlen, mich zu fragen: »Wie erklären Sie mir dann die Tragödien und Schwierigkeiten in meinen Leben? Warum hat mir Gott das angetan?« Meine Antwort, die Sie auf den vorhergehenden Seiten gelesen habe, ist nicht der Weisheit letzter Schluß. Aber ich weiß, daß es die Wahrheit ist! Gott lehnt es im allgemeinen ab, solche Fragen schon in diesem Leben zu beantworten. Das war es, was ich Ihnen sagen wollte. Er führt uns Seine Pläne und Absichten nicht auf dem Laufsteg vor und wartet nicht auf unser Beifallsklatschen. Wir dürfen niemals vergessen, daß Er Gott ist. Als solcher will Er, daß wir glauben und vertrauen, trotz allem, was wir nicht verstehen. So einfach ist das.

Jehovah gab niemals Antwort auf Hiobs kluge Fragen, und Er wird auch Ihnen nicht alle Fragen beantworten. Jeder Mensch, der jemals auf dieser Erde lebte, hat mit anscheinenden Widersprüchen und Rätseln zu kämpfen. Sie werden nicht die einzige Ausnahme sein. Wenn diese Erklärung Ihnen nicht genügt und Sie sie nicht akzeptieren können, dann ist es Ihr Schicksal, mit einem schwachen und unnützen Glauben durchs Leben zu gehen – oder überhaupt keinem Glauben. Sie müssen dann eben Ihr Haus auf irgendeinem anderen Grund bauen. Das wird jedoch das schwierigste Unterfangen Ihres Lebens sein – weil es kein anderes Fundament gibt. Es steht geschrieben: »Wenn der Herr nicht das Haus baut, so arbeiten umsonst, die daran bauen« (Ps 127,1).

Vor allem möchte ich Ihnen eines anraten. Jeder von uns sollte sich klarmachen, daß unser Vertrauen auf Ihn unabhängig von unserem Verständnis bleiben muß, und zwar schon, bevor die Katastrophe über uns hereinbricht. Es ist nichts Falsches daran, sich um Verständnis zu bemühen, aber wir dürfen uns nicht auf unseren Verstand verlassen! Früher oder später wird unser Verstand Fragen stellen, die wir einfach nicht beantworten können. An dieser Stelle werden wir gut beraten sein, wenn wir uns an Seine Worte erinnern: »Soviel der Himnmel höher ist als die Erde, so sind auch meine Wege höher als eure Wege und meine Gedanken als eure Gedanken« (Jes 55,9). Und unsere Antwort sollte lauten: »Nicht mein, sondern dein Wille geschehe!«

Wenn Sie es recht bedenken, liegt ein großer Trost darin, so auf die Prüfungen und Mühsale des Lebens zuzugehen. Wir sind von der Verantwortung befreit, einen Sinn darin zu finden. Wir haben einfach nicht genug Informationen mitbekommen, um den Code zu knacken. Es genügt, wenn wir uns vor Augen halten, daß Gott immer sinnvoll handelt, selbst wenn genau das Gegenteil der Fall zu sein scheint. Klingt Ihnen diese Antwort ein bißchen simpel, wie eine Erklärung, die man einem kleinen Kind gibt? Ja, und zwar mit gutem Grund. Jesus sagte: »Wer nicht das Reich Gottes annimmt wie ein Kind, der wird nicht hineinkommen« (Lk 18,17).

Aber was sollen wir dem Menschen sagen, der diese Wahrheit einfach nicht erfassen kann? Welchen Rat haben wir dem Einzelnen zu geben, der zutiefst verbittert und voll Groll gegen Gott ist, weil er sich als Opfer einer Missetat fühlt? Wie kann er oder sie die Barriere des Betrogenseins umgehen und eine neue Beziehung zum Herrn beginnen?

Es gibt nur eine einzige Heilung für das Krebsgeschwür der Bitterkeit. Sie besteht darin, dem Beleidiger mit Gottes Hilfe ein für allemal zu vergeben. So seltsam das auch klingen mag, ich schlage vor, daß einige von uns versuchen sollten, Gott für jene Schmerzen zu vergeben, die sie auf seine Rechnung gesetzt haben. Sie haben jahrelang tiefen Groll gegen Ihn gehegt. Jetzt ist es Zeit, ihn loszulassen. Bitte mißverstehen Sie mich an dieser Stelle nicht. Es ist Gottes Sache, uns zu vergeben, und es mag beinahe gotteslästerlich klingen, wenn ich andeute, daß es einmal umgekehrt sein sollte. Er hat uns kein Unrecht getan und bedarf unserer Billigung nicht. Aber die Quelle der Bitterkeit muß offengelegt werden, bevor sie gereinigt werden kann. Es gibt keinen besseren Weg, vom Groll loszukommen, als den Herrn von allem loszusprechen, was wir im Herzen gegen Ihn gehegt haben, und dann Seine Vergebung für unseren mangelnden Glauben zu erbitten. Das nennt man Versöhnung, und es ist der einzige Weg in die Freiheit, den Sie jemals finden werden.

Die kürzlich verstorbene Corrie ten Boom hätte den Rat verstanden, den ich heute gegeben habe. Sie und ihre Familie wurden von den Nazis in den letzten Jahren des Zweiten Weltkriegs in ein Vernichtungslager in Österreich, Ravensbrück, eingeliefert. Sie erlitten entsetzliche Grausamkeiten und Entbehrungen durch die SS-Leute, und schließlich war Corrie die einzige, die überlebte. Nach dem Krieg wurde sie eine berühmte Autorin und sprach oft von der Liebe Gottes und Seinem Wirken in ihrem Leben. Aber im Innersten war sie anfangs immer noch voll Bitterkeit gegen die Nazis und konnte ihnen nicht vergeben, was sie ihr und ihrer Familie angetan hatten.

Zwei Jahre nach Kriegsende sprach Corrie in München zum Thema der Vergebung der Sünden. Nach dem Gottesdienst sah sie einen Mann auf sie zukommen. Später schrieb sie über diese Begegnung:

> *Da sah ich ihn, wie er sich zwischen den anderen hindurch auf mich zudrängte. Einen Augenblick lang sah ich den Mantel und den braunen Hut, im nächsten Augenblick eine blaue Uniform und die Schirmkappe mit dem Totenkopf. Alles stürzte auf mich ein: der riesige Raum mit den kalten Leuchtröhren an der Decke, der jämmerliche Haufen von Kleidern und Schuhen mitten im Raum, die Schande, nackt an diesem Mann vorbeigehen zu müssen. Ich konnte den abgemagerten Körper meiner Schwester vor*

mir sehen, ich sah ihre Rippen scharf abgezeichnet unter der pergamentenen Haut. Betsie, wie dünn warst du damals!
Der Ort war Ravensbrück und der Mann, der nach vorne kam, war einer der Aufseher gewesen – einer der grausamsten unter ihnen.
Jetzt stand er vor mir mit ausgestreckter Hand: »Eine gute Botschaft, Fräulein! Welch eine Freude ist es, zu wissen, daß all unsere Sünden auf dem Grund des Meeres liegen, wie Sie eben sagten!«
Und ich, die eben noch so glattzüngig über Vergebung gesprochen hatte, kramte in meinem Notizblock herum, weil ich seine Hand nicht nehmen wollte. Er würde sich natürlich nicht an mich erinnern – wie konnte er sich an eine einzelne Gefangene unter all diesen Tausenden von Frauen erinnern?
Aber ich erinnerte mich an ihn und die lederne Reitpeitsche, die immer an seinem Gürtel hing. Ich stand einem meiner Kerkermeister von Angesicht zu Angesicht gegenüber, und das Blut drohte mir in den Adern zu gefrieren.
»Sie erwähnten Ravensbrück in Ihrem Vortrag«, sagte er. »Ich war dort Aufseher.« Nein, er erinnerte sich nicht an mich.
»Aber seit damals«, fuhr er fort, »bin ich Christ geworden. Ich weiß, daß Gott mir die Grausamkeiten vergeben hat, die ich dort begangen habe, aber ich würde es gerne auch von Ihren Lippen hören. Fräulein« – wieder hielt er mir die Hand hin – »wollen Sie mir vergeben?«
Und ich stand da – ich, deren Sünden wieder und wieder vergeben worden waren – und konnte nicht vergeben. Betsie war in diesem Lager gestorben – konnte er ihren langsamen, schrecklichen Tod wieder gutmachen, indem er mich einfach darum bat?
Es können höchstens ein paar Sekunden vergangen sein, während er mit ausgestreckter Hand dort stand, aber mir erschien es wie Stunden, in denen ich mit der schwersten Entscheidung meines Lebens rang.
Denn ich würde es tun müssen – das wußte ich. Die Botschaft, daß Gott vergibt, hat eine Vorbedingung: daß wir jenen vergeben, die uns beleidigt haben. »Wenn ihr den Menschen ihre Übertretungen nicht vergebt«, sagt Jesus, »dann wird euer himmlischer Vater euch eure Übertretungen auch nicht vergeben.«

Ich wußte das nicht nur aus den Geboten Gottes, sondern auch aus meiner täglichen Erfahrung. Seit Kriegsende hatte ich in Holland ein Heim für die Opfer der Nazigreuel geleitet. Diejenigen, die imstande waren, ihren früheren Feinden zu vergeben, waren auch imstande, sich wieder der Welt um sie herum zuzuwenden und ihr Leben neu aufzubauen, welche körperlichen Narben sie auch davongetragen hatten. Diejenigen aber, die ihren Groll hegten, blieben Invaliden. So einfach und schrecklich war das.
Und da stand ich, und die eisige Kälte umklammerte immer noch mein Herz. Aber Vergebung ist keine Gefühlsregung – auch das wußte ich. Vergebung ist ein Willensakt, und der Wille funktioniert unabhängig von den Fieberkurven des Herzens. »Jesus, hilf mir!« betete ich im Stillen, »ich kann meine Hand ausstrecken. Soviel kann ich selbst dazu tun. Das Gefühl mußt du mir schenken.«
Und so schob ich meine Hand mit einer hölzernen, mechanischen Bewegung in die Hand, die sich mir entgegenstreckte. Und als ich das tat, geschah etwas Unglaubliches. Die Strömung begann in meiner Schulter, jagte meinen Arm entlang, sprang in unsere ineinander liegenden Hände. Und dann schien diese heilende Wärme mein ganzes Wesen zu durchfluten und trieb mir die Tränen in die Augen.
»Ich vergebe dir, Bruder«, rief ich aus. »Von ganzem Herzen.«
Einen langen Augenblick hielten wir einander an den Händen, der einstige Aufseher und die einstige Gefangene. Ich hatte Gottes Liebe niemals so intensiv empfunden wie damals. Aber schon damals wußte ich, daß es nicht meine eigene Liebe war. Ich hatte es versucht, und ich hatte nicht die Kraft gehabt. Es war die Kraft des Heiligen Geistes, von der in Römer 5,5 berichtet wird: »Denn die Liebe Gottes ist ausgegossen in unsere Herzen durch den heiligen Geist, der uns gegeben ist.«

Corries Worte sind an dieser Stelle auch für uns von großer Bedeutung. Bitterkeit aller Art, auch dort, wo sie scheinbar »gerechtfertigt« ist, zerstört den Menschen geistlich und emotional. Sie ist eine Krankheit der Seele. Corrie vergab einem SS-Mann, der Mitverantwortung am Tode ihrer Familienmitglieder trug; so können wir also gewiß auch dem König des Universums vergeben, der Seinen einzigen Sohn sandte, damit Er als Sühnopfer für unsere Sünden sterbe.

Bevor wir dieses Buch abschließen, gibt es noch eine Gruppe von Menschen, die ich unmittelbar ansprechen möchte. Ich denke hier besonders an diejenigen unter meinen Lesern, die an einer unheilbaren, tödlich verlaufenden Krankheit leiden. Sie wissen inzwischen mehr, als Sie je wissen wollten, über Chemotherapie, Bestrahlung, Leberbiopsien, CAT-Scanner und Magenoperationen. Jede einzelne dieser Prozeduren (und tausend andere) ist für sich allein schon schlimm genug, um die Selbstsichersten unter uns in ein Häufchen Elend zu verwandeln. Vielleicht sind Sie nicht in der oben beschriebenen Weise zornig auf Gott, aber Sie sind verletzt, verwirrt und demoralisiert. Sie haben sich mit allem gebührenden Respekt gefragt, warum Gott Ihnen das widerfahren ließ. Ich glaube, ich habe ein Wort vom Herrn, das Ihnen hilfreich sein könnte. Ich hoffe es jedenfalls.

Es ist so wichtig, zu verstehen, daß Gottes Wertsystem so ganz anders ist als unser eigenes – und Seines ist das Richtige. Menschlichen Augen erscheint der Tod als die endgültige Niederlage – die Tragödie, die alles zunichtemacht. Wie das Schwert des Damokles hängt sie von frühester Kindheit an über unseren Köpfen.

Meine erste Begegnung mit dem Tod hatte ich im Alter von kaum drei Jahren. Ich hatte mich mit einem Zweijährigen angefreundet, dessen Eltern Mitglieder der Kirchengemeinde waren, der mein Vater als Pastor vorstand. Der Name des Jungen war Danny, und er kam eines Tages zu Besuch zu mir. Wir verkleideten uns als Cowboys und schossen mit Spielzeuggewehren in der Luft herum. Ich erinnere mich noch, daß ich dem kleinen Burschen beizubringen versuchte, wie die Sache funktionierte.

Ein paar Tage später fing sich Danny irgendeine Infektion ein und starb sehr bald darauf. Ich verstand nicht, was mit ihm geschehen war, obwohl ich wußte, daß meine Eltern sehr bestürzt waren. Sie nahmen mich mit zum Leichenbestatter, ließen mich aber eine gute Stunde oder länger im Auto sitzen. Schließlich kam mein Vater heraus und holte mich. Man brachte mich nach drinnen und zeigte mir den Sarg meines kleinen Freundes. Papa hob mich hoch, damit ich

Dannys Leichnam sehen konnte. Ich erinnere mich, daß ich dachte, er schliefe, und daß ich ihn hätte aufwecken können, hätten sie mir nur erlaubt, ihm die Augen zu öffnen. Nachdem wir wieder in den Wagen gestiegen waren, versuchten meine Eltern mir zu erklären, was mit Danny geschehen war.

Damals wurde mir zum ersten Mal bewußt, daß guten Menschen Böses widerfahren kann. Kurze Zeit später geschah dasselbe mit meiner Großmutter, und ich begann mir allmählich ein Bild zu machen. Dieses allmähliche Bewußtwerden des Todes ist ziemlich typisch für Kinder im Vorschulalter. Ihre Hunde und Katzen sterben, und dann verlieren sie einen Großvater oder ein anderes Familienmitglied. Einige Kinder, vor allem jene in der Innenstadt, lernen den Tod durch die Gewalttaten kennen, deren Zeugen sie in den Straßen werden.

Wie auch immer es zu diesem Verständnis kommt – der Tod hat von da an eine tiefgreifende Wirkung auf unser Verhalten und die Art, wie wir das Leben betrachten. Für die meisten von uns repräsentiert der Tod die alles vernichtende Katastrophe – das Ende von allem, was uns vertraut und vorhersehbar ist. Er hat die Aura des Unbekannten um sich, wie wir sie aus Horrorfilmen und »Berichten aus der Welt jenseits des Grabes« kennen. Im allgemeinen verbindet sich unsere Vorstellung vom Tod mit Krankheit, Unfällen und Gewalttaten, alles Dinge, in denen ein bedrohlicher Unterton für uns mitschwingt.

Nachdem wir uns ein Leben lang daran gewöhnt haben, den Tod durch diese Brille zu betrachten, ist die Diagnose einer tödlichen Krankheit oder der Verlust eines geliebten Menschen ein Ereignis von tiefgreifender psychologischer und geistlicher Bedeutung für uns. Ich bin sicher, das wird immer so sein, und diese Worte werden nichts daran ändern. Aber wir müssen begreifen lernen, daß Gott den Tod sehr viel anders sieht als wir Menschen. In Seinen Augen ist er keine Katastrophe. Jesaja 57, 1 hält fest: »Der Gerechte ist umgekommen, und niemand ist da, der es zu Herzen nimmt, und fromme Leute sind dahingerafft, und niemand achtet darauf. Ja, der Gerechte ist weggerafft durch die Bosheit und geht zum Frieden ein.« In anderen Worten: Die Gerechten sind in der jenseitigen Welt viel besser aufgehoben als hier auf Erden. Der 116. Psalm, Vers 15 drückt es noch präziser aus: »Der Tod seiner Heiligen wiegt schwer vor dem Herrn.«

Was bedeuten diese Schriftstellen für uns Lebende? Sie deuten uns an, daß die Orte jenseits des Jordan wunderbarer sind, als wir es uns vorstellen können. Und genau das ist es, was in 1. Korinther 2,9 zu lesen ist: »Was kein Auge gesehen hat und kein Ohr gehört hat und in keines Menschen Herz gekommen ist, was Gott bereitet hat denen, die ihn lieben.« Was für ein Trost ist es doch zu wissen, daß unsere Lieben uns in eine bessere Welt vorangegangen sind und daß wir als Gläubige ihnen bald folgen werden, um wieder mit ihnen vereint zu sein!

Klingt Ihnen das jetzt nach »Opium für's Volk«, wie Karl Marx es so sarkastisch nannte? Klar klingt es so, aber die Bibel lehrt es, und ich glaube es. Und weil ich es glaube, sehe ich den Tod heute in einem ganz anderen Licht.

Kürzlich telefonierte ich mit dem Reverend Billy Graham, dem ich große Bewunderung für seine unerschütterliche Treue zum Herrn entgegenbringe, und erwähnte dabei seinen langandauernden Kampf mit der Parkinson'schen Krankheit. Ich hatte zusehen müssen, wie diese Krankheit den Verstand und den Körper meiner Mutter zerrüttete, also fragte ich ihn: »Hältst du in dieser Phase deines Lebens noch immer an deinem Glauben fest? Glaubst du immer noch, woran du als junger Mann geglaubt hast?«

Der gottesfürchtige Evangelist antwortete augenblicklich mit großer innerer Bewegung: »O, Jim, ich kann es kaum erwarten, meinem Herrn gegenüberzutreten!«

Das ist die biblische Antwort auf den Tod. Er ist keine Tragödie – er ist ein Triumph! Wir sollten ihn als Übergang zu den unerforschlichen Freuden und der Gemeinschaft des ewigen Lebens betrachten. Ich kannte einmal einen Mann, der es wirklich verstand, das in die Realität umzusetzen. Seine letzten Worte, als er im Sterben lag, waren: »Jetzt wird es interessant.«

Paulus formulierte es folgendermaßen: »Tod, wo ist dein Sieg? Tod, wo ist dein Stachel?« (1. Kor 15,55). Gegen Ende seines Lebens konnte er ausrufen: »Christus ist mein Leben, und Sterben ist mein Gewinn« (Phil 1,21).

Wenn Sie vor kurzem ein Kind oder einen geliebten Menschen verloren haben oder selbst den Tod herannahen fühlen, dann will ich Ihren Schmerz jetzt nicht geringschätzen. Aber ich hoffe, Ihnen begreiflich zu machen, daß das Unbehagen durch ein Mißverständnis in bezug auf *die Zeit* verschärft wird.

Unsere Pilgerreise hier ist von der Illusion ewiger Dauer umgeben. Milliarden vor uns haben dasselbe gedacht. Jetzt sind sie dahin – jeder einzelne von ihnen. In Wahrheit haben wir hier keine bleibende Stätte. Könnten wir tatsächlich begreifen, wie kurz das Leben ist, dann würden die Dinge, die uns frustrieren – einschließlich all jener Gelegenheiten, bei denen Gott keinen Sinn ergibt – viel weniger Bedeutung für uns haben.

Dies ist ein lebenswichtiges Konzept in der Bibel. David schrieb: »Ein Mensch ist in seinem Leben wie Gras, er blüht wie eine Blume auf dem Felde; wenn der Wind darüber geht, so ist sie nimmer da, und ihre Stätte kennet sie nicht mehr« (Ps 103, 15-16). Er sagte auch: »Herr, lehre mich doch, daß es ein Ende mit mir haben muß, und daß mein Leben ein Ziel hat und ich davon muß« (Ps 39, 4). Mose verlieh demselben Gedanken im Psalm 90, 12 Ausdruck: »Lehre uns bedenken, daß wir sterben müssen, auf daß wir klug werden.« Dieses »klug werden«, von dem hier die Rede ist, rückt alles in die richtige Perspektive. Man kann sich zum Beispiel nur schwer für brutalen Materialismus begeistern, wenn man sich daran erinnert, daß alles im Leben nur vorübergehend ist.

Dieser Gedanke überkam mich eines Tages, als ich im Flugzeug saß. Wir rollten auf der Startbahn entlang und warteten auf das Signal zum Abheben. Ich sah aus dem Fenster und sah die Wracks von zwei riesigen Boeing 747 auf dem Flugplatz stehen. Die Farbe war von den Rümpfen abgeblättert und der Rost fraß sich überall hinein. Dann sah ich einen Hauch blauer Farbe auf einem der Flugzeuge und erkannte, daß sie einst stolze Luftschiffe in der Flotte der Pan American Airways gewesen waren.

Die leeren Rümpfe sahen jämmerlich aus, wie sie so verlassen dastanden – aller Schönheit beraubt. Ich stellte mir vor, wie man sie einst aus der Fabrikhalle der Boeing-Werke gerollt hatte, frisch lakkiert und mit den stolzen Insignien der Pan Am. Sie wurden unter

Gelächter und Jubelrufen mit Champagner begossen. Dann starteten sie zu ihrem Jungfernflug. Kleine Jungen und Mädchen verdrehten die Hälse zum Himmel, um besser zu sehen, wie diese wunderbaren Vögel zur Landung ansetzten. Welche Aufregung müssen Passagiere und Mannschaft dabei empfunden haben!

Jetzt ist die Fluggesellschaft, der sie gehörten, in Konkurs gegangen, und die Flugzeuge werden nie wieder in den Himmel aufsteigen. Wie konnte das in weniger als 20 Jahren geschehen? Wer hätte jemals gedacht, daß diese Flugzeuge, jedes Milliarden wert, so bald ein so schmähliches Ende finden würden?

Als wir an den Wracks vorbeirollten, dachte ich über die Unbeständigkeit all der Dinge nach, die uns so unerschütterlich erscheinen. Nichts hat lange Bestand. Und wir sind diejenigen, die vorüberpilgern, unterwegs zu einem anderen Leben von weitaus größerer Bedeutung.

All jene, die jetzt leiden und entmutigt sind, mögen darin Trost finden, daß sie sich auf eine Zeit freuen, in der die jetzigen Mühsale nur noch eine ferne Erinnerung sein werden. Ein Jubeltag wird anbrechen, der seinesgleichen nicht in der Geschichte der Menschheit hat. Der Ehrengast an diesem Tage wird ein leuchtend weißes Gewand tragen, er wird Augen wie Feuerflammen haben und Füße wie glattes, helles Kupfer. Und während wir uns in aller Demut vor Ihm verneigen, wird eine gewaltige Stimme vom Himmel herabdonnern und die Worte sprechen:

> *Siehe da, die Hütte Gottes bei den Menschen! Und er wird bei ihnen wohnen, und sie werden sein Volk sein, und er selbst, Gott mit ihnen, wird ihr Gott sein; und Gott wird abwischen alle Tränen von ihren Augen, und der Tod wird nicht mehr sein, noch Leid noch Geschrei noch Schmerz wird mehr sein, denn das Erste ist vergangen (Offb 21,3-4).*

Und weiterhin:

> *Sie werden nicht mehr hungern noch dürsten; es wird auch nicht auf ihnen lasten die Sonne oder irgendeine Hitze, denn das Lamm*

mitten auf dem Thron wird sie weiden und leiten zu den Quellen des lebendigen Wassers, und Gott wird abwischen alle Tränen von ihren Augen (Offb 7,16-17).

Dies ist die seit undenklichen Zeiten bestehende Hoffnung. Dies ist die endgültige Antwort für alle, die heute leiden und kämpfen. Es ist der einzige Trost für diejenigen, die einem lieben Menschen Lebewohl sagen mußten. Obwohl der Schmerz jetzt unbeschreiblich ist, dürfen wir niemals vergessen, daß unsere Trennung nur kurzfristig ist. Wir werden an diesem herrlichen Auferstehungsmorgen für immer miteinander vereint sein. Und wie die Bibel uns verspricht, werden unsere Tränen für immer abgewischt werden!

Mein Vater und meine Mutter werden an jenem Tag in der Menge sein und erwartungsvoll neben meiner Großmutter stehen, die für mich betete, noch bevor ich geboren war. Sie werden nach uns Ausschau halten, wie sie es so oft zu Weihnachten taten, wenn wir auf dem Flughafen von Kansas City landeten. Pa wird mir so viel zu erzählen haben, daß er vor Aufregung beinahe platzen wird. Ihre Lieben, die in Christus entschlafen sind, werden ebenfalls in dieser gewaltigen Menge sein und singen und den Erlöser lobpreisen. Was für ein Fest wird das sein!

Dies und nichts anderes ist der Lohn der Getreuen im Glauben – derer, die die Barriere des Betrogenseins durchbrochen haben und bis ans Ende standhaft geblieben sind. Dies ist die Krone der Gerechtigkeit für jene, die den guten Kampf des Glaubens gekämpft haben (2. Tim 4,7). Lassen Sie mich aufs Eindringlichste wiederholen: Lassen Sie sich während der noch verbleibenden Tage Ihres Lebens nicht von zeitlichen Sorgen bedrücken. Akzeptieren Sie die Umstände, wie Sie sie vorfinden. Rechnen Sie damit, daß schwere Zeiten über Sie kommen, und lassen Sie sich nicht entmutigen, wenn sie da sind. »Lassen Sie sich in den Schmerz hineinfallen«, wenn Ihre Zeit zu leiden gekommen ist, und seien Sie sich dessen bewußt, daß Gott diese Mühsal Seinen Absichten gemäß gebrauchen wird – und das zu Ihrem eigenen Besten. Der Herr ist uns sehr nahe, und Er hat uns zugesagt, daß wir nicht über unser Vermögen hinaus versucht werden sollen.

Ich verabschiede mich von Ihnen mit diesen wundervollen Worten aus dem 34. Psalm, 18-20:

Wenn die Gerechten schreien, so hört der Herr und rettet sie aus all ihrer Not. Der Herr ist nahe denen, die zerbrochenen Herzens sind, und hilft denen, die ein zerschlagenes Gemüt haben. Der Gerechte muß viel leiden, aber aus alledem hilft ihm der Herr.